ベェトゲ, キルシュ, ティーレ著

ドイツ会計論

稲見 亨 監訳

東京 森山書店 発行

Bilanzen

14., überarbeitete Auflage

von

Prof. Dr. Dr. h.c. Jörg Baetge
Prof. Dr. Hans-Jürgen Kirsch
Prof. Dr. Stefan Thiele

IDW-Verlag GmbH, Düsseldorf
Copyright©2017

Translated by Hiroaki Satoh, Seiji Sato,
Toru Inami
Published 2018 in Japan
by Moriyama Shoten, Inc., Tokyo
Japanese translation rights arranged with
IDW-Verlag, Düsseldorf, Germany
by Prof. Dr. Toru Inami, Kyoto, Japan

MORIYAMA-SHOTEN-VERLAG
TOKYO
2018
ISBN978-4-8394-2172-4

"Bilanzen" 邦訳書への序文

　会計は，簿記係のための無味乾燥なテーマではなく，むしろ，500年以上にもわたって続く，永遠に色あせないテーマである。1991年にドイツで刊行された本書初版の序文は，こういった書き出しで始まっている。それから25年以上が過ぎ，外部会計制度が大きく発展した今日でも，この表現はそのままあてはまる。ここで指摘すべきは，国際財務報告基準（IFRS）が，資本市場を利用するすべての欧州企業の標準となる会計規範として開発されていることである。しかし，およそ250万社のドイツ企業にとっては，商法典（HGB）における正規の簿記の諸原則（GoB）が義務的な会計基準であることに変わりはない。とはいえ，GoBもまた国際化の影響を受けてきた。すなわち，HGBの会計規範は2009年に，いわゆる会計法現代化法（BilMoG）を通じて部分的に国際的な規範に適合し，また多くの（会計処理の）選択権が削除された。近年のさらなる変化は，コーポレート・ガバナンス面での外部会計制度への監視機能の改善であり，状況報告書の表明能力の向上であろう。しかしながら，ドイツ会計法が発展してきたあらゆる場面で，GoBがその基本的支柱であることに変わりはなく，そのため"法制度"としての，ドイツの会計思考固有の特質は保持されている。終始，GoBの解釈に取り組んできたレフソン教授（Prof. Ulrich Leffson）が築いたミュンスターの伝統は今も息づいており，とりわけそれは本書に継承されている。

　"Bilanzen"第14版の原著者たちは，日本のコレーゲ・佐藤博明名誉教授（静岡大学），佐藤誠二教授並びに稲見亨教授（ともに同志社大学）がこの度，本書の日本語版を上梓することを大変嬉しく思っている。邦訳書の刊行は，長年にわたる研究交流の発展の証しであり，私たちにとって非常に大きな意味がある。これまでも緊密な協力関係のもとで，2002年に，我々の著書

"Konzernbilanzen"の邦訳書（佐藤博明監訳『ドイツ連結会計論』森山書店）が，また2014年には，BilMoGによるドイツ会計法の展開を詳細に分析した共著（佐藤博明／ヨルク・ベェトゲ編著『ドイツ会計現代化論』森山書店）が刊行されてきた。我々にとってとりわけ印象深いのは，稲見亨教授の何年にもわたるミュンスター大学での研究滞在（1999年〜2000年，2014年〜2016年）であり，それは，彼がドイツの会計法とGoBに関する真のエキスパートとなる機会にもなった。

　原著者一同は，我々のコレーゲたちの邦訳書を通して，本書が日本の読者に広く受け入れられることに，特別の敬意と心からの謝意を表したい。そして，今後も実りある共同研究ができることを楽しみにしている。

2018年5月　ミュンスターおよびヴッパータールにて

ヨルク・ベェトゲ　　ハンス‐ユルゲン・キルシュ　　シュテファン・ティーレ
　（Jörg Baetge）　　　　（Hans-Jürgen Kirsch）　　　　（Stefan Thiele）

Vorwort für die japanische Übersetzung der „Bilanzen"

Bilanzen sind kein trockenes Buchhalter-Thema, vielmehr sind sie ein ewig junges Thema und das seit mehr als 500 Jahren. So begann das Vorwort der im Jahr 1991 in Deutschland erschienenen ersten Auflage dieses Buches. Auch heute gilt dieser Satz ohne Einschränkungen, auch seitdem mehr als 25 Jahre vergangen sind, in denen sich Rechnungslegung erheblich weiterentwickelt hat. Zu erwähnen ist hier die Entwicklung der IFRS zu den maßgebenden Rechnungslegungsnormen für alle europäischen Unternehmen, die den Kapitalmarkt in Anspruch nehmen. Für ungefähr 2,5 Millionen deutsche Unternehmen sind aber die Grundsätze ordnungsmäßiger Buchführung des Handelsgesetzbuchs die verpflichtenden Rechnungslegungsstandards geblieben. Doch auch auf diese hatte die Internationalisierung ihre Auswirkungen. So sind die Rechnungslegungsnormen des Handelsgesetzbuchs im Jahre 2009 durch das sogenannte Bilanzrechtsmodernisierungsgesetz teilweise an internationale Normen angepasst worden und es wurden zahlreiche Wahlrechte eliminiert. Weitere Änderungen der vergangenen Jahre sollten die Überwachungsfunktion der Rechnungslegung innerhalb der Corporate Governance verbessern und die Aussagefähigkeit des Lageberichts erhöhen. Bei allen Weiterentwicklungen des deutschen Bilanzrechts sind aber die Grundsätze ordnungsmäßiger Buchführung dessen maßgebenden Pfeiler geblieben, so dass der eigene Charakter des deutschen Rechnungslegungskonzepts als „Rechtsinstitut" erhalten geblieben ist. Die in Münster von Prof. Dr. Ulrich Leffson begründete Tradition der Auseinandersetzung mit der Auslegung der Grundsätze ordnungsmäßiger Buchführung bleibt also aktuell und wird unter anderem mit dem vorliegenden Buch fortgesetzt.

Die Autoren der 14. Auflage der Bilanzen freuen sich außerordentlich, dass unsere japanischen Kollegen Prof. em. Dr. Hiroaki Satoh von der Shizuoka Universität sowie Prof. Dr. Seiji Sato und Prof. Dr. Toru Inami von der Doshisha Universität eine japanische Fassung des Werks vorgelegt haben.

Besonders bedeutend ist dies für uns, weil damit ein seit vielen Jahren bestehender Forschungsaustausch fortgesetzt wird. Durch die besondere Kooperationen ist bereits im Jahr 2002 die japanische Übersetzung unseres Werkes Konzernbilanzen erschienen (Hiroaki Satoh (Hrsg.), Die deutsche Konzernbilanzen, Tokyo 2002) sowie später ein gemeinsames Werk, das sich ausführlich mit der Weiterentwicklung des deutschen Bilanzrechts durch das Bilanzrechtsmodernisierungsgesetz auseinandersetzt (Hiroaki Satoh / Jörg Baetge (Hrsg.), Die Modernisierung des deutschen Rechnungswesens, Tokyo 2014). In allerbester Erinnerung sind uns die mehrjährigen Aufenthalte von Prof. Toru Inami an der Universität Münster (1999 bis 2000 und 2014 bis 2016), die dazu beigetragen haben, ihn zu einem wahren Experten des deutschen Bilanzrechts und der deutschen Grundsätze ordnungsmäßiger Buchführung werden zu lassen.

Wir danken herzlichst unseren Kollegen für die besondere Ehre, dass dieses Werk durch ihre Arbeit dem interessierten Publikum in Japan zugänglich gemacht wird, und freuen uns auf eine weitere erfolgreiche Zusammenarbeit.

Münster und Wuppertal, im Mai 2018

Jörg Baetge   *Hans-Jürgen Kirsch*   *Stefan Thiele*

原著者・訳者紹介

原著者：

ヨルク・ベェトゲ　ミュンスター大学教授
(Prof. Dr. Dr. h.c. Jörg Baetge, Westfälische Wilhelms-Universität Münster)
　1979年　フランクフルト大学，ウイーン大学教授を経て，ミュンスター大学教授
　2002年　ミュンスター大学定年退官後，特任教授として同大学の研究組織：
　　　　　チーム・ベェトゲ（Forschungsteam Baetge）を主宰（2017年まで）

ハンス‐ユルゲン・キルシュ　ミュンスター大学教授
(Prof. Dr. Hans-Jürgen Kirsch, Westfälische Wilhelms-Universität Münster)
　2005年　ハノーファー大学教授を経て，ミュンスター大学教授（現在に至る）

シュテファン・ティーレ　ヴッパータール大学教授
(Prof. Dr. Stefan Thiele, Bergische Universität Wuppertal)
　2006年　ヴッパータール大学教授（現在に至る）

訳者および担当章：

佐藤　博明　静岡大学名誉教授　　　　　　　　　　　第1章，第2章，第3章
(em. Prof. Dr. Hiroaki Satoh, Shizuoka University)

佐藤　誠二　同志社大学教授　　　　　　　　　　　　第4章，第5章
(Prof. Dr. Seiji Sato, Doshisha University)

稲見　亨　同志社大学教授　　　　　　　　　　　　　第6章，第7章，第8章
(Prof. Dr. Toru Inami, Doshisha University)

〔略語一覧〕

AEUV	Vertrag über die Arbeitsweise der Europäischen Union	EUの権能に関する条約
APAReG	Abschlussprüferaufsichtsreformgesetz	決算書監査人監視改革法
ARC	Accounting Regulatory Committee	会計規制委員会
AReG	Abschlussprüfungsreformgesetz	決算書監査改革法
BaFin	Bundesanstalt für Finanzdienstleistungsaufsicht	連邦金融サービス監督庁
BFH	Bundesfinanzhof	連邦財政裁判所
BilKoG	Bilanzkontrollgesetz	会計統制法
BilReG	Bilanzrechtsreformgesetz	会計法改革法
BiRiLiG	Bilanzrichtlinien-Gesetz	会計指令法
BilMoG	Bilanzrechtsmodernisierungsgesetz	会計法現代化法
BilRUG	Bilanzrichtlinie-Umsetzungsgesetz	会計指令転換法
BMJV	Bundesministerium der Justiz und für Verbraucherschutz	連邦法務・消費者保護省
BMF	Bundesministerium der Finanzen	連邦財務省
CSR	Corporate Social Responsibility	企業の社会的責任
DAX	Deutscher Aktienindex	ドイツ株式指標
DCGK	Deutscher Corporate Governance Kodex	ドイツ・コーポレート・ガバナンス・コード
DPR	Deutsche Prüfstelle für Rechnungslegung	ドイツ会計検査機関
DRS	Deutscher Rechnungslegungsstandard	ドイツ会計基準
DRSC	Deutsches Rechnungslegungs Standards Committee	ドイツ会計基準委員会
EFRAG	European Financial Reporting Advisory Group	欧州財務報告諮問グループ
EU	Europäische Union	欧州連合
EWG	Europäische Wirtschaftsgemeinschaft	欧州経済共同体
FASB	Financial Accounting Standards Board	財務会計基準審議会
GAAP	Generally Accepted Accounting Principles	一般に認められた会計原則
GoB	Grundsätze ordnungsmäßiger Buchführung	正規の簿記の諸原則

HGB	Handelsgesetzbuch	商法典
HGB-FA	HGB-Fachausschuss	商法典専門委員会
IAS	International Accounting Standards	国際会計基準
IASB	International Accounting Standards Board	国際会計基準審議会
IASC	International Accounting Standards Committee	国際会計基準委員会
IDW	Institut der Wirtschaftsprüfer in Deutschland e.V.	ドイツ経済監査士協会
IFRS	International Financial Reporting Standards	国際財務報告基準
IOSCO	International Organization of Securities Commissions	証券監督者国際機構
IRW	Institut für Rechnungslegung und Wirtschaftsprüfung	（ミュンスター大学）会計監査講座
ISA	International Auditing Standards	国際監査基準
IÜS	Internes Überwachungs-System	内部牽制組織
KapAEG	Kapitalaufnahmeerleichterungsgesetz	資本調達容易化法
KapCoRiLiG	Kapitalgesellschaften- und Co. Richtlinie-Gesetz	資本会社 & Co. 指令法
KonTraG	Gesetz zur Kontrolle und Transparenz im Unternehmensbereich	企業領域統制・透明化法
MicroBilG	Kleinstkapitalgesellschaften-Bilanzrechtsänderungsgesetz	最小規模資本会社会計法修正法
PublG	Publizitätsgesetz	開示法
SARG	Standards Advice Review Group	基準承認勧告審査グループ
WpHG	Gesetz über den Wertpapierhandel	有価証券取引法

目　次

第 1 章　年度決算書の基礎 …… 1
1. 会計諸規定の概要 …… 1
    1.1　EU 法上の基礎 …… 1
    1.2　HGB の基本規定 …… 3
    1.3　補 完 規 定 …… 15
2. DRSC の HGB 専門委員会の規定 …… 19
3. 会計規定の履行に関するドイツのエンフォースメント・システム …… 20
4. ドイツ会計に対する IFRS の意義 …… 23

第 2 章　外部報告会計の目的 …… 31
1. 会計規範の解釈基盤としての年度決算書目的 …… 31
2. 年度決算書の目的体系の諸要素 …… 32
    2.1　文 書 記 録 …… 32
    2.2　会計報告責任 …… 33
    2.3　資 本 維 持 …… 36
3. 目的体系内の諸関係 …… 39

第 3 章　正規の簿記の諸原則（GoB） …… 43
1. GoB の概念と役割 …… 43
2. GoB の獲得方法 …… 45
    2.1　帰納法と演繹法 …… 45
    2.2　法解釈学的方法 …… 47
3. GoB システムの諸要素 …… 52
    3.1　帳簿記入の基準となる文書記録の諸原則 …… 52
    3.2　年度決算書の基準となる諸原則 …… 54

4. GoB システム内の個別 GoB の相互作用 ………………………… *78*
　5. IFRS による会計目的と諸原則 ………………………………… *79*
　　5.1　IFRS による会計目的 ………………………………………… *79*
　　5.2　IFRS による会計諸原則 ……………………………………… *82*
　　5.3　IFRS による決算書作成企業の場合の資本維持 …………… *89*

第4章　貸借対照表における資産・負債の計上規準 ……………… *91*

　1. 概　　要 …………………………………………………………… *91*
　2. 借方の計上規準 …………………………………………………… *91*
　　2.1　借方計上原則 …………………………………………………… *91*
　　2.2　法律上の借方計上規定 ………………………………………… *99*
　　2.3　資産の主観的帰属 ……………………………………………… *103*
　3. 貸方の計上規準 …………………………………………………… *104*
　　3.1　貸方計上原則 …………………………………………………… *104*
　　3.2　法律上の貸方計上規定 ………………………………………… *109*
　4. 税務貸借対照表に対する商法上の計上規定の意義 …………… *112*
　5. IFRS による計上原則と計上規定 ……………………………… *114*
　　5.1　計　上　概　念 ………………………………………………… *114*
　　5.2　貸借対照表項目に対する定義基準 …………………………… *115*
　　5.3　貸借対照表項目に対する計上基準 …………………………… *117*

第5章　貸借対照表における資産・負債の評価規準 ……………… *119*

　1. 一般的評価規準の概要 …………………………………………… *119*
　2. 資産の当初評価 …………………………………………………… *122*
　　2.1　取　得　原　価 ………………………………………………… *122*
　　2.2　製　造　原　価 ………………………………………………… *128*
　3. 資産の継続評価 …………………………………………………… *134*
　　3.1　概　　要 ………………………………………………………… *134*

3.2　固定資産の計画外減額記入 …………………………………… *135*
　　3.3　流動資産の計画外減額記入 …………………………………… *139*
　4.　負　債　の　評　価 ……………………………………………………… *141*
　5.　IFRSによる一般的評価規準 …………………………………………… *142*
　　5.1　IFRS関連的な価値尺度 ………………………………………… *142*
　　5.2　資産の当初評価 ………………………………………………… *147*
　　5.3　IFRSに基づく資産の継続評価 ………………………………… *153*
　　5.4　負　債　の　評　価 ……………………………………………… *157*

第6章　損　益　計　算　書 …………………………………………… *159*

　1.　損益計算書の役割 ………………………………………………………… *159*
　2.　損益計算書の作成原則 …………………………………………………… *161*
　　2.1　概　　要 ………………………………………………………… *161*
　　2.2　総額計算原則 …………………………………………………… *161*
　　2.3　主要区分原則 …………………………………………………… *162*
　　2.4　発生領域に基づく項目区分原則 ……………………………… *162*
　　2.5　期間帰属原則 …………………………………………………… *163*
　　2.6　損益区分原則 …………………………………………………… *163*
　3.　損益計算書の作成に関する商法規定 …………………………………… *165*
　　3.1　勘定式　対　報告式 …………………………………………… *165*
　　3.2　生産損益計算書（総原価法）　対　販売損益計算書（売上原価法）…… *167*
　　3.3　すべての商人による損益計算書の項目分類 ………………… *171*
　　3.4　資本会社と有限責任の人的商事会社の項目分類 …………… *173*
　4.　IFRSに基づく総損益計算書 ……………………………………………… *178*
　　4.1　総損益計算書の作成 …………………………………………… *178*
　　4.2　IAS第1号による最低限の記載 ………………………………… *180*
　　4.3　総損益計算書の損益区分 ……………………………………… *181*
　　4.4　営業活動による損益の表示 …………………………………… *182*

第 7 章　附 属 説 明 書 ………………………………………… *185*

1. 附属説明書の目的，法的基礎および構成 ………………………… *185*
   - 1.1　附属説明書の目的 …………………………………………… *185*
   - 1.2　法的基礎の概要 ……………………………………………… *186*
   - 1.3　附属説明書の構成 …………………………………………… *188*
2. 決算書の内容および項目分類に関する記載 ……………………… *189*
   - 2.1　概　　要 ……………………………………………………… *189*
   - 2.2　一般規範の履行のための追加的記載 ……………………… *190*
   - 2.3　形式的継続性を中断した場合の記載と理由説明 ………… *191*
3. 貸借対照表計上原則および評価原則に関する記載 ……………… *192*
4. 貸借対照表の個別項目に関する解説 ……………………………… *194*
5. 損益計算書の個別項目に関する解説 ……………………………… *195*
6. 民間の委員会の勧告に基づく記載 ………………………………… *200*
7. 任 意 的 記 載 ………………………………………………………… *201*
8. IFRS に基づく附属説明書 ………………………………………… *203*

第 8 章　状 況 報 告 書 ………………………………………… *207*

1. 状況報告書の法的基礎および目的 ………………………………… *207*
2. 正規の状況報告書作成の諸原則 …………………………………… *209*
3. 状況報告書の内容 …………………………………………………… *213*
   - 3.1　状況報告書の構成要素の概要 ……………………………… *213*
   - 3.2　HGB 第 289 条 1 項による状況報告書の構成要素 ……… *216*
   - 3.3　非財務的説明 ………………………………………………… *225*
4. IFRS に基づく状況報告書 ………………………………………… *228*

日独英用語対照表

監訳者あとがき

第1章
年度決算書の基礎

1. 会計諸規定の概要

1.1 EU法上の基礎

本章では，**法的意味での貸借対照表**，すなわち，ドイツ法に規定されている年度決算書およびこれと関連する法律上の諸規準を扱う。ドイツ会計法は，欧州圏で創設されたEU法に多大な影響を受けている。

EU加盟国における会社法調和化のためのEU指令は，EUの権能に関する条約（AEUV）第50条2項g）に基づいて公布される。EU指令は各加盟国に向けて発せられるもので，達成目標に関して拘束力があり，一定の期間内に転換しなければならない。その場合，国内法への転換形式や方法の選択は加盟国に委ねられている。EU指令の内容上の転換は，通常，国内立法者による加盟国選択権の行使に委ねられる。一方，EU命令は，すべての加盟国においてただちに法的効力をもつ点で指令とは異なる。

EU加盟国における会計のEU法上の基礎は，EU議会と同理事会が2013年6月26日に可決した**EU会計指令**である。EU会計指令は，1978年と1983年に発せられた2つの先行指令（第4号および第7号指令）を統合し，現行の国内会計制度の調和化を強く促したものである。改革の目的は，年度決算書の明瞭性とクロス・ボーダーの比較可能性の改善，および中小規模企業の負担軽減にあった。HGBに定めるドイツ会計法は，すでに1985年以来，EU法をベース

にしてきたが，2015年7月23日の**会計指令転換法**（BilRUG）によって，修正EU法の規定に適合させた。

　新会計指令は，転換期限以前にすでに，2014年の指令（2014/95/EU）（いわゆる非財務情報および多様性に関する情報の開示のための**企業の社会的責任指令：CSR指令**）によって改正された。改正の目的は，一定規模の大企業の非財務情報および多様性に関する報告を強化することにあった。指令は，2017年3月9日，ドイツ連邦議会で議決されたCSR指令転換法によってドイツ法に転換された。

　決算書監査の法律もEU法規に則ってきたが，EUは**新決算書監査人指令**によって金融危機に対応しようとした。決算書監査に関するEU規定改正の狙いは，監査の質を改善して資本市場における信頼性と安定性を強化，確保するため，決算書監査の規制を強めることにあった。主な改正点は，他のEU加盟国の決算書監査人の認可，国際監査基準（ISA）の履行および欧州決算書監査人監視機関委員会の設置である。ドイツでは，決算書監査改革法（AReG）と決算書監査人監視改革法（APAReG）によって指令を国内法に転換した。

　新決算書監査人指令とともに，**公益性の高い企業の決算書監査に対する固有の要求事項に関する命令**が公布された。命令は，これらの企業での決算書監査に対する"特別法（lex specialis）"的な意味をもっている。命令の諸規定は，2016年6月17日以降，直接的な法的効力をもつことになる。

　EUは，**公益性の高い企業**を次のように定義している。
- 加盟国の法律に服し，譲渡可能な有価証券の取引が加盟国の規制市場で認可されている企業
- 信用機関
- 保険会社
- 並びに加盟国が，それに相当するとみなす企業

　EU決算書監査命令は，公益性の高い企業に対する決算書監査実施の条件と，企業による決算書監査人または監査会社の選任について規定している。そこには，職務上独立した国内監督機関による，決算書監査人もしくは監査会社

の活動の監視に関する規定も含まれている。とりわけ，決算書監査人に求められる独立性の強化は，規定上の外部監査人の義務的ローテーション，監査業務と非監査業務の両立性に関する規準，さらには監査役会または監査委員会と決算書監査人とのより強い協力関係によって生まれる。

1.2 HGBの基本規定
1.2.1 概　　要

商法会計規定は，HGB第三編の第238条〜第342e条に置かれているが，それは以下6つの章に分けられる。

- ■ 第1章（第238条〜第263条）は，基本的に，第1条〜第7条にいう**すべての商人**が遵守すべき諸規定を含んでいる。
- ■ 第2章の規定（第264条〜第335e条）は，補完的に（すなわち，第1章の諸規定に追加的な）**資本会社**と第264a条1項に定義されている特定の人的商事会社に適用される。後者は，人的無限責任社員でない自然人とよばれるものである。それらを以下では，**有限責任の人的商事会社**と称する。第2章では，それらの企業の連結会計（第290条〜第315e条），監査（第316条〜第324a条）および年度決算書・状況報告書並びに連結決算書・連結状況報告書の公示（第325条〜第329条）について定めている。
- ■ 第3章の規定（第336条〜第339条）は，HGB第1章および第2章並びに協同組合法の規定に加えて遵守すべき，登記済**協同組合**に関する補完規定を含んでいる。
- ■ 第4章には，**信用機関**（第340条〜第340o条）並びに**保険会社**と**年金基金**（第341条〜第341p条），および特定の**資源関連企業**（第341q条〜第341y条）の年度決算書と連結決算書に関する補完規定がある。
- ■ 第5章（第342条〜第342a条）は，ドイツにおける**会計機関の設置条項**，すなわち民間の会計基準委員会（第342条）と会計審議会（第342a条）の設置に関する規定を含んでいる。
- ■ 第6章（第342b条〜第342e条）は，ドイツ会計検査機関（DPR）の設置

図表1-1 HGB第三編の構造 —各章の適用範囲—

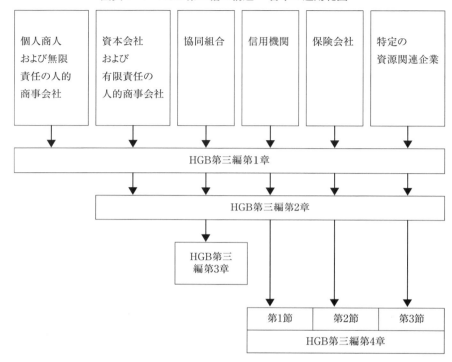

と業務，特に**正規の会計の履行**に関する手続規定である（エンフォースメント手続き）。

第2章から第4章までの規定の補完的性質は，そこに含まれる諸規定の様々なカテゴリーに如実である。

- ■ **追加的会計義務**を含む規定，（例えば，資本会社と有限責任の人的商事会社に適用される，第264条1項1文に基づく年度決算書を附属説明書まで拡大する義務）
- ■ "前章"の規準を法形態・業種固有に**修正**する規定（例えば，第337条および第338条における協同組合の貸借対照表および附属説明書について），または，
- ■ 規準の継承を**制限または禁止する**規定（例えば，保険会社に関する第341e

条1項3文),あるいは規準の**非適用を許容する**規定(例えば,協同組合に関する第336条2項1文後段)

会計に関する個別規定は,HGB第三編の規定のほかに,特別法(株式法,有限会社法,協同組合法)など,別の箇所でも扱われている。

以下では,HGB第三編の初めの2つの章,とりわけ第238条~第289f条を集中して扱うこととする。そこで中心となるのは,まずすべての商人に適用される年度決算書の作成に関する諸規定(第238条~第263条)と,資本会社と有限責任の人的商事会社(第264条~第289f条)に関する補完規定である。

図表1-1はHGB第三編の会計規定の適用範囲を構造化したものである。

1.2.2 すべての商人に関する規定

第238条~第241条で成文化された**帳簿記入**と**財産目録**に対する要求は,会計の基礎となる取引事象の帳簿記入に関してである。すべての商人は,基本的に第242条1項および2項に基づき,毎期,貸借対照表と損益計算書から成る年度決算書の作成が義務づけられる。ただし,連続する2つの営業年度で,売上高がそれぞれ60万ユーロを超えず,かつ年度利益がそれぞれ6万ユーロを超えない個人商人は,その義務を免れる(第241a条)。年度決算書は,第243条1項の作成原則に準拠し,「正規の簿記の諸原則に従って作成されなければならない」。期間に関しては,第243条3項は,年度決算書が正規の会計処理の期間内に作成されるべきことを求めている。

とりわけ,第246条~第251条の**計上規定**は,年度決算書では何が"義務"で(第246条1項の完全性命令),何が"許容"なのか(例えば,第248条2項1文による自己創設の無形固定資産または第250条3項による特別の計算区分項目としての社債発行差金)を定めている。第246条1項4文によれば,企業合併で生じる営業価値またはのれんは,資産と同様に扱われる。第248条2項2文は,自己創設の商標,出版物の書名,出版権,顧客名簿またはこれに相当する無形資産は計上してはならないと規定している。貸借対照表の表示と項目分類は,第247条1項および2項において,一般的に規定されているだけである。貸借対照表と損益計算書の表示と項目分類に関する特別規準は,計上規定を含

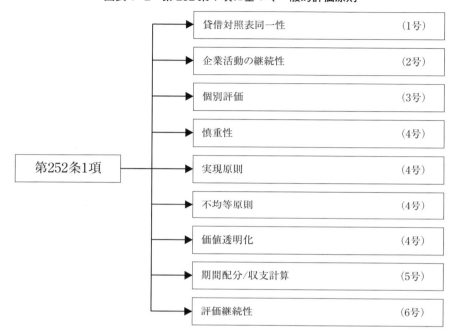

図表1-2 第252条1項に基づく一般的評価原則

んでいない。

　第252条～第256a条の**評価規定**では，第252条1項で個別のGoBが成文化されている点に特別の意義がある。個々の点では，第252条2項により根拠のある例外的な場合にのみ，図表1-2に示されている，1項の諸原則から離脱することができる評価原則が問題となる。

　第252条1項の一般的評価原則のほかに，すべての商人に適用される章のなかに，**特別の評価規定**もある（第253条～第256a条）。第253条は，資産および負債の評価基準となる具体的規準を含んでいる。つまり，

- ■ 資産に関し，取得／製造原価を評価の上限とする原則（1項1文）
- ■ もっぱら老齢年金債務またはこれと類似の長期債務の履行に充てられ，かつ他のすべての債権者の求償権が停止される資産の評価規定（第253条

1項4文※)（※「第246条2項によって相殺すべき資産は，その付すべき時価によって評価しなければならない」・訳者注）
■ 債務および引当金に関する評価規定（1項2文および3文並びに2項）
■ 損耗性の固定資産の計画的減額記入に関する規定（1文～4文）
■ 固定資産の計画外減額記入に関する規定（3項5文および6文の，いわゆる"緩やかな低価規定"）
■ 流動資産の計画外減額記入に関する規定（4項の，いわゆる"厳格な低価規定"）
■ すべての固定資産・流動資産に関する増額記入命令および償却済みの有償取得の営業価値またはのれんの増額記入禁止（5項）

などである。

第254条によれば，資産，負債，未決取引または高い蓋然性をもって行われる取引行為または利子・為替リスクおよび減損リスクを相殺するため，適切な金融商品の**評価単位**を設けることができる。

取得／製造原価および付すべき時価の**評価基準**は，第255条に規定されている。資産の取得／製造原価に算入されるべき，または算入できる，取得／製造原価と関連する支払要素が何であるかは，第255条1項～3項の対象である。類似した棚卸資産に関しては，第256条では一定の条件のもとで評価簡便法が認められ，かつそれによって個別評価原則からの離脱が許される。外貨建ての資産および負債は，第256a条に従い，決算日の外国為替の平均相場で換算されなければならない。

1.2.3　資本会社と有限責任の人的商事会社に関する補完規定

1.2.3.1　年度決算書および状況報告書に関する規定

特に資本会社は，一方で出資者が基本的に会社の債務に責任を負わず，他方では所有権とその処分権限（経営）とは人格的に分離しているところに特徴がある（**企業家機能の分離**）。それだけに，資本会社には，より高度な会計が要求される。資本会社に関する会計規定は，一貫して個人商人や人的商事会社に関する規定より厳しいものとなっている。同様にそれは，第264a条1項で定義

図表 1-3　第 267 条および第 267a 条による資本会社と有限責任の
　　　　　人的商事会社の規模基準値

規模基準値	貸借対照表総額（ユーロ）	売上高（ユーロ）	従業員数（人）
最小規模会社	35 万以下	70 万以下	10 人以下
小規模会社	600 万以下	1,200 万以下	50 人以下
中規模会社	600 万超 2,000 万以下	1,200 万超 4,000 万以下	50 人超 250 人以下
大規模会社	2,000 万超	4,000 万超	250 人超

されている人的商事会社にも当てはまる。これらの会社の特徴は，人的無限責任社員が少なくとも自然人ではないか，人的無限責任社員としての自然人を含む人的商事会社であるか，または会社のこうした結合が続いている点にある。第 264a 条 1 項は，第一に，有限合資会社（GmbH & Co. KG）の法的形態を対象にしているが，さらに公益財団・合資会社（Stiftung & Co. KG）または株式合資会社（AG & Co. KG）のような形態にも適用される。こうした第 264a 条 1 項にいう法的形態の結合を有限責任の人的商事会社とよぶ。

　資本会社もしくはそれと同等の人的商事会社がどのような会計文書を追加的に作成しなければならないのかは，第 267 条および第 267a 条に定義されている，一定の**規模別**での分類による。そこでは，貸借対照表総額，売上高および従業員数を基準に，小規模（第 267 条 1 項），中規模（第 267 条 2 項）および大規模（第 267 条 3 項）会社並びに小規模資本会社の下位グループとしての最小規模資本会社（第 267a 条 1 項）に区分されている。図表 1-3 では，資本会社が 2 つの連続する決算日に，3 つの規模基準値の，少なくとも 2 つを充たしているかどうかで，分類がなされている。

　第 267 条の規模基準値とは別に，特定の企業はつねに大規模とみなされる。その企業が，規模基準値では大規模資本会社に格付けされていない場合でも，そうみなされる。次のような場合がそれに当たる。

■ **資本市場指向会社**は，第 267 条 3 項 2 文により，つねに大規模会社とみなされる。立法者は，この概念を第 264d 条で定義している。すなわち，

資本市場指向会社とは，その発行する有価証券が組織された市場で取引され，もしくは組織された市場に取引の認可を申請している会社である。
■ **信用機関および保険会社**は，その法形態に関わりなく，年度決算書をつねに，大規模資本会社に適用される規定によって作成しなければならない（第340a条2項，第241a条2項）。

　HGB第三編第2章は，**資本会社と有限責任の人的商事会社に関する重要な追加的義務**を含んでいる。その場合，追加的義務は，上述の規模別での格付け，また部分的にはそれとは別の基準により異なる。その上，資本会社と有限責任の人的商事会社は，HGB第三編第2章が適用されない"普通"商人に比べて，まず追加的な会計文書を作成しなければならない。他方，年度決算書項目の計上，評価および表示に関する規定は，資本会社と有限責任の人的商事会社に対してより厳しい表現となっている。中・大規模資本会社およびそれと同等の有限責任の人的商事会社は，第264条1項により，追加的に，独立した会計文書として**状況報告書**を作成しなければならない。状況報告書は，年度決算書と並ぶ情報手段とされ，年度決算書における記載をより詳細化し，事由および期間的に補完することになる。状況報告書では，営業経過と企業の状況が主に記述形式で包括的に表される。さらに企業は，状況報告書において，例えばリスク管理システムや経営者の報酬制度のような，部分的には，年度決算書と間接的な関係にあるにすぎない，より広いテーマについても説明しなければならない。状況報告書の内容は，法的には第289条〜第289f条に定められている。その場合，すべての状況報告書に特定の事項が含まれていなければならないが（第289条1項および2項），それ以上の特定の報告提供義務は，報告義務ある企業がいかなる法形態か，また資本市場を利用しているかどうかによる（第289条3項および4項，第289a条〜第289f条）。

　資本会社と有限責任の人的商事会社が，第264条1項によって追加的に作成する，商法年度決算書の第三の構成要素たる**附属説明書**については，特に第284条〜第288条で規定されている。そこではまず第一に，貸借対照表と損益計算書の諸項目の内訳が示され，会計処理法および評価方法が説明されてい

る。さらに，附属説明書に関する規定は，計上・評価・表示および開示規定と関連する，第2章（および第3章）並びに特別法（例えば，株式法，有限会社法）のなかの，いくつかの箇所にある。貸借対照表や損益計算書とは違い，法は，附属説明書の特定の項目分類を規定していない。しかしながら，附属説明書で扱うべき事柄は多岐にわたるので，明瞭かつ要覧的に構成されなければならない。附属説明書での記載は，貸借対照表と損益計算書の補完，修正および負担軽減を目的とし，その解釈に資するはずのものである。

　資本市場指向会社は，連結決算書の作成を義務づけられていない場合，年度決算書に加えて，**キャッシュ・フロー計算書**と**自己資本変動表**を作成しなければならない（第264条1項1文）。この2つの会計文書は，個々の貸借対照表項目の変化の検証可能性を改善することに役立つ。それは，企業の状態の実質的諸関係に合致する写像を描き出すことに貢献するはずである。キャッシュ・フロー計算書は，会社の財産・収益状態に対する補足的な認識を提供する。資金の由来と利用の体系的な対比で，企業における支払の流れを辿りつつ，経済状態を遡って推論することができる。自己資本変動表は，企業損益，収益の利用およびその他すべての自己資本の変動をきめ細かに表す形で，自己資本の変動を説明する。それによって，貸借対照表における開始時と期末の在高の変動の理由が明らかにされ，跡づけられる。

　年度決算書項目の計上，評価および表示に関して，資本会社と有限責任の人的商事会社には，**付加的一般規範**が適用されている。第264条2項における年度決算書の作成に関する一般規範は，「年度決算書は，……正規の簿記の諸原則（GoB）を遵守した上で，資本会社の財産・財務・収益状態の実質的諸関係に合致する写像を伝達しなければならない」（第264条2項1文）とした点で，"すべての商人"に対するそれ（第243条1項）を修正している。もちろん，会計指令が求める"真実かつ公正な概観（true and fair view）"と，第264条2項1文の一般規範への，その原則的転換は，むろんつねに遵守すべき個々のGoBによって相対化される。しかし，一般規範は，法律上の個別規定が，特に選択権や裁量の余地との関係で解釈されるとしても，つねに"義務的ガイドライ

ン"として考慮に入れなければならない。例えば，HGB の特別規定で，例外的な場合——すなわち，"特別な事情により"——，実質的諸関係に合致する写像を伝達できないときは，第264条2項2文により，附属説明書において追加的記載を要する，などである。さらに，有価証券取引法（WpHG）第2条7項による国内発行体で，第327a 条にいう資本投資会社ではない資本会社の法定代表者は，「年度決算書が，1文にいう実質的諸関係に合致する写像を誠実に伝達している」ことを書面で保証しなければならない。この表明を"会計上の宣誓"ともよぶ。

　資本会社と有限責任の人的商事会社に関する法律は，HGB 第三編第1章とは対照的に，**貸借対照表と損益計算書の作成に関する詳細規準**を有している。貸借対照表と損益計算書の表示に関する一般原則は，貸借対照表については第265条に置かれている。第266条では貸借対照表に適用される項目分類様式が，そして第275条では損益計算書に適用される項目分類様式が規定されている。損益計算書では，総原価法（第275条2項）と売上原価法（第275条3項）を選択的に適用することができる。個別項目の規定は，貸借対照表については第268条に，また損益計算書については第277条に含まれている。第274条は，商事貸借対照表が会社の税務貸借対照表と乖離して，いわゆる繰延税金が生じた場合での，支払い税金の計算区分を規定している。第271条および第272条は，資本参加と結合企業の概念および自己資本の表示を含んでいる。特に，貸借対照表と損益計算書項目の表示に関連して，HGB は企業規模によって様々な**軽減措置**を認めている。中・小規模資本会社は，年度決算書と状況報告書の作成に際して，一定の軽減措置を利用できる。最小規模資本会社やそれと同等の有限責任の人的商事会社には，最小規模資本会社に関する追加的規定がこれを拡大しない限りで，小規模会社と同じ軽減措置が適用される。小規模および最小規模会社は，いわゆる"注意深い選択（cherry-picking）"が可能な軽減措置を個々に利用できる。認められている軽減措置を行使（不行使）した場合，後続の期間で，軽減措置の利用の恣意的な変更は認められない。規模別の軽減措置は，図表1-4に示したとおりである。

現行の作成期限の軽減措置以外に、小規模会社（したがって、最小規模資本会社および同等の有限責任の人的商事会社も）は、第264条1項4文により、6ヶ月まで**作成期限の延長**を求めることができる（中規模および大規模会社は第264条1項3文により3ヶ月）。

さらに、HGBは、一定の前提のもとで、**連結決算書**に組み入れられる、資本会社および有限責任の人的商事会社の年度決算書に関する軽減措置を含んでいる。第290条によって連結決算書の作成が義務づけられている親会社の、子会社たる資本会社は、第264条3項により一定の条件のもとで、その年度決算書において、第264条〜第289条および第316条〜第329条の規定を遵守することを要しない。第264条3項にいう条件が充たされた場合、当の資本会社には、もっぱらすべての商人に関する規定が適用されなければならない。同じことは、第264条による有限責任の人的商事会社にも当てはまる。有限責任の人的商事会社が、第264条〜第335b条に基づいて年度決算書と状況報告書を作成し、監査を受け、かつ公示する義務を免除される条件は、もちろん、第264条3項による条件ほど厳しくはない。ともあれ、第238条〜第263条による基本的な作成義務は、有限責任の人的商事会社の場合もそのまま有効である。

1.2.3.2 連結決算書および連結状況報告書に関する規定

連結決算書と連結状況報告書に関する商法規定は、第290条〜第315e条に置かれている。第297条1項1文によれば、連結決算書は、連結貸借対照表、連結損益計算書、連結附属説明書、キャッシュ・フロー計算書および自己資本変動表から成るが、それをさらにセグメント報告書にまで広げることができる（第297条1項2文）。連結決算書は、GoBを遵守し、連結会社で構成する**経済単位たる"コンツェルン"**の財産・財務・収益状態の実質的諸関係に合致する写像を伝達しなければならない（第297条2項2文）。

連結決算書の作成義務とは別に、資本会社と有限責任の人的商事会社は基本的に、当該年度決算書（個別決算書）の作成を引き続き義務づけられる。連結決算書の作成は、コンツェルンの親会社である、すべての資本会社と有限責任の人的商事会社が義務づけられる。**作成義務**は、資本会社については第290条

図表1-4　年度決算書および状況報告書作成時の，最小規模，小規模および中規模資本会社，同規模の有限責任の人的商事会社の軽減措置

会計文書	軽減措置					
	最小規模資本会社および同規模の有限責任の人的商事会社		小規模資本会社および同規模の有限責任の人的商事会社		中規模資本会社および同規模の有限責任の人的商事会社	
	法的基礎	軽減措置の種類	法的基礎	軽減措置の種類	法的基礎	軽減措置の種類
貸借対照表	第266条1項4文	アルファベットを付した科目での区分表示の限定	第266条1項3文	アルファベットおよびローマ数字を付した科目での区分表示の限定	—	—
	第274a条	第274条による繰延税金の記載省略可	第274a条	第274条による繰延税金の記載省略可		
損益計算書	第275条5項	総原価法の簡略的な項目分類様式	第276条	特定の項目を粗利益として一括	第276条1文	特定の項目を粗利益として一括
附属説明書	第264条1項5文	第268条7項，第285条9c)号による記載，および株式会社の場合，株式法160条3項2文により貸借対照表に記載されているときは，附属説明書は不要。決算書は第264条2項1文の一般規範が充たされていることが前提（第264条2項4および5文）	第274a条	第268条4項2文，5項3文および6項による記載と解説省略可	第288条2項	第285条4，29および32号による記載の省略可：第285条17および21号による記載の条件付省略可
			第288条1項	第264c条2項9文，第265条4項2文，第284条2項3号，3項，第285条2-4，8，9a)およびb) 10-12，14，15，15a，17-19，21，22，24，26-30，32-34号による記載と解説省略可：第285条7および14a号による記載は限定可		
状況報告書	第264条1項4文	状況報告書の作成は不要	第264条1項4文	状況報告書の作成は不要	—	—

から，また有限責任の人的商事会社については，第264a条1項と併せた第290条から生じる。

しかし，連結決算書を作成する親会社の義務には**例外**がある。第293条1項にいう小規模コンツェルンは，連結決算書の作成が義務づけられていないが，法律は他方で，いわゆる免責連結決算書について定めている。すなわち，多段階コンツェルン内で，より上位の親会社が連結決算書を作成しなければならない場合，そこで親会社でもある子会社は作成義務を免除される（第291条）。

1.2.3.3 監査・公示規定

立法者は，独立の第三者が一定の企業の会計を監査する必要性を，第316条〜第324a条で顧慮している。第316条1項によれば，大規模・中規模資本会社の年度決算書と状況報告書は，決算書監査人によって監査されなければならない。小規模資本会社は，監査義務を免除される（第316条1項1文）。有限責任の人的商事会社の監査義務は，第264a条1項での参照指示から明らかである。第316条2項に従い，資本会社の連結決算書と連結状況報告書も監査されなければならない。

　商法上の義務的監査の対象と範囲を規定している第317条から，法定・正規性監査が対象になることがわかる。決算書監査人の選任と解任の仕方は第318条が規定している。原則的に決算書監査人となりうる者は，第319条1項が定めている（経済監査士および経済監査法人，中規模有限会社および中規模有限責任の人的商事会社の場合は，宣誓帳簿監査士および帳簿監査法人）。監査人の独立性および公平性のための付加的な条件は，第319条2項および3項並びに第319a条および第319b条に含まれている。すなわち，そこでは経済監査士および経済監査法人並びに宣誓帳簿監査士および帳簿監査法人は，個々のケースで除斥要件が充たされれば，監査依頼の受託機会が失われることを定めている。決算書監査人は，会社機関に対する所定の報告書の形式（第321条）でも，同様に確認の付記とよばれる証明書の形式でも（第322条），会計の正規性を判断し，年度決算書と併せて外部利用者に開示しなければならない。

　会計の**公示**に関する規定（第325条〜第329条）は，企業外部の年度決算書利用者でも現在または潜在的な債権者でも，実際に会計を閲覧できることを保証している。すべての資本会社と有限責任の人的商事会社の法定代表者は，確

定し承認された年度決算書，状況報告書および確認の付記またはその否認に関する付記，監査役会報告書，並びに株式法第161条に定められている説明を，当該書類が係る営業年度の決算日後1年以内に，公告が可能な形式で電子連邦官報の運営者に電子形態で提出しなければならない（第325条1項および1a項）。監査役会の報告書，株式法第161条に定められている説明および利益処分に関する決議が，法定の期限内に提出されなかった場合には，その提出後，遅滞なく公示されなければならない（第325条1a項および1b項）。加えて，法定代表者は，提出した書類の公開を公告しなければならないが（第325条2項），他方，電子連邦官報の運営者は，保管のために，当該書類を企業登記所に送付することを義務づけられている。ここではまた，すべての利害関係者が資料をインターネットで閲覧できるようにされている。

　公示は，概念的には，法定代表者による年度決算書の**作成**と年度決算書の確定から切り離さなければならない。年度決算書の作成義務は，第241a条の免責可能性を考慮した，すべての商人に対する第242条と，資本会社と有限責任の人的商事会社に対する，第242条と併せた第264i条から生じる。（監査義務がある場合，事前に監査済みの）年度決算書は，確定によって法的に有効となる。株式会社の場合，取締役会と監査役会が年度決算書の確定を株主総会に委ねる場合，年度決算書は，取締役会と監査役会の共同によるか（株式法第172条），株主総会（同法第173条）によって確定される。有限会社の場合，年度決算書の確定は社員が義務を負う（有限会社法第46条）。人的商事会社の法には"確定"という概念はない。しかし，人的商事会社の年度決算書の確定は，社員が年度決算書の法的義務を決議するだけで，そして会社がそれを承認することで，法律行為とみなされる。したがって，確定は，社員が責任を負う。個人商人は，作成した年度決算書に正規に署名することで確定する。

1.3　補　完　規　定
1.3.1　法形態固有の規定
　株式会社は，年度決算書，状況報告書および利益処分案の作成，監査および

公示に当たって，以下の株式法の基本規定を遵守しなければならない。

- 貸借対照表における基礎資本と準備金の表示および処分，損益計算書および附属説明書に関する第150条～第160条
- コーポレート・ガバナンス・コードの説明に関する第161条
- 監査役による年度決算書，状況報告書および利益処分案の監査に関する第170条および第171条
- 年度決算書および利益処分の確定に関する第172条～第174条
- 確定した年度決算書の無効に関する第256条

株式合資会社の法形態には，さらに株主総会による年度決算書の確定に関する規定（株式法第286条1項），自己資本の表示および無限責任社員に関する付記義務およびその構成員への貸付に関する規定（同条2項）が適用される。

有限会社に対する追加的会計規定は，有限会社法に置かれている。

- 年度剰余金の処分に関する第29条
- 基本出資金，請求追納出資および社員に対する債権および債務の注記の表示に関する第42条
- 年度決算書の提出，確定および監査に関する第42a条

協同組合には，第三編の規定（第336条～第339条）の他に，さらに協同組合法の諸規定が適用される。

- 帳簿記入の正規性，年度決算書の提出義務および取消可能性，並びに巨額損失についての理事会の告知義務に関する第33条
- 年度決算書の確定に関する第48条
- 監査義務に関する第53条
- とりわけ会計違反の場合の制裁に関する第160条

1.3.2　開示法の規模固有規定

大企業は，法形態に関わりなく，経済的には取引先，顧客および債権者に対してもつ意味が大きい。立法者は，いわゆる1969年8月15日の**開示法**（PublG）によって，基本的にその点を重視した。そこでは，とりわけ，すべての人的商事会社と個人商人は，一定の規模条件を充たし，第264a条1項にい

う有限責任の人的会社に相当しない限り，年度決算書の作成，公示および監査を義務づけられる。

開示法第1条1項によれば，企業は，連続する決算日に，次の3つの**規模条件**のうち少なくとも2つを充たしていれば，決算書の作成を義務づけられる。

■ 貸借対照表総額65百万ユーロ超
■ 売上高130百万ユーロ超
■ 従業員数5,000人超

開示法第5条は，大資本会社に適用されるHGBの規定に厳密に準拠して，開示法に該当する企業の年度決算書と状況報告書の**作成**を定めている。しかし，個人商人と人的商事会社は，附属説明書と状況報告書の作成を免除される（開示法第5条2項1文）。同法第6条1項は，決算書監査人による年度決算書と状況報告書の監査を，また第9条はその開示を要求している。その場合，開示法上の規定は，第一にHGB規定の類似の適用を参照するよう指示しているが，もちろん第9条2項により，一定の条件のもとでは，損益計算書を開示しないことができる。連結決算書の作成，監査および開示は，同法第11条～第15条に規定されている。

1.3.3 業種固有の規定

特定の事業部門の特性に応じて，業種固有の特別規定が定められている。例えば，交通・住宅業の企業には，貸借対照表の項目分類について，特定の法令が適用される。重要な業種固有の規定は，信用機関および保険会社に関してである。業種固有の規準は，商法規準と同時に，法形態および規模固有の規準を考慮しなければならない。信用機関および保険会社の規定は，主にEUの調和化要請に基づいている。その上，ドイツ連邦各州には，ドイツ商法と関連する地方自治体の決算書の作成に関する特別規定がある。

信用機関は，連邦銀行と連邦金融サービス監督庁（BaFin）に対して，正規に作成した年次統計の他に，年度決算書と状況報告書も提出すべく，追加的な会計報告責任義務がある。基本的には，年度決算書および状況報告書に関する，信用機関のための第340a条1項に基づき，一般的な会計規定部分（第238

条～第263条）と，――信用機関の法形態とは別に――大規模資本会社に対する特別規定が適用される（第264条～第289f条）。これらの会計規定からの離脱については，例えば，第340e条3項による売買目的の金融商品の損益作用的な継続評価などが，第340条～第340h条で規定されている。信用機関の連結決算書および連結状況報告書にとっては，基本的に，第290条～第315e条の規定が重要である。その上，立法者は，銀行会計指令法第330条2項，第340条～第340h条において，信用機関に対する補完的会計規定を成文化している。信用機関は，第340k条および第340l条に従って，その規模とは別に，その年度決算書を第316条～第324a条の規定に基づいて監査を受け，かつ第325条，第328条，第329条1項の規定に従って公示しなければならない。その上，支社でない信用機関は，支社が置かれているEUの加盟国ごとに会計を公示しなければならない。

　保険会社の年度決算書，連結決算書および状況報告書については，基本的に保険会社に関する第341条～第341p条に特別規定がない場合にのみ，第264条～第289f条，第290条～第315e条が適用される。同様に，保険会社の年度決算書，連結決算書および状況報告書の監査および公示は，別の定めがある。

　2015年，会計指令転換法（BilRUG）によって，EUの新会計指令が国内法に転換された。法改正によって，**特定の資源関連企業**の特別規定がHGBに採用された。規定の対象は，国内に所在し，かつ鉱物採掘業を行っているか，原始林木材伐採を業とする資本会社およびそれと同類の人的商事会社である（第341q条）。どのような資本会社がこの規定に該当するかは，第341r条1号および2号で具体化されている。この定義に該当する資本会社は，その事業活動に関連して，当該報告期間中に，国家機関に対していくら支払いをしたかを報告する，年次支払報告書を作成しなければならない。そのような支払いをしていない場合，資本会社は，第341q条で定められている報告期間にそれがなされていないことのみを報告しなければならない（第341t条1項）。国家機関に対する報告期間中の支払いが10万ユーロ以下の場合，その支払いについては支払報告書で考慮することを要しない。同じことは，総額で10万ユーロ以下の

支払いにとどまる個々の国家機関にも当てはまる（第341t条4項）。

商法会計規定は，**地方公共団体**の会計とも関連している。例えば，イエナでは，内務大臣と各州市議会議員の定例協議会で，2003年11月21日，自治体予算改革のための決議が行われた。この決議では，地方公共団体の公財政と会計を，純支払指向的（財政学）な見方から資源指向的な見方へと転換させること，そして商人的簿記をこれに適用すべき適切な技法として勧告した。この決議は，所轄の連邦州立法者によって様々に転換されている。

2. DRSCのHGB専門委員会の規定

ドイツの立法者は，1998年4月27日の企業領域統制・透明化法（KonTraG）で，ドイツにおける**民間の会計基準委員会**設置に関する前提条件を設けた。

民間の会計基準委員会設立のための法的基礎は，第342条の規定に置かれている。同条1項によれば，連邦法務・消費者保護省（BMJV）は「私法に基づいて設置された機関を契約によって承認し」，これに会計領域の所定の役割を委ねることができる。そこから，1998年，私法上の会計専門委員会の運営組織として，ベルリンを所在地とした，ドイツ会計基準委員会（DRSC）が設置された。BMJVによる契約上の承認に基づき，会計の作成者，監査人および利用者の利益を代表し，それを守る7人の委員から成る**HGB専門委員会**（HGB-FA）が，DRSCとしての役割を果たしている。委員会のメンバーは，指名委員会の提案で，評議委員会から5年の任期で選ばれ，名誉職的に活動する。

基準策定協定によって委託された会計基準委員会の**役割**は，第342条1項で次のように定められている。
 (1) 連結会計の諸原則の適用に関する基準の開発
 (2) 会計条項に係る立法構想に際してのBMJVへの助言
 (3) 国際的な基準設定機関におけるドイツ連邦共和国の代表
 (4) 第315e条1項にいう国際的会計基準（IFRS）の解釈の策定

上述の役割に従って開発された会計規準は，ドイツ会計基準（DRS）と称さ

れる。これがBMJVによって公示された後で，DRSに準拠して作成された連結決算書は，法律上一般に第342条2項に裏付けをえた，**正規の連結会計の諸原則**に合致したものと推認される。DRSは本来，連結会計のために開発されたものではあるが，**個別決算書**における会計処理にとっても有意である。それは，個々のDRSが，個別決算書にとっても連結決算書にとっても，同様に関連して問題となる規準を有しているからである。その限りで，DRSは個別決算書に適用される規定の解釈に影響を与える。これは，とりわけDRSにおいて具体化される不確定法概念の解釈に当てはまる。

3. 会計規定の履行に関するドイツのエンフォースメント・システム

ドイツのコーポレート・ガバナンス・システムでは，様々な**機関**が会計規定の遵守状況を監視している。この場合，株式会社では，監査役会，決算書監査人あるいは監査委員会が挙げられる。その役割は特に，会計規定に対する企業経営者の違反を見つけだし，罰することである。かつては，これらの機関による経営者の監視が，いくつかのケースで確かに失敗している。ドイツのセンセーショナルな事例としては，BALSAM/PROCEDO，FLOWTEXやCOMROADがあった。これらの事例や別の"会計スキャンダル"で，会計や一部では決算書監査に対する年度決算書利用者の信頼が著しく揺らいだ。

こうした信頼喪失の結果として，ドイツでは，2006年の会計統制法（BilKoG）によって，**会計の監視と会計規定の履行システム**が，資本市場指向企業に導入された。この，いわゆる"エンフォースメント・システム"は，第342b条～第342e条並びに有価証券取引法第37n条～第37u条において規定されている。それは**二段階**から成っている。

- ■ 第一段階では，私法上の組織たるドイツ会計検査機関（DPR）が，年度決算書が会計規定を遵守しているかどうかを検査する。
- ■ 第二段階では，所轄の行政官庁・連邦金融監督庁（BaFin）が会計規定の遵守を保証する。

システムの**第一段階**は，第342b条1項で規定されている。それによると，BMJVは，連邦財務省（BMF）の同意のもとで，資本市場指向企業の年度決算書に，会計規定に対する違反があるかどうかを検査する，私法上の機関を承認することができる。2004年5月14日にはすでに，会計分野からの15の職能・利害関係代表がBMJVと協調して，"社団法人・ドイツ会計検査機関（DPR）"を設立した。この機関の目的は，自立的な検査機関の推進主体たることである。2005年3月30日に，BMJVは，BMFと合意してドイツ会計検査機関の承認に関する協定に署名した。その結果，検査機関は，資本市場指向企業の会計を監視する権限を与えられた。検査機関は，2005年7月1日，法律上の規準（HGB施行法第56条1項2文）に従って検査活動を開始した。

検査機関の役割は，有価証券取引法第2条1項1文にいう有価証券を，公設もしくは規制市場で取引するため，国内取引所に上場を認可された企業の，確定した直近の年度決算書および状況報告書または承認された直近の連結決算書および連結状況報告書の適法性を検査することである（第342b条2項1文および2文）。法律上は，どの決算書を優先的に検査すべきかの規定はない。したがって，年度決算書と連結決算書は，検査での扱いは同格である。しかし，資本市場では連結決算書がより重視されることから，まず連結決算書が検査されることが期待される。中間決算書はエンフォースメントを受けない。

検査機関は，第342b条2項3文に従い，会計規定違反についての具体的な根拠やBaFinの要求がある場合（**事後点検**），あるいは特別の理由なしに，無作為抽出検査法（**事前点検**）で検査を行う。明らかに検査に公益性がない場合，検査は行われない（第342b条2項4文）。とはいえ，これらの場合，当然例外はありうる。

検査機関は，企業を検査する目的および時には企業が検査への協力を拒絶した場合，これをBaFinに報告する。検査機関は，被検査企業の協力態勢に瑕疵があっても，基本的にいかなる制裁手段ももたない。**協力態勢に瑕疵**がある場合，検査機関は，BaFinが関与し，場合によっては逆に検査機関に委譲することを，エンフォースメント・システムの第二段階に委ねなければならない。

企業の検査に取りかかる際には，検査機関は検査を終えた後，BaFin に対して検査の結果と，場合によって企業が**検査結果**に同意を表明したか否かを報告する（第342b 条6 項1 文3 号）。被検査企業が検査機関に協力しない場合には，検査機関は，検査の指揮を BaFin に委ねる（有価証券取引法第37p 条1 項2 文1 号）。検査機関は，企業の会計に関連して犯罪の疑いの根拠となる事実を，訴追権限のある当局に通知しなければならない（第342b 条8 項1 文）。決算書監査人による職務義務違反の存在を推認させる事実については，検査機関から連邦経済・輸出管理局の決算書監査人監視機関に伝達する（第342b 条8 項2 文）。

　第二段階では，BaFin は当該企業における会計規定の履行を，高権的手段で保証しなければならない。検査機関とは違って，国家官庁たる BaFin は制裁の権能を有しており，故意または過失による虚偽または不完全な回答には，5 万ユーロの過料を課すことができる（第342e 条2 項）。さらに，BaFin は，企業が認めた虚偽を公表するよう命じることができる（有価証券取引法第37q 条2 項1 文）。第一段階の検査とは逆に，決算書監査人は，第二段階の検査の段階で，守秘義務を盾に取ることはできない。

　BaFin が，企業の会計に関連して犯罪の疑いの根拠となる事実を確認した場合，訴追権限のある当局にその情報を伝えなければならない。その場合，BaFin は，疑いを持たれたり，証人として問題になる関係者の個人情報を，当該官庁に伝えることができる（有価証券取引法第37r 条1 項）。決算書監査人による職務義務違反が推認される事実について，検査機関は同様のやり方で連邦経済・輸出管理局の決算書監査人監視機関に伝えなければならない。さらに，企業の証券取引所法規定違反の存在を推認させる事実は，所轄の証券取引所監督庁に伝えなければならない（有価証券取引法第37r 条2 項）。

　この二段階のエンフォースメント手続きの目的は，企業が第一段階で確認した誤りを，任意にかつ合意して明らかにすることであって，第二段階が最初に行動を起こすことはまずありえない。検査機関がそこにかけた期待が―特に予防的効果に関して―叶えられたかどうかは，検査活動の最初の結果がすでに出てはいるが，まだはっきりしない。

4. ドイツ会計に対する IFRS の意義

　IFRS 会計は，ドイツに所在する企業にとって，次の2つの理由から特に重要である。
- ■ 特定の会社が，EU において法律上，IFRS の適用を義務づけられ，
- ■ いくつかの証券取引所において，IFRS の適用が有価証券発行の要件とされていること

　EU 委員会は，すでに 2000 年 6 月に，2005 年以降資本市場指向企業の連結決算書に IFRS を義務づけることを予定していた。結果的には，2002 年 7 月 19 日，すべての加盟国に直接適用される **EU 命令**（以下，IAS 適用命令）を決議した。それは，規制市場で有価証券の発行を認可された，EU に所在するすべての企業に，2005 年 1 月 1 日以降，IFRS による連結決算書の作成を義務づけたものである。加盟国は，EU 以外の取引所に別の基準によって作成した決算書で上場していたか（例えば，US-GAAP による決算書の作成を義務づけられている企業），あるいはもっぱら負債証券で上場していた EU 所在の企業に，期限付きの例外を認めることができた。加盟国は，これらの企業に，2007 年 1 月 1 日まで，別の一般に認められた国際的な会計基準を適用することも容認した。さらに，IAS 適用命令第 5 条は，加盟国に，IFRS の適用を，すべての企業の個別決算書および／または非資本市場指向企業の連結決算書に許容するか，義務づけるかの選択権を認めた。加盟国の立法者は，当該選択権に関わる規準を国内法に転換しなければならなかった。

　ドイツの立法者は，2004 年 12 月 4 日の会計法改革法（BilReG）で，選択権を行使し，次のように国内法に転換した。個別決算書は，公示目的で IFRS に準拠して作成することができる（第 325 条 2b 項と併せた 2a 項）。もちろんこれは，情報目的に限って認められる。こうした IFRS 個別決算書を公示する企業は，それに加えて，会社法・税法目的での，HGB に基づく決算書も作成しなければならない。同様に，連結決算書は，資本市場指向企業に該当しない限

図表1-5　IAS適用命令と会計法改革法（BilReG）に基づく，
　　　　ドイツにおけるIFRSの適用範囲

	連結決算書	個別決算書
資本市場指向企業	IFRS義務： （IAS適用命令第4条 および第315e条2項）	IFRS選択権： 公示目的でのみ （第325条2b項 と併せた2a項）
非資本市場指向企業	IFRS選択権： （第315e条3項）	

り，IFRSにより公示目的で作成することが認められる（第315e条3項）。

　図表1-5は，2004年12月31日以降に始まる営業年度で，**ドイツにおけるIFRSの適用規準**を要約したものである。

　IAS適用命令の目指すところは，EUに所在する多くの企業に対して，その会計処理をIFRSに適合させることにあった。IASBは，IFRSへのシフトに応え，2003年6月19日，IFRS第1号（IFRSの初度適用）で，**IFRS移行**基準を公表した。

　確かに，IAS適用命令では基本的に，IFRSが連結決算書にとって有効な会計基準であることを定めている。しかし，会計規定の開発を，私法上の組織であるIASBに完全に委ねることはできないか，委ねるべきではないことから，IAS適用命令は**承認手続き**（endorsement mechanism），いわゆるコミトロジー手続きを要することを定めた。EUでは，IASBの個別基準と解釈は，監視を伴う規制手続きを通じて承認され，EU委員会の法規命令の形で公布されてはじめて効力をもつとされている（"承認された"IFRS）。

　基準受入れの要件は，IAS適用命令第3条2項によれば次のようである。

- IFRSによる年度決算書および連結決算書が，企業もしくはコンツェルンの財産・財務・収益状態の実質的諸関係に合致する写像を伝達しなければならず，
- 基準が欧州の公益に反せず，
- IFRSによる会計が理解可能性，目的適合性，信頼性および比較可能性の

基準を充たしていなければならない。

これらのメルクマールをもとに，EU 法に引き継いだ基準と解釈の検証を，EU 委員会の 3 つの組織がサポートしている。まず，技術レベルでは，**欧州財務報告諮問グループ**（EFRAG）がそれに当たる。EFRAG は，私法的に組織された会計の専門家集団であり，2001 年に，IASB に対してヨーロッパの利益を代表し，欧州の会計委員会（ドイツ：DRSC）の業務を調整する任務を負って設置された。EFRAG は，承認プロセスの枠内でさらに，EU 委員会の基準または解釈の決議後 2 ヶ月以内に，告示の諾否に関する提案を説明する役割を負っている。その決定に当たっては，EFRAG は利害関係集団，とりわけ関係企業に配慮している。

EFRAG の業務を確保するため 2006 年 7 月 14 日に，EU 委員会は基準受け入れ勧告の審査グループ，すなわち**基準承認勧告審査グループ**（SARG）の設置を決定した。独立した専門家から成るこのグループの役割は，基準と解釈を承認する前段階で，EFRAG の勧告について EU 委員会に助言することである。特に SARG は，勧告が，バランスがとれ，かつ客観的であるかどうかを評価する。EU 委員会は，立法に対するロビイストによる民間団体の影響を制限するための措置を講じた。2006 年 12 月 20 日，この検討グループに，初めて独立の 6 人のメンバーが任命された。

政治レベルでは，EU 委員会は**会計規制委員会**（ARC）によって支えられている。この委員会は，EU 委員会議長のもとに置かれ，加盟国の代表者で構成されており，規制手続きの範囲内で，欧州全体の承認を所管する。ARC は，基準と解釈の諾否について EU 委員会の提案を決定する。例外的な場合には，決定権限は，直接，EU 委員会か理事会がもつことができる（IAS 適用命令第 6 条 2 項）。

2008 年 3 月 11 日の命令により，規制手続きは，**EU 議会および理事会による監視**で補完された。ARC による承認は，EU 議会と理事会が，新もしくは改訂基準の承認を拒否できる，3 ヶ月の異議申立期間にならったものである。

EU 委員会は，2003 年 9 月 29 日に初めて IASB 基準を決定した。EU 命令

によって，金融商品の会計処理基準（IAS 第32号および第39号）とそれに関連する解釈（SIC 第5号，第16号および第17号）を除く，その時点で存在するすべての IASB の基準が承認された。承認命令は，2003年10月16日に発効した。新たな命令で，後に公表された基準といくつかの改訂（修正）が承認された。図表1-6 は，**規制手続き**を図示したものである。

確かに，IAS 適用命令は，様々な個別問題で，IFRS が EU の会計指令と調和することを IFRS 承認の前提として求めてはいない。にもかかわらず，EU は，2つの改訂指令—2001年9月27日の公正価値指令および2003年6月18日の現代化指令—を決議し，それによって EU 第4号および第7号指令を **IFRS に適合**させ，その後，この2つの指令は，新しい EU 会計指令として統合された。こうして実現した EU 指令と IFRS のコンバージェンスと同時に，国内会計規定を改正することで，EU 加盟国に IFRS との調和を可能にさせた。ドイツでは，2004年12月4日の会計法改革法（BilReG）によって，この2つの改訂指令を部分的に国内法に転換した。EU は，今後，IFRS の開発に大いに貢献し，当該基準を開発する機関のガバナンスを改善し，EU 内部の現行のシステムの改善提案を示そうとしている。

しかし，一般に認められた国際的会計基準は，EU 法に拠るだけでは十分ではない。1994年から2000年までの IASC 理事会の活動は，作業プログラムを通じて，"コア・スタンダード"に関する証券監督者国際機構（IOSCO）との合意文書を完成させたことで際立っていた。この作業プログラムは，IAS 第40号の可決をもって終了した。IOSCO は，2000年5月に，多国籍の**有価証券発行体**の国境を越える上場の前提として，加盟団体に30の IAS から成るコア・スタンダードに基づく年度決算書および連結決算書の作成を，国内の証券取引所で認めることを推奨した。

フランクフルト証券取引所のプライム・スタンダードで上場した企業の連結決算書もまた，現行の証券取引所法上の規準に基づいて，IFRS またはアメリカの一般に認められた会計原則（US-GAAP）により作成されなければならない。該当するのは，DAX，MDAX，SDAX および TecDAX 上場企業である。

図表1-6 EUにおける会計基準の承認手続き

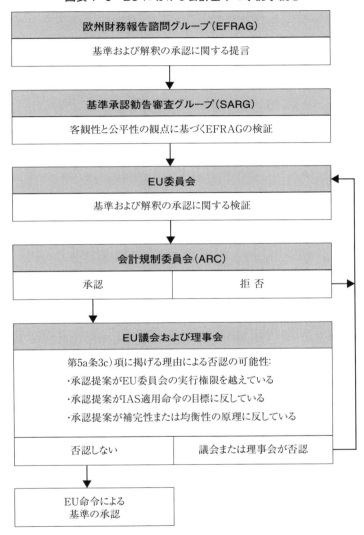

特に重要なのは，アメリカにおけるIFRSの受け入れである。アメリカの証券取引所監督官庁である**証券取引委員会**（SEC）は，IOSCOの最重要加盟組

織として，アメリカの証券取引所への上場にあたり，2008年3月4日までUS-GAAPによる決算書または調整計算表を求めた。2007年までに，ニューヨーク証券取引所に上場したドイツの多くの企業も，この規準に該当した。調整計算表では，ローカルだが国際的でもある会計規準（IFRS）を適用した場合と，US-GAAPを適用した場合に生じる金額の差が，自己資本と年度決算書利益について示されなければならない。

　IFRSをアメリカで承認すべしという議会とニューヨーク証券取引所の強い圧力を受けて，SECは，2008年3月4日に外国発行体の調整計算表を廃止した。この規準によって，2007年11月15日以後に終了したか，もしくは終了する，または2008年3月4日以降の営業年度に外国発行体が提出したか，提出されるすべての年度決算書は，調整計算表なしで，IASBが公表したIFRSに基づいて作成し，提出できることになった。とはいえ，IASBの規準がまだEUに承認されていない限り，EUで承認されたIFRSによって作成された決算書とはいえない。アメリカ国内の発行体にとっては，そのような規準は存在しない。SECは2010年2月に，当初，2010年から予定していたアメリカ企業に対するIFRSの適用を認めないと判断した。IFRSは後入先出法（Lifo）を認めていないので，IFRSの完全な受け入れは，さしあたりは考えられない。後入先出法は，もちろんアメリカの税法で許容されており，内国歳入法第472（c）条に従った逆基準性によって，US-GAAPによる年度決算書にも適用可能である。IFRSの受け入れのために，これまでアメリカの会計で許容されていた，後入先出法を廃止する法的な努力がまったく見られないので，SECによるIFRSの完全な受け入れはありそうに見えない。EU委員会やIFRS財団も，SECによるIFRSの早期受け入れには懐疑的である。IFRSを承認するとすれば，SECはおそらく，いわゆる"コンドースメント手続き"（*コンバージェンスとエンドースメントの合成語）を開発するであろう。この手続きのもとでUS-GAAPを存続させ，FASBとIASBは現行基準のコンバージェンスに向けて，作業を進めることになる。それと同時に，新しい規定がUS-GAAPで承認されなければならない。こうした手法は，アメリカの発行体にIFRSの採用を可

能にさせるだろうが，さらに，SECとFASBにしかるべき判断の余地を与えることになろう。

第2章
外部報告会計の目的

1. 会計規範の解釈基盤としての年度決算書目的

いかに練り上げられた法規定でも，生活のありとあらゆる個々のケースを捉え，かつ規律することは決してできない。そこで，立法者はしばしば，ある事態をごく大まかに言い表すだけの，いわゆる**不確定法概念または法規概念**を用いる。こうして，立法者は，細目規定では捉えきれない多様な個別事象を，不確定法概念によっておおまかに捉え，かつ規律しようとしたのである。

商法上の会計規定も，すべての貸借対照表計上能力または計上義務ある事象をこと細かに規律できないので，商法上の規範が具体化され解釈されなければならない。その際，拠りどころとされるべきは商法上の年度決算書目的である。しかしそれは，HGBでは明示的に言い表されていない。それゆえ，商法年度決算書の**目的を発見する**ため，立法者が意図した目的を法（この場合はHGB）がいかに指示しているかを探り出さなければならない。目的体系が立法者の意図に反しないためには，これが必要である。むしろ，法的に妥当な目的体系は，法学的方法論の助けを借りて開発されなければならない。したがって，商法年度決算書の目的は，一方では商法上の規範の具体化に役立ち，他方では商法上の規範そのものから発見される。つまり，規範の解釈と目的の発見は相互依存のプロセスである。

商人簿記は年度決算書作成の前提なので，基礎となる帳簿記入の目的も明ら

かにされなければならない。基本的には、**商法上の帳簿記入・年度決算書目的**は特に、次のものによって発見されなければならない。

- ■ 法規定の文言および語義
- ■ 法規定の意味関係
- ■ 法規定の形成史
- ■ 立法資料と立法者の見解
- ■ 経営経済的または客観的・目的論的観点，並びに
- ■ 法規定の合憲性

商法上の目的体系は、**法形態または業種の特性**にかかわらず、すべての企業に当てはまる。したがって、帳簿記入と年度決算書の目的は、すべての商人に適用される規範から発見されなければならない（HGB 第238条～第263条）。

以下では、HGB から、3つの年度決算書目的—文書記録，会計報告責任および資本維持—がいかに導き出されるかを明らかにする。

2. 年度決算書の目的体系の諸要素

2.1 文書記録

第238条1項の文言（いわゆる帳簿記入の一般規範）は、商人に次のことを求めている。

　「……帳簿を作成し，そこにおいて自らの商取引および財産状態を正規の簿記の諸原則に従って明らかにしなければならない。帳簿記入は，専門的知識を有する第三者に対して，所定の期間内に取引と企業の状況に関する概観を伝達しうるものでなければならない。取引は，その発生と処理を追跡できるものでなければならない。」

このように成文化された**帳簿記入義務**は、立法者が年度決算書において、企業の経済状態に関する包括的な情報を提供できるよう、すべての取引事象の明瞭で完全な、かつ第三者にとって検証可能な記録が肝要であることを明らかにしている。我々は、こうした帳簿記入の基本目的を文書記録概念のなかに包摂

させている。物財の移動と支払過程に関する完全で正確かつ体系的な記録と認識は，年度決算書の基礎であり，立法者が意図した年度決算書目的を果たすための前提である。同時に，文書記録は，記録の検証可能性によって企業の構成員による隠蔽（不正行為）を防ぐか，少なくともそれを難しくする予防的な機能を果たす。すなわち，不正行為の疑いがあるとき，現実の事態を商業帳簿の記録と突き合わせることで，その疑念を解き明かすことを容易にする（証明機能）。

租税通則法第140条によれば，商法上の帳簿記入義務は，税法にも適用される。つまり，税法は，課税の基準となる事実関係の証明に，商法上の帳簿記入による文書記録を利用しているのである。

2.2 会計報告責任

Leffson によれば，会計報告責任とは，「情報利用者（それは会計報告責任の当事者かもしれない）が，財産の運用とそこから得られた成果を自ら判断し，営業活動について完全で，明瞭かつ適切な認識を得ることができるよう，受託資本の運用状況を開示すること」を意味している。会計報告責任の目的は，第一に，出資者に対して投資意思決定に必要な情報（第三者に対する会計報告責任）を与えることである。第二は，企業自ら，過去の投資意思決定をチェックし，将来の投資計画を可能にすることである（自己情報）。

法の文言から，年度決算書目的が会計報告責任を自明としていることを直接読みとることはできない。しかしながら，**会計報告責任目的**は，帳簿記入と年度決算書に関する法規定内の意味関係から，間接的に明らかになる。ここではとりあえず，すべての商人に適用される規定にある，いくつかの根拠を挙げておこう。

- ■ 自らの財産状態を明らかにすべきとする，第238条1項1文にいう商人の義務は，それに伴う会計報告責任の背景を表明しているだけである。
- ■ したがって，商人が定期的に（すなわち，"各営業年度の終了時に"）「自己の財産と負債の関係を示す決算書」（1項）として貸借対照表を作成しなければならないとする第242条も，商人自身に対しても第三者（例えば，

債権者）に対してと同様に，財産による債務補償の範囲に係る会計報告責任に資すべきものと解さなければならない。その上，商人は「費用と収益の対照表」（2項）としての損益計算書を作成しなければならない。

■ 第246条1項は，すべての資産，負債，計算区分項目，費用および収益の計上を求めている。同条2項1文は，原則として資産と負債の，また費用と収益の相殺を禁じている。したがって，第246条にいう会計報告責任は，商人が企業の債務補償能力や収益の構成要素を相殺せずに示すべきことを意味している。

■ 第247条1項は，貸借対照表に対して，固定資産および流動資産，自己資本，負債並びに計算区分項目を区別して表示し，かつ十分に分類することを求めている。それによって可能となる，第243条2項が求める貸借対照表の明瞭性と要覧性は，会計報告責任を果たすことに役立つ。

■ 計算区分項目の計上によって，支払過程は，それが経済的に適合する営業年度に割り当てられる。したがって，計算区分項目は，期間対応的損益計算の意味での修正項目と解さなければならない。前期の収益と比較可能な収益の算定は，会計報告責任の重要な構成部分であることから，第250条1項および2項で成文化された，経過的計算区分項目の計上の義務づけは，会計報告責任目的に役立つ。

■ 年度決算書の会計報告責任目的は，債務保証関係を貸借対照表の欄外に掲げなければならないとした，第251条に成文化された義務でも，企業がさらされるかもしれない追加的なリスクを認識できることを示している。

■ 第252条に掲げられている一般的評価原則のなかでは，例えば1項2号が，基本的に企業活動の継続性を仮定することや，1項6号が前年度の決算書で採用した評価方法の保持を規定している。ゴーイング・コンサーンの前提や評価継続性の原則は，比較可能な期間損益の算定に寄与し，したがって，会計報告責任目的に役立つ。

資本会社と有限責任の人的商事会社には，会計報告責任目的が追加的に具体化されている。

■ 資本会社と有限責任の人的商事会社にのみ当てはまる，第264条2項1文の一般規範によれば，年度決算書は「正規の簿記の諸原則を遵守した上で，資本会社の財産・財務・収益状態の実質的諸関係に合致する写像を伝達しなければならない」。この規定の語義は，明らかに会計報告責任目的を示したものである。というのは，資本会社の経済状態を的確に認識することが，とりわけ期間損益計算を前提とした，広範な会計報告責任の中心的要素だからである。なかでも第264条2項1文は，年度決算書が資本会社の収益状態の写像を伝達することを求めている。それが，営業年度の収益と費用によって描写されるすべての成果経済的状況であることを意味している。規定の文言は，資本会社の年度決算書が，その"稼得"目的が達成されたかどうかについて会計報告責任を負うべきことをはっきりさせている。その上，年度決算書によって，例えば，自己資本と目標値（損益）との比率としての自己資本収益率が算出できる。

■ 加えて，会計報告責任目的の達成にとって重要な意味をもつものに，資本会社および有限責任の人的商事会社が作成する附属説明書がある。その役割は，年度決算書の第三の構成要素として，そこでの補足情報によって貸借対照表と損益計算書を補完，修正し負担を軽減することにある。

決算書を作成するすべての商人に関する，会計報告責任目的に資するHGBの規定は，全体として**静態的要素も動態的要素**も含んでいる。個別規定も，部分的には，静態的思考にも動態的思考にも由来している。例えば，第246条の完全性命令は，一義的には債務補償能力の証拠としての静態的観点から，そして二義的には期間損益計算の前提としての動態的観点から説明できる。第250条が求める経過的計算区分項目は，一義的にはSchmalenbachの動的貸借対照表論にいう収入と支出の期間配分に役立ち，そして二義的には，Simonの静的貸借対照表論にいう後続の期間での損益作用的な給付請求権・債務を的確に証明することに役立つ。

企業の経済状態を洞察する**経営経済的必要性**は，所有と所有に関わる処分権の分離から生じるが，それは特に資本会社だけのものではない。社員または債

権者（資本提供者）と経営者（企業経営）との企業家機能の分離は，プリンシパル・エージェント理論の研究対象である。年度決算書の役割は，出資社員または債権者に対して，自由な処理を委ねられた資源の利用に関する会計報告責任を果たすことである。ここで特に注目すべきは，基本的に—例えば，所有者への配当の形での—資本引出しの大きさを決める，企業の債務補償能力および年度利益の稼得額に関する情報である。非資本会社の場合，会計報告責任は特に自らに対する会計報告責任をも意味する。すなわち，商人は年度決算書によって，定期的に自らの企業の財務状態に関する概観を手に入れざるをえない。

　文献では，"会計報告責任目的"概念の代わりに，しばしば**"情報機能"**なる概念も用いられているが，我々はこの用語選択を適切とはみていない。なぜなら，年度決算書は〈情報の束〉だからである。こうした情報を情報機能とみるのは，一種の循環論というべきであろう。情報は，できるだけ多く与えられたときはじめて，その機能を一番よく果たすからである。しかしそれは，必ずしも有意な報告を欲している利用者の意味においてではない。そのため，我々は"会計報告責任"概念の方が，より明確で目的に適っているとみている。

2.3　資　本　維　持

　資本維持は，（名目的）自己資本を減らさずに，各期間の損益が算定されることを意味する。立法者は，様々な商法会計規定の文言と意味関係のなかで，名目資本の維持が**企業の存続を確保する**上でいかに重要であるかを説いている。そのために挙げられるのが，次のような事例である。

- 一般的評価原則のなかで，立法者は，第252条1項4号で慎重原則を考量して，不均等原則を成文化している。慎重原則は，分配可能でかつ配当可能な利益の，慎重の上にも慎重な算定を求めている。立法者は，不均等原則によって，個々の取引に関わる予想上の損失を，当期の費用として先取りすることを求めている。
- 資産および負債の計上価額に関する第253条の規定も，資本維持の目的および継続企業の保障と密接な関係を有している。第253条1項によれ

ば，すでに SCHMALENBACH が求めたように，資産は取得／製造原価を上限として評価しなければならない。不均等原則を具体化した，固定資産に関する第253条3項と，流動資産に関する第253条4項の低価評価規定から，資産の価値減少が利益縮小的に働くことを考慮していることがわかる。

　名目資本維持の年度決算書目的は，決算書作成企業であっても，それが個人企業または人的商事会社なのか，それとも資本会社なのかで，重点の置きどころが異なる。**個人企業または人的商事会社**の場合，経営者は，年度決算書によって，開業以来，慎重に算定された年度利益を超える資本の引出し（配当）と，それによる企業経営上の責任財産の減少を明らかにする。

　資本会社と有限責任の人的商事会社については，資本維持目的がさらに具体化されている。

- **情報に基づく資本維持**は，資本会社と有限責任の人的商事会社に適用される，収益状態だけでなく，財産・財務状態への洞察も求める第264条2項1文の一般規範に寄与している。経済状態の，この2つの構成要素は，資本維持と密接な関係をもっている。なぜなら，財産・財務状態への洞察によって，資本会社による資源の由来と利用が明らかになるからである。ここで特に重要なのは，財務構造が自己資本比率を通じて"稼得源泉の確保"目標の目安となりうるからである。

- 資本会社の場合，（資本維持に基づく情報以外に）さらに**配当規制**がある。利益配分には，（個人企業や人的商事会社は別として）法形態固有の株式会社でも，有限会社でも配当制限がかけられている。例えば，年度利益から，毎年一定額が法定準備金に組み入れられなければならない。法的（定款や組合契約）に義務づけられている年度利益からの積立額は，（再び法的に規制して）取崩すまでは，それを配当目的で自由に処分してはならない。ただし留保額に限って，これを所有者に配分することができる。したがって，資本会社は，他の法形態とは異なり，留保可能な資金の額が，年度決算書で算定された，いわゆる"貸借対照表利益"（配分可能利

益）にしばられている。とりわけ，配当額の制限は，資本会社の有限責任に根拠づけられている。配当制限規定によって，最低責任資本が維持されるはずである。これに関連して，文献では，年度決算書の配当額算定機能にも言及している。たしかに，年度決算書は，配当額算定の基礎ではあるが，企業が最終的に所有者に配当する額をいくらにするのかは，有限会社では社員総会であり，株式会社では株主総会のはずである。したがって，配当額の算定は，年度決算書の直接的な役割でも，年度決算書固有の目的でもない。

■ しかし，資本会社と有限責任の人的商事会社の場合，資本維持目的は，いわゆる**配当禁止**によって支えられている。そこから，自己創設の無形固定資産（ソフトウエア）が，第248条2項1文によって借方計上可能になった。ただし，明確に計算できない製造原価や将来の利用期間に関する不確実性から，そもそも客観的価値を計算するのは難しい。そのため，立法者は，第268条8項で，たとえ自己創設の無形資産を計上できなかったとしても，企業は相応の利益配当ができることを定めた。第268条8項によれば，それ以外の配当禁止としては，第246条2項2文にいう制度資産の時価評価および資本会社と有限責任の人的商事会社に認められた繰延税金資産（第274条）が考慮されなければならない。

商法規定の文言，語義および意味関係は，**名目資本維持目的**も年度決算書で追求されることを示している。したがって，会計文書たる"年度決算書"は，法律上，会計報告責任目的に役立つだけではない。直接・間接に企業に投資した個人または機関は，法律に従って，資本維持目的の意味での企業を，支払源泉として維持することが期待できる。我々の認識では，法律上，企業経営の主な目的の1つは，"稼得源泉の確保"を具体化することである。

LEFFSONは，**資本維持の必要性**について，「それによって，企業が長期にわたってその役割を果たし，所有者と従業員に対して持続的な所得源泉として貢献できる」点を強調した。加えて，「しかも，企業が長期にわたって存続するには，つねに必要な〈自己〉資本を有していなければならない」とし，さらに

「経営経済的に要求される資本維持は，手付かずの（すなわち，配当されない）利益の形での資本強化によってのみ可能である」ともした。

もちろん，商法上の年度決算書では，例えば，SCHMIDT の有機的貸借対照表論にいうインフレ対応的な資本維持や決算書作成企業の物的な実体維持は現実に問題とならない。ドイツの立法者はむしろ，年度決算書を客観的な，したがってつねに間主観的に検証可能な**名目資本維持概念**に拠っている。名目資本維持概念では，立法者がインフレ率を念頭に置いていないことを前提にしている。それは，明らかに取得原価主義である。第三者から取得した資産の評価上限とされる取得原価主義は，たしかに非恣意的で客観的な評価原則である。

商法上算定された（名目資本維持的）期間損益は，課税の基礎でもある。いわゆる**基準性原則**（所得税法第5条1項）を通じて，課税対象となるべき期間損益は，広く商法規定によって算定される。しかし，特例的には，商法規定ではなく，税法上の特別規定が適用される。国庫は，いわゆる税務貸借対照表をもって，しかも商法年度決算書から完全には独立しない，課税額算定の固有の計算メカニズムを創り出したのである。つまり，課税額の算定は，税務貸借対照表の役割であって，商法年度決算書の役割ではないのである。

3. 目的体系内の諸関係

"自己資本利益率"（利益／自己資本）指標による，貸借対照表と損益計算書における企業目標たる"儲け"の算定は特に，過営業年度での収益・財務状態に関する会計報告責任の前提である。財務・財産状態と同時に，通常"自己資本比率"（自己資本／総資産）指標によって，"稼得源泉を確保する"目標を考量することは，名目資本維持の意義に適っている。法規定の意味は，立法者が会計報告責任と名目資本維持の年度決算書目的を明示的に言及しておらず，その目的は法文から黙示的に読み取るほかはない。帳簿記入の一義的目的としての文書記録は，年度決算書目的たる会計報告責任と資本維持を実現する上での前提である。双方の年度決算書目的が互いにどのような関係にあり，また場合

商法年度決算書は，ひとつの目的体系を成す，前述の年度決算書目的に適合しなければならない。双方の年度決算書目的の比較考量に当たっては，年度決算書利用者の多様な利害関係を考慮しなければならない。SPRENGER や MOXTER が**利用者**とよぶ，正当な情報利用者には，特に年度決算書作成者，社員および債権者，企業の従業員が入る。そこでの利害関係の違いがあらわになるのは，例えば，社員が（短期的には）債権者より当然，高い配当に関心をもつかもしれないときである。すなわち，企業の債権者は，名目資本維持が会計報告責任に優先するとみなし，社員とは逆に，名目資本維持の意味でのそれが，期間損益の傾向的低下を導くとしても，期間損益の算定の歪みも受け入れるかもしれないからである。

　個々の商法規定を考慮する際，**それぞれの目的に重きを置く**ことは当然である。例えば，立法者は第 252 条 1 項 4 文の規定で，不均等原則を成文化したが，この原則は，当営業年度に生じる，次期以降の営業年度の負の成果貢献を，前の期の年度決算書であらかじめ考慮すべきことを意味する。必要とされる損失の見越しは，当期損益の算定を損ね，それと同時に会計報告責任の年度決算書目的も損ねる。つまり，次の営業年度の負の成果貢献を考慮することによって，過年度の年度決算書では，当該の営業年度の期間損益が表示されずに，より低い（それでも配分可能な）利益が表示されるからである。この場合，立法者は意識的に資本維持目的を優位とみなしている。

　これに対して，1985 年 12 月 19 日の会計指令法・HGB 改正新法の商法会計規定に係る法の形成史は，第 252 条 1 項 2 号で，商法上，初めて成文化された継続企業の前提が，同じ規定の 4 号に掲げられた慎重原則や名目資本維持目的に関わる慎重原則よりも，会計報告責任思考を重視していることを示している。評価は，基本的に—1985 年の会計法改革以前のような—慎重すぎる測定価値ではなくむしろ，—第 252 条 1 項 2 号で求めているような—継続価値を前提としている。

　総じて，商法規定は，**双方の年度決算書目的のいずれが優位ともしていな**

い。立法者が，利用者もしくは利用者集団の個別利害を，仮に一方的に考慮しないとしても，この衡平性は必要でもある。例えば債権者や社員といった，年度決算書に利害関係をもつ異なる集団間の，立法者が意図した利害調整は，年度決算書のバランスのとれた考量を通じて，すべての利用者の相対的な保護に役立つに違いない。この法律上の利害調整を利害規制とよぶ。

　通常，会計報告責任と名目資本維持の目的は，個別規定を，考えうる二次目的に関わらせて解釈したとしても，外見とは別に，十分に両立可能である。特に，法律上の年度決算書目的の両立可能性の例として，すべての資産を，最高，取得／製造原価で計上できるとした規定のような，**客観化**に資する条文化を挙げることができる。このようにして，未実現利益による資本の引出しを未然に防ぎ，資本維持目的に考慮が払われている。例えば，貸借対照表上の不動産価格が，その取得後に値上がりしたとすれば，取得原価主義は，不動産の"実際の"市場価値に関する，本来望ましい情報を限定することになる。しかし，年度決算書は多様な利害に対応しなければならないので，この種の客観化は会計報告責任の意味でも必要であり，特に会計報告責任は，例えば年度決算書が，（見積りによる）市場価値のような，多かれ少なかれ恣意的，主観的で検証不能な計上と評価を差しつかえないとすることを含意している。この場合，年度決算書は確かに客観的だが，企業の経済状態の歪んだ写像を提供することになる。しかしながら，こうした歪みは，会計に精通した年度決算書利用者が，商法上の条文規定（上限としての取得原価）に精通していて，上昇した市場価値の影響をイメージできるとすれば，相対的にみて無害である。

第3章
正規の簿記の諸原則（GoB）

1. GoBの概念と役割

　商法年度決算書の目的を達成するには，ある種の基本原則，いわゆる GoB が遵守されなければならない。つまり，GoB は，商法上の年度決算書目的を達成する手段である。GoB は，年度決算書作成の際に顧慮されるべき，一定の事態に適用できる法律上の個別規定がないとき，これを具体化し補完することを助ける。**GoB の遵守**は，帳簿記入（第238条1項）と年度決算書（第243条1項および第264条2項1文）に関する**一般規範の構成要素**である。図表3-1は，年度決算書に関する一般規範とその適用範囲を示したものである。

　法律には—とりわけ第252条1項では—，GoB の一部が掲げられているだけで，通常，それ以上の具体化はなされていない。"正規の簿記の諸原則（GoB）"概念は，説明または解釈を要する**不確定法概念**である。立法者は不確定法概念を用いて，年度決算書が経営実務の新しい展開にも，法律上の正規性要求にも応えることに成功したのである。例えば，実務において金融商品やストック・オプションのような，新しい事象が発生したとき，GoB はそれに応じて開発される，ことなどである。それに合わせて，HGB の大幅な改正も，場合によっては個別原則を，改正前と異なって解釈しなければならないこともありうる。

　GoB への法律上の参照指示は，例えば法律に，予想しなかったような欠陥

図表 3-1 年度決算書に関する一般規範の適用範囲

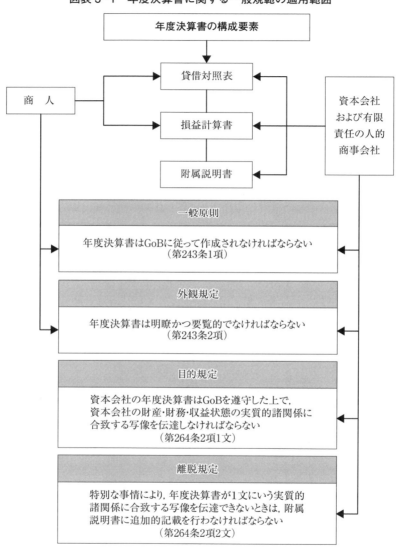

が明らかになるといった，法の欠缺を意味するものではない。むしろ，立法者の周到な参照指示は，商人が会計の枠内で遵守すべく，法律上引かれる GoB

および法律外の規範や認識源泉に関わる問題である。

GoBは，外見上の正規性に関わる形式的原則（文書記録原則）と，数値に直接関わる実質的原則（貸借対照表作成原則：計上，評価，表示原則）とに分けられる。さらに，成文化されたGoB，すなわち第252条1項の規定にあるような法律上明示されているGoBと，成文化されていないGoBとに分かれている。

GoBは，（商法年度決算書目的と同様に）法形態とは関係なく，**すべての商人**に適用される。法形態固有（例えば，資本会社）の，または業種固有（例えば，信用機関）の個別規定は，基本的にGoBの獲得とは関係のない特別規定とみなされる。しかしながら，資本会社に関する規定や業種固有の規定が，時が経つうちに一般基準であるとわかり，そのためGoBの発見の際に考慮すべきものともなりうる。

2. GoBの獲得方法

2.1 帰納法と演繹法

不確定法概念であるGoBの具体化には，決算書を作成する商人が，GoBを遵守して法律上の義務を体系的に果たせるよう，GoBがある種の体系をとることが必要である。基本的な会計文献では，GoBの獲得で帰納法と演繹法を分けている。

帰納法では，商人の見解から何がしかのGoBを推論する。帰納法は，正規の尊敬すべき商人の見解を，GoBの基本的源泉とみなす。確かに商人は，会計問題に精通しているかもしれないが，今日，帰納法はほとんど受け入れられていない。つまり，商人は中立的ではなく，GoBの獲得を自らの利害に引きつけて行うかもしれないからである。それでは，諸原則は，立法者が意図した年度決算書の利害調整を妨げるものとなる。加えて，どのような見解が，他の（正規でも尊敬すべきでもない）商人とは違う，正規の尊敬すべき商人のものかを見極めるのは難しいこともある。

演繹法は，GoBの獲得のために，年度決算書目的から出発点する。その場合，経営経済学的演繹法と商法的演繹法とを分けなければならない。経営経済

学的演繹法は，年度決算書の目的を，純粋な経営経済的熟慮または商人の個別利害から見極める。しかし，一般に認められた，経営経済学的に理論上明白な目的体系は望めないので，経営経済学的 GoB の獲得のための，経営経済学的演繹法はその前提を欠いている。

　商法的演繹法は，特に法律から抽出された，年度決算書の相矛盾する目的から出発する点で，経営経済学的演繹法と異なる。商法上の GoB の獲得には，立法者の意図する目的体系について学術，判例および会計実務との，合法的なコンセンサスや妥協を図ることが必要である。目的体系の発見や GoB の獲得のために，立法者がそうした妥協を図りつつ，年度決算書利用者の様々な利害に配慮し，調整しなければならない。立法者の意図する妥協が，商法年度決算書での利害調整（利害規制）にあるため，商法的演繹法も GoB を"導き出す"には，およそ相応しくない。というのは，一貫した統一的な商法上の演繹は，それが矛盾のない命題であれば，明らかに一義的で支配的な年度決算書目的を前提とするからである。しかし，この前提は，HGB では充たされていない。

　優位な年度決算書目的を欠いているだけに，商法的演繹法に代わり，すでに法学で一般に行われている解釈法・法解釈学を援用することが必要となる。もちろん，この**法学的方法論**は，演繹法も（その一部として）含んでいる。まして，まだ成文化されていない GoB を獲得するには，それが必要である。しかしそれは，その時々に開発された GoB に，確定した目的設定が関係づけられる限りでのみ可能である。こうして，（名目）資本維持目的に属する資本維持諸原則は，GoB システムの構成要素であることが確認できる。もちろん，資本維持諸原則には，HGB 外の演繹はもはや不必要である。なぜなら，それは様々な HGB 規定（第 249 条 1 項 1 文，第 252 条 1 項 4 号，第 253 条 3 項および 4 項）のなかに成文化されているからである。その点では，もはや演繹は必要ではなく，成文化された資本維持諸原則は，法学で一般に行われている基準で解釈され，場合によってはより進んだ解釈をしなければならない。資本維持諸原則とともに，期間対応的な年度損益の限定諸原則でいう会計報告責任原則を，会計報告責任目的に関係づけて，確認することができる。これには，第 252 条

1項4号に定める実現原則,および費用と収益の事由に基づく限定と期間に基づく限定の演繹的原則が当てはまる。

要約すれば,1985年(会計指令法)以来,GoBの多くがHGBで成文化されたので,演繹法は今日,副次的な意味しかもたないことを認めなければならない。したがって,法解釈学的基準による場合,重要なのはGoBの獲得よりもむしろ解釈である。

2.2 法解釈学的方法

法解釈学的方法は,法学で一般に認められた,通常の法規範の解釈法である(**法学的方法論**)。法解釈学的方法では,例えば,法規定の解釈を,まず法律上の文言から始めるというように,貸借対照表論で一般に認められたルールに従った,通常の解釈基準を適用しなければならない。文言に反する解釈は,法律に瑕疵があることが明らかであるか,または法規定がその間の技術的な進歩を無視して,時代遅れになっている場合(旧HGBにある「装丁された帳簿で記帳」といった規定のように)を除いて,原則として許されない。法解釈学的方法では,任意に別の解釈基準を追加したり,通常の法学的解釈基準を任意に選択することは決して許されず,すべての基準を体系的かつ意味関連のなかで吟味する,一般に認められた規準に従った解釈である。法解釈学的方法は,間主観的になされた検証可能な価値づけについては,間主観的に検証可能な結果が得られなければならない。確かにこれらの結果は,ときには別の解釈者による価値づけ次第で,それとは別の結果に導くことがありうる。しかし,この別の結果は,(同様に)間主観的に検証可能でなければならない。つまり,法解釈学的方法は,いずれにせよ矛盾した解釈は避けられないが,それでもその方法で,解釈者の専門的権威によって成された解釈は受け入れないことを保証している。

つまり,法解釈学的方法は,商法会計規定を次の基準に従って(総合的に)解釈する,法律理解の**総合的方法**である。

■ 法規定の文言および語義
■ 法規定の意味関係

- ■ 法規定の形成史
- ■ 立法資料と立法者の見解
- ■ 経営経済学的ないし客観的・目的論的観点
- ■ 合憲性

　これは，多かれ少なかれ HGB で成文化されている GoB にも通用する。GoB の法解釈学的解釈と具体化は，基本的には，法規定―ここでは商法規定―の解釈によっている。

　GoB の解釈と獲得に関しては，実現原則のように，多かれ少なかれ法律上成文化されている GoB を解釈すべきか，それとも，例えば計上原則のように，法律外の（成文化されていない）GoB を開発すべきかを分けている。

　第一の，**法律に掲げられているか，または成文化されている GoB の解釈**は，まず解釈を要する規定の文言と語義から出発する。法解釈学的方法は，総合的方法と解されることから，その他の解釈基準も考慮に入れなければならない。それはまず，解釈者にとって，解釈を要する規定の意味関係を，別の GoB やその他の会計規定によって認識し，規定の形成史を確かめることを意味する。とりわけ法規定の形成史は，立法者が最終的な成文化にいたる，規定の発展過程を記録し，公開された諸資料（草案，理由書，立法者の審議録）から明らかになる。多くの GoB が 1985 年 HGB で初めて成文化されたので，この形成史上の事実は，かつて文献で単に仮定されていた GoB が HGB に定着したことによって，立法者にとっては議論の余地のない，会計の羅針盤とみなすべき証拠として挙げることができる。意味関係と形成史の分析から得られる認識は，それまで手にした文言・語義解釈を修正するかもしれない。解釈はさらに，帳簿記入・年度決算書目的に沿うことであるが，そこでは，目的のカテゴリーを次のように区分する。

- ■ 立法者があらかじめ定めた，解釈すべき（GoB）規定に関する目的
- ■ 立法者があらかじめ定めた，年度決算書に関する目的
- ■ 客観的・目的論的年度決算書目的：客観的・目的論的目的への指向は，法律に含意されている目的を尊重し，場合によっては，これをより発展

させることを意味する。その場合，"事物の本性"，すなわち帳簿記入と年度決算書の性質が重要な役割を果たす。ここでは，解釈者はこれらの文書が，いかなる帳簿記入と年度決算書目的に基づいて，法律上の規定意図を実際に果たそうとしているのかを問題にする。
■ 帳簿記入と年度決算書の目的は，経営経済的観点も考慮して達せられる。これは，客観的・目的論的目的との密接な結びつきを示している。

さらに，成文化，もしくは法律に掲げられているGoBの解釈が，結果的に違憲となることは許されないので，それまでなされてきた解釈の**合憲性**がチェックされなければならない。確かに，これらの基準に照らして，通常，解釈が変更されることはめったにないとはいえ，それでも合憲性は，他の解釈基準に対して絶対的優位に置かれている。

第二の，つまり（まだ）法律外の，すなわち**まだ成文化されていないGoBを開発**する場合，（第一の場合と同様）解釈者は，文献でなされた提案に沿って，それがHGBと一致しているかを検証することはできる。しかし，解釈者は，次のような法解釈学の解釈基準をあきらめなければならない。

■ その時々の（解釈すべき）法規定の文言および語義
■ 通常，法の形成史
■ 立法者が設定した，GoBに関する目的

法律上成文化されたGoBの解釈でも，GoBの新たな開発でも，法解釈学的方法は形式論理学に基づくのではなく，むしろ非学術的なテキストの，文言によるテキスト分析の方法であることに注意しなければならない。しかし，法解釈学が，これらの事実から，そこに内在する観察の総合性が解釈の恣意性をもたらし，それを許すと誤解してはならない。GoBの法解釈学的解釈と獲得に当たって，解釈者はむしろ，商法上のGoBシステムを獲得するという法的必要性から生じる，次のような重要な**制限**をつねに意識しているはずである。

■ 商法上のGoBは，法律の**文言**または**語義**と矛盾することはできない。その上，文言および語義は解釈の出発点であり，いわば"基礎資料"である。
■ GoBは，会計がその目的をかなえることを保証すべきなので，GoBその

ものは，立法者が意図した GoB と年度決算書目的に反することは許されない。

■ **GoB システム**は，個別 GoB を，GoB の全体系にも他の（会計目的と一致した）規定の体系にも適合させるべく設けているので，そこから，少数の，統一的で主要な基本原則に基づく，首尾一貫した—仮に形式論理的に批判の余地はあっても—，意味統一的な体系が生まれる。さもないと，立法者が目指している利害調整の意味での，GoB システムの目的に適った会計処理の解決策は得られない。

前述の解釈基準が，法解釈学的方法の枠内で重要な役割を果たす。しかしながら，上述の帰納法や経営経済学的演繹法も考慮に値する。なぜなら，（"正規の尊敬すべき"）商人とその他の年度決算書利用者の意見も考慮しなければならないからである。ともあれ，これらの意見や演繹的に獲得された GoB は，そもそもどのような場合に，目的と一致した意見の受け入れができるかで，会計目的および規範との一致を吟味しなければならない。帰納法的要素は，一方で立法者が目指す利害調整と，他方で GoB システムを受け入れることにとって，特に重要である。その上，例えば，情報技術の発展，新種の契約形態や革新的な金融商品によって，描写されるべき事象は絶えず進化し続ける。GoB システムの開発では，こうした傾向を考慮しなければならない。たしかに，このシステムは内容的に完結し，首尾一貫しているが，同時に経済的，技術的な発展による修正にも余地を残しておかなければならない。さらに，その判決が商法会計に関わりがある限りで，最高裁判例は GoB の具体化に寄与する。会計法に関する連邦通常裁判所（BGH）の数少ない判決とともに，特に基準性原則に関して，連邦財政裁判所（BFH）が商法にさかのぼって，これを解釈しなければならないとした BFH 判決がある。法解釈学的方法の解釈基準とその他の決定因子は，図表 3-2 で明らかにされている。

法解釈学的方法では，図に掲げられている決定因子のすべてをともに考慮しなければならない。成文上の GoB を具体化する際，規定の文言に当てられる解釈は，用いられている専門概念や実務分野に関する解釈者の幅広い先行理解

図表3−2 商法上のGoBの具体化と獲得の統合的方法としての法解釈学

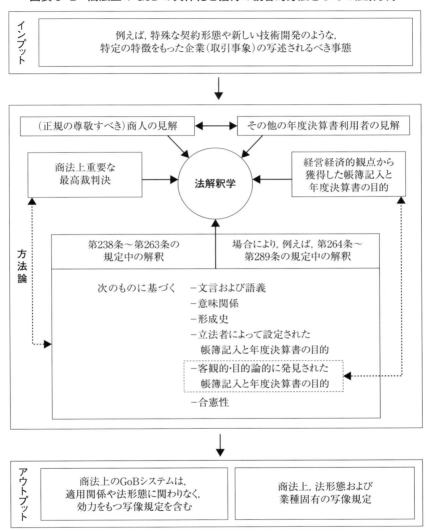

を前提としている。先行理解は，場合によって修正を要する**仮説**とみなすべきであり，どんな場合でも，法解釈学的認識過程の前にすでに結果が確定してい

るような"循環論法"に決して陥ることなく,むしろ,その後の法解釈学的作業のために,元の仮説を修正して,仮説をさらに改善していく"法解釈学的スパイラル"に通じる。

反対に,先行理解（仮説）が修正されずに証明されたとき,法解釈学的解釈は,規定の理解をさらに深め,ときには新しい認識を通じて細緻化されて,その意義を高める。換言すれば,解釈者のテキスト理解が,新たな,より高次の段階に達するということである。つまりこの場合,元の仮説が実証されたことになる。こうした認識の進化を,"法解釈学的スパイラル"とよぶ所以である。

商法年度決算書は1つの"法制度"である。年度決算書は,立法者によって体系的で論理的にも矛盾がなく,また理論的に厳密な文書として構想されてはいはない。むしろ,立法者が法制度たる"年度決算書"の内容を,暗にいくつかの理論（静態論,動態論など）から,年度決算書の利用者が互いに必要な節度をもって利害を調整するように,組み合わせたものである。そこから,立法者のこの試みを**利害規制**とよんでいる。帰納法では,この法制度たる"年度決算書"を,利害規制的文書と解すことはできない。なぜなら,帰納法は,個々の利用者の利害を一方的に"代弁する"おそれがあるからである。しかし,演繹法もまた,利害規制的手段と解することはおよそできない。なぜなら,演繹法は,現行の会計法には存在しない,適合性ある目的体系を前提とするからである。商法年度決算書にとっては,一般に認められた法学的解釈法—法解釈学的方法—のみが,利害規制とそれによる多様な利害の調整に適合した,商法GoBシステムの総合的で均衡がとれた,しかも間主観的に検証可能な解釈と獲得の条件を備えているのである。

3. GoBシステムの諸要素

3.1 帳簿記入の基準となる文書記録の諸原則

帳簿記入の基準となる文書記録の諸原則は,科学的知見と実務から開発され,かつ立法者が,1985年HGBで,帳簿記入が年度決算書の基礎としてその

第 3 章　正規の簿記の諸原則 (GoB)　53

目的を果たすべく成文化したものである。正規の，文書記録の諸原則に適った帳簿記入に基づいてのみ，経済状態を年度決算書で的確に再現すること，すなわち年度決算書目的——会計報告責任と資本維持——が達成できるように，取引事象を年度決算書に集約できる。そのために，第 238 条 1 項において成文化された帳簿記入の一般規範が具体化されたことで，帳簿記入での取引事象の，確実で完全な記録と体系的な処理が保証されるようになった。その上で，資産が保障され，不正行為が食い止められるはずである。

　第 238 条および第 239 条からすでに，いくつかの文書記録の諸原則が明らかである。具体的には，次の**文書記録の諸原則**がそれである。

- ■ 帳簿記入の体系的構成の原則：帳簿記入は，勘定組織から導き出される体系的な勘定構成に従って作成されなければならない。
- ■ 勘定の完全性確保の原則：勘定は，操作や脱漏から守られなければならない。保護の仕方は，その処理技術，すなわち個々のケースで帳簿記入が手作業で行われるか電子データ処理で行われるかに懸かっている。
- ■ 完全かつ理解可能な記帳の原則：すべての取引事象は年代順に記帳されなければならない（第 239 条 2 項）。第 239 条 1 項 1 文によれば，記帳は，現行の言語で行わなければならない（第 244 条によれば，年度決算書にはドイツ語と評価単位としてユーロを指示している）。記帳は読みやすくなければならない。変更および訂正は，それがすでに最初に行われていたものか，あるいは後から行われたものかが識別できなければならない（第 239 条 3 項 2 文）。訂正は，誤記訂正および修正記帳を行うことを意味し，すでに記帳された数字を直接変更することは許されない。
- ■ 証拠書類の原則：すべての記帳には，それを裏づける証拠書類がなければならず，それぞれの証拠書類に応じて記帳がなされなければならない。検証可能性には，証拠書類から記帳に，また記帳から証拠書類に沿った照合方法が必要である。証拠書類の用紙には，必ず番号が付されているので，企業内での証拠書類の用紙の使用に関して，説明責任を果たすことができるし，果たさなければならない。例えば決算記帳の際に，記帳

に関する外部者の証拠書類がない場合，証拠書類を自ら作成しなければならない（自己書類）。この場合，例えば，特定の固定資産の年度償却額に関して，相応の決算書類を作成しなければならない。資産および負債の個別評価を求める，第252条1項3号での意味関係から，文書証拠原則に属する個別記録の原則を推論しなければならない。個別記録は，第238条1項3文に従い，取引事象は，「その発生および終了まで追跡しうるものでなければならない」こと，および第240条によって，すべての貸借対照表個別項目の一覧表としての財産目録を作成する上でも必要である。

■ 保存および作成期間順守の原則：これらの期間は，第243条3項，第257条4項および5項並びに第264条1項の規定に従って順守しなければならない。

■ 企業の種類および規模に適合した内部牽制組織（IÜS）による会計の信頼性と正規性確保の原則：IÜSは，「企業の財産を確保し，会計の正確性と信頼性を確保すべく，経営上のプロセスに組み込まれている統制方法と手続きの全体」と解される。IÜSを企業の種類と規模に適合させるには，統制方法と手続きを，とりわけ加工技術，"製品"の種類，"製品"の価値および従業員の数に合わせなければならない。

■ IÜSの記録と確保の原則：帳簿記入は，IÜSの構成と進行体制が文書で記録されていれば，企業経営者および企業内部または外部の監査人によって信頼できるものと判断される。

3.2　年度決算書の基準となる諸原則
3.2.1　基 幹 諸 原 則
3.2.1.1　概　　　要

取引事象は，帳簿記入を通じて勘定で把握され，それに続く貸借対照表，損益計算書および（資本会社と有限責任の人的商事会社の場合）附属説明書から成る年度決算書に集約される。貸借対照表には，資産，負債，自己資本および特

定の計算区分項目が含まれる。損益計算書では，当期の収益および費用が表示される。したがって帳簿記入と年度決算書は，経済事象の写像モデルである。経済事象の表明能力ある写像は，すべての情報伝達の基本的要求を満足させなければならない。基幹諸原則は，そうした要求を定めたものである。

3.2.1.2　正　確　性　原　則

　最も重要な基幹諸原則は，**帳簿記入と年度決算書の正確性**への要求である。正確性原則は，帳簿記入に関して，諸帳簿への記帳およびその他必要な記録は，完全かつ正確に，適時かつ整然と行われなければならないとした，第239条2項に明らかである。年度決算書に関して，正確性原則はたしかに明文化されていないが，それは商法上の年度決算書目的から演繹的に導き出すことができる。年度決算書がもし"不正確な"情報を含んでいるとしたら，会計報告責任主体も外部利用者も，管理財産とそこから得られる成果について判断を下すことはできない。そのような情報によっては，名目資本の維持も保証できない。

　しかしながら，"正確性"は，"絶対的な正確性"や"真実性"と同一視すべきではない。貸借対照表論に関する論述はすでに，年度決算書での"真実な"財産・損益計算はありえないことを表明している。正確性原則はむしろ，経済事象の描写に関する規定を**客観的**，すなわち**間主観的に検証可能**なものと解さなければならない。検証可能性は，成文化されたGoBと成文化されていないが一般に認められたGoBおよびその他の商法上の会計規定の遵守を求めている。第252条1項3号に規定されている資産と負債の個別評価の例で，立法者がなぜ年度決算書の客観性を必要とみたのかは明らかである。将来にわたる"経済的利益"を，将来キャッシュ・イン／アウトフローに基づいて算定しようとする，投資論に基づく企業の全体評価の概念は，"年度決算書"の利用者が，その確実性や発生の蓋然性をほとんど判断することができず，やむなく将来の売上と帰属費用に関する主観的判断に基づいたものである。細部にわたるあらゆる資料を閲覧できる決算書監査人ですら，そのような"年度決算書"の証明は荷が重すぎるであろう。このように，極めて主観的に刻印された会計文書は，会計報告責任や資本維持の目的とは相容れない。客観化や規準化および

個別評価原則にも関わらず,法的意味での年度決算書に対して,一定の主観的な影響がなお多く残っていることは言うまでもない。特に,決算書作成者の裁量がそうである。

すなわち,商人は会計処理に当たって,法が何らかの裁量の余地を与えている場合,個別の,時には重要な項目で,一定の計上,評価および表示について何らかの決定を行わなければならない。加えて,現実の具体的な事態の,将来に関わる描写の不確実性から,**裁量の余地**が生じることは避けられない。例えば,損耗性固定資産の減額記入の算定や引当金の評価の場合である。それが間主観的な検証可能性を要するため,描写に伴う仮定は一般に認められているか利用者が周知のものでなければならない。会計実務では,少なくともそれを一部あきらめている。例えば,訴訟引当金の評価のような,会計上の価値額が,会計担当者の主観的な見積りに拠る場合,客観性原則は**非恣意性**原則で補完されなければならない。この場合,非恣意性は,会計担当者が"適切とみなした"仮定に基づいていることを意味している。この仮定が公けにされていれば,利用者は仮定が少なくとも主観的なものであると判断できるはずである。

3.2.1.3　比較可能性原則

比較可能性原則は,会計報告責任目的に由来する。つまり,比較可能な年度決算書は,企業内部および外部の情報利用者の,自由な意思決定の基礎である。比較可能性原則は,年度決算書の形式的および実質的継続性から成る。

形式的継続性は,第252条1項1号で成文化された貸借対照表同一性原則と,第243条2項で黙示的に求められている名称・項目分類・表示の継続性が遵守されたとき,保証される。資本会社と有限責任の人的商事会社は,さらに第265条1項および2項によって,貸借対照表と損益計算書の項目分類に関する一般原則の枠内で,その表示形式を次の年度決算書でも維持し,それぞれの項目に前年度に対応する金額を記載することを義務づけられている。貸借対照表同一性原則によれば,営業年度の開始貸借対照表における計上価額は,前年度の期末貸借対照表の計上額と一致しなければならない。もちろん,この規定は,評価にのみ当てはまるものではない。貸借対照表同一性は,資産と負債の

計上および表示とも関係している。貸借対照表同一性の目的は，時の経過（期間比較）と，一定時点での他の企業（企業間比較）との，年度決算書の比較可能性のための基本的前提を作り出すことである。貸借対照表同一性なしに，年度決算書の比較可能性はありえない。

実質的継続性は，計上方法の継続性（第246条3項）と評価方法の継続性（第252条1項6号）の原則と関連する。計上方法の継続性原則は，同種の事象の計上額を決定するときに重要である。それによれば，性質や機能が同じ資産や負債は，客観的に正当な理由なしに，異なる計上方法によることは認められず，したがって異なるやり方で計上することはできない。その場合，計上方法とは，同種の資産，負債およびその他貸借対照表項目の一元的な計上もしくは非計上といった，同種の事象の系統的な判断に役立つ，一定のやり方とその具体的規準と定義される。評価・計上方法の継続性原則によって，基礎となる事態が変わらないのに，裁量の余地や選択権を様々に行使して，経済状態が年ごとに異なって表されることのないようにできるはずである。評価継続性原則の意味は，一度選択した評価方法が維持されなければならないことである。この規定の目的は，連続する年度間の比較可能性を維持し，それによって年度決算書の会計報告責任目的を果たすことである。評価継続性原則は，その時々の新たな資産や負債についても，同一の評価対象は同一の方法で評価することを求めている（評価の一貫性）。方法の継続性は，法律上容認されている評価選択権との関係で，特別な意義をもつ。例えば，第256条にうたわれている評価簡便法の会計処理を選ぶことも，第255条2項により一定の組み合わせ方で製造原価を決めることもできる。しかし，企業がいったん特定の評価方法を決めた場合，第252条1項6号により，以後もその評価方法を維持しなければならない。実質的継続性によって，決算書作成者の裁量の余地は，原則として最初に選択した計上・評価方法に限定される。

継続性原則の放棄は，ごく**例外的な場合**でのみ許される。第252条2項によれば，根拠のある例外的な場合にのみ，1項の原則およびいったん選択した評価方法からの離脱が認められる。第252条2項による，同条1項の評価原則か

らの離脱の可能性は，実際上，評価継続性原則（第252条1項6号）にとってのみ重要である。なぜなら，それは第252条1項2号（継続企業原則），3号（個別評価原則，決算日原則）並びに4号（慎重原則，不均等原則，実現原則）による諸原則での例外を法律そのもので限定し，また第252条1項1号（貸借対照表同一性原則）や5号（期間配分原則，収支計算原則）による諸原則からの離脱は，目的に適っていないからである。さらに，第246条3項では，第252条2項の例外規定が計上継続性にも適用されることを定めている。

第252条2項にいう計上・評価継続性に関する根拠のある例外は，個々のケースで証明されなければならず，また第243条1項以下および第264条2項1文の一般規範に鑑み，限定的に決めなければならない。その場合，変更の理由が実際に正当で，客観的な根拠づけが可能であり，かつ許容されうるものかどうかを検証しなければならない。予定した変更が，法律上の規準やその他，成文化されていないGoBに反している場合，仮に追跡可能な理由を挙げることができたとしても，それは基本的に拒否されなければならない。根拠のある例外としては，例えば，これまで適用していた計上・評価方法が，後になって事態の評価を誤まり，不適切なことが判明したり，方法の適用条件を変更したことがわかったときである。この場合，継続性の破棄は，それによって年度決算書の会計報告責任と比較可能性が，長期的に損われることが避けられるので合理的であり，望ましい。

立法者は，すべての企業に対して非継続性に関する説明を求めてはいない。第284条2項2号によれば，**説明**は資本会社と有限責任の人的商事会社に対してのみ求められている。これらの企業は，会計処理・評価方法の適用を継続しなかった場合，附属説明書において離脱の理由を記載し，新たな方法を説明し，財産・財務・収益状態に対する影響額を示さなければならない。

3.2.1.4　明瞭性原則および要覧性原則

第243条2項に成文化されている明瞭性原則および要覧性原則は，帳簿記入と年度決算書における個々の項目—取引事象，貸借対照表項目および損益の構成要素—をその性質に応じて明瞭に表示し，諸帳簿と決算書をわかりやすくか

つ要覧しうるよう整理しなければならないことを意味している。明瞭性および要覧性は，会計報告責任および資本維持目的に役立ち，専門的知識のある第三者が企業の状況に関する写像を適時に入手するために必要である。それは，年度決算書が**明瞭で分かりやすく，十分かつ体系的に区分され，情報洩れがなく**提供されることを保証しなければならない。

　年度決算書項目には，具体的に適切な名称を付さなければならない。その上で，貸借対照表と損益計算書は明瞭かつ要覧的に編成され，また附属説明書と状況報告書は事態を顧慮して，明瞭かつ要覧的に構成されなければならない。年度決算書の判読可能性は，年度決算書の利用者が年度決算書の情報をできるだけ容易に理解できるための基本的前提なので，適切に選ばれた文言をあて，フォーマルな表現方法によってこれを確保しなければならない。明瞭性原則はさらに，状況報告書において情報が理解しやすく，明瞭に伝えられることを求めている。年度決算書において同じものは同じように，異なるものは異なる形で示すことも明瞭性に含まれる。

3.2.1.5　完全性，決算日および期間配分原則

　完全性原則は，帳簿記入については第 239 条 2 項で，また年度決算書については第 246 条 1 項で成文化されている。この原則は，すべての記録・記帳義務ある事象の認識は帳簿記入で，また資産，負債および計算区分項目は貸借対照表で，さらに費用および収益は損益計算書に計上すべきことを求めている。加えて，認識可能なすべてのリスクは年度決算書で考慮されなければならない（リスクの棚卸し）。第 246 条 1 項 1 文で求めている完全な計上は，年度決算書の表明能力の前提であり，同時に年度決算書が会計報告責任目的を果たすための前提でもある。したがって，資産および負債，計算区分項目または費用および収益の範囲と構造に変化を及ぼすすべての営業取引は，記帳義務のある取引事象であるかどうかの観点から，関連する計上・評価規定に照らしてチェックされることが必要である。完全性原則は，商法上の具体的な計上命令，計上選択権または計上禁止によって破棄されたり，補完されたりする。

　貸借対照表決算日原則は，第 252 条 1 項 4 号と併せた 3 号に基づき完全性原

則を補完する。それは，経済事象を一定の時点（決算日）で描写しなければならないことを意味し，営業年度の終了に関する第242条2項に準拠している。決算日原則は，商法年度決算書概念の論理的帰結であり，企業の全体損益を各営業年度・当期に配分することである。したがって，貸借対照表に計上すべき価額にとって決定的なのは，決算日での状態である。

　問題になるのは，決算書作成企業が決算日後だが，年度決算書の作成前に得た情報をいかに顧慮すべきかである。この問題は，例えば，第264条1項による，大規模および中規模資本会社は3ヶ月以内に，小規模資本会社は6ヶ月以内での作成が認められるとした，決算日と年度決算書の作成時点との間にある，大幅な開きからきている。決算日前の事実関係に関連する情報（いわゆる**価値透明化情報**）と，決算日後に初めて明らかになった事実関係に関連する情報（いわゆる**価値根拠的情報**）とは区別しなければならない。第252条1項4号（"……決算日までに発生した損失……"）によれば，価値透明化情報は年度決算書において考慮されなければならない。例えば，債務者が決算日後だが，つい貸借対照表作成の直前に支払不能の申立てをしたとしても，決算日後の状況で支払不能が実際になお解消されない限り，債権額は個別に価値修正されなければならない。それに対して，価値根拠的情報は，当期の年度決算書において考慮することはできず，むしろ，次期の年度決算書で認識されなければならない。もちろん，資本会社は，次の営業年度に"特に重要な意味をもつ事象"が生じた場合，第285条33号により，価値根拠的情報を附属説明書で説明しなければならない。

　第252条1項5号によれば，同様に，完全性原則を補完する**期間配分原則**はすべての収入および支出を，年度損益の限定諸原則と貸借対照表項目の計上諸原則によって，それぞれの営業年度に帰属させることを求めている。期間配分目的のための基本的帰属原則としては，商法上の文献でも税務判決でも，いわゆる発生原因主義を拠りどころとしている。それによって費用と収益は，経済的原因が発生した当該の期間に計上されなければならない。発生原因主義は，事由および期間に基づく限定原則によって具体化される。

HGBのいくつかの特別規定は，期間配分原則とは一致せず，したがってこれらの原則の**例外**である。例えば，客観化原則から，特定の自己創設の無形固定資産（例えば，商標，版権または顧客リスト）の借方計上を禁じている第248条2項が挙げられる。その上，不均等原則によって資産の計画外減額記入が行われたり，未決取引から発生するおそれのある損失に対する引当金（偶発損失引当金）が設定されたり，あるいは計上価額が慎重原則に照らして"慎重に"見積もられた場合，期間配分原則が侵害される。

3.2.1.6　経 済 性 原 則

年度決算書の表示は，年度決算書利用者に情報メリットをもたらす。情報メリットの増大は，決算書作成者にとって，経済的には追加的収益が追加的費用を上回った時に妥当とみなされる。それゆえ，会計は経済性原則に適合しなければならない。しかしながら，年度決算書の経済性原則は，様々な利用者の，その時々の情報要求によって様々に判断され，とりわけそれはほとんど測定不能なので，検証することはできない。この，およそ解決困難な定量化問題は，保護を要する外部利用者のためには，経済性原則を，情報の**重要性**にできるだけ合った基準で置き換えることが必要である。しかしながら，法的に規準化された重要性の限定がないため，決算書作成者は，アメリカ的な重要性原則に拠って，その他の会計原則や個別の会計規定を考慮すべきかどうか，あるいはその離脱がどこまで認められるのかを，ある程度定性的に評価しなければならない。

経済性原則は，今日まで，法律ではまだ明定されていない。しかしながら，**経済性の考慮**は，**法律**では様々な場所に表われている。第240条3項および4項以下，並びに第256条は，決算書作成者に一定の前提のもとで，財産目録や棚卸資産評価での簡便法を認めている。その上で，第243条3項は，「年度決算書は……，正規の営業過程に適合する期間内に作成すべき」ことを求めている。というのは，営業年度との関連で，作成された最新の年度決算書こそが，利用者にとって有用な情報を含んでいるからである。年度決算書の作成期間を限定することで，年度決算書で与えられる情報を，利用者にとって重要な情報に限定することができる。

3.2.2 体系諸原則

3.2.2.1 概　　要

　HGB で成文化されたり，単に HGB に掲げられているだけの GoB は，まだ成文化されていない GoB と互いに作用し合うのは当然である。すなわち，あらゆる GoB の適用には，年度決算書目的，つまり会計報告責任と資本維持ができるだけ適切かつ整合的に達成されるような，一体性や体系をなしていなければならない。一体的で目的適合的な GoB の開発を確保するには，体系諸原則ともよばれる，普遍的な基盤 GoB が発見されなければならない。すでに言及した基幹諸原則，年度損益の限定諸原則，貸借対照表計上諸原則や資本維持諸原則は，体系諸原則とはいえない。なぜなら，それは，他の GoB にとって一般規準ではなく，またはそうなりえないからである。第252条1項に成文化されている，企業活動の継続性，収支計算および個別評価の GoB は，一方の年度決算書目的と他方での基幹・限定・計上および資本維持諸原則との間の鎹（かすがい）とみることができる。それらは，他の GoB にとって，普遍的規準の性格を有しており，GoB システムの一体性，首尾一貫性および一元的な参照基盤を保証するはずである。そこに体系諸原則とよばれる所以がある。

3.2.2.2 継続企業原則

　第252条1項2号は，「事実上または法律上の与件に反しない限りで」，貸借対照表項目の評価に際しては，企業活動の継続性を前提としている。したがって，貸借対照表の作成に際しては，企業はその活動を永続させることであり，企業が存在しなくなることはないと仮定されている。立法者は，いわゆる継続企業原則（"Going Concern - Prinzip"）の成文化について，会計法では，SIMON の静態論的継続説の主張を暗に考慮している。それゆえ，決算書作成者は，やむを得ない理由がない限り，清算の擬制を前提にすることはできない。資産は，企業の経営的給付過程で実際に意図された利用に従って，いわゆる**継続価値**をもって評価されなければならない。

　継続価値での会計処理の考え方は，年度決算書目的の一部，すなわち期間対応的年度損益に関する**会計報告責任**から導き出された結果である。具体的に

は，継続企業原則は，例えば損耗性固定資産の計画的減額記入規定によって算定される取得／製造原価を基礎としている。ある資産の利用期間，利用経過および残存価値が，取得時にすでに決算書作成者の計画に基づいて確定され，減額記入額が，それをベースに算定されたとき，減額記入は計画的である。継続価値に基づく会計処理の概念は，価値変異に関する具体的な情報がある場合，継続価値を，資産に関してはより低い価値（最低価値）に，負債に関してはより高い価値（最高価値）に替えるべきだとする要求によって補完される。

　継続企業原則からの逸脱またはそれに伴う清算価値での評価は，年度決算書の**資本維持目的**の必然的な結果である。その場合，状況報告書において，事業経営を中止したことや，処理方法の意味や予想される財務上の影響を明らかにするなど，その理由と根拠を説明しなければならない。もちろん，清算価値の評価は，企業活動の継続の前提条件に疑いが生じたというだけでは問題にならない。実際に意図されたか，あるいは法的に清算が想定されたときにはじめて，貸借対照表に清算価値が計上されなければならない。それは近い将来，企業活動の終了が実際に予想され，または法的に命令されたとき―すなわち支払不能の事態―にはじめて，資産は，そこで見込まれる達成可能な清算・売却収益で評価することを意味する。企業活動がもはや継続できなくなったとしても，資産の計上価額が，元の取得／製造原価を超えることは許されない。継続した取得／製造原価を上回る計上価額は，未実現利益の計上をもたらすことになるので，それは慎重原則との関連で問題となる。個々の資産の高い分売価値や経営全体の売却で予想される，簿価を上回る超過収益は顧慮されてはならず，資産が売却されてはじめて実現される。逆に，不均等原則により，企業活動の中止から生じるすべての債務は考慮されなければならない。

3.2.2.3　収支計算原則

　収支計算原則は，第252条1項5号で成文化されている。収支計算原則によれば，すべての資産，負債およびその他の貸借対照表項目は，結局，実際の収入・支出過程に還元される演算数（Rechengröße）で表わされうるにすぎない。この公準は，貸借対照表の役割が，企業の期間損益を算定するため，収入と支

出を営業年度に配分する（期間区分）ことにあるとした Schmalenbach の動的貸借対照表論と合致している。

　収支計算の原則は，年度決算書では，実際に支払われたか支払われるべき金額，もしくは返済が予定されている債務または将来予想される支出に起因する引当金に係る評価が認められるだけである。これは，特定の財の価値は，決算書作成者の，単に個人的な価値観から導き出されたものではなく，市場での需要と供給の相互作用，すなわち支払われた市場価格から明らかになる**資産の評価**を意味している。それとともに，この種の価値概念は，評価すべき財の客観的な取替もしくは補助価値として資産に支払われたか，または支払われるべき売買価格に通じる。商法上の客観化概念は，販売市場での実現による"価値飛躍"までは，取得／製造原価かより低い価値で計上すべきものとする，棚卸資産に関する Schmalenbach の提言を受け継いでおり，在庫状態にある商品や完成品は，ほぼ予想売却価格で評価すべきとする Simon の考え方とは相容れない。

　収入と支出は，進行する取引事象を年度決算書に描写する上で，唯一の客観的な尺度である。例えば，企業内部の原価計算とは違って，支払を基礎にしておらず，また基礎にすることもできない原価計算上の要素を，商法会計に取り入れることはできない。だから第253条1項による評価では，法律用語たる"取得原価または製造原価"とはいえ，すでに行われたか，もしくは将来行われるべき支払いのみを資産の取得／製造原価として計上すべきであって，評価された財の消耗を反映し，支払手段等価物でもない，原価計算上の"製作原価"ではない。その限りで，取得／製造原価なる法律用語は，経営経済学上の原価計算でいう"製作原価"とは異なる。しかしながら，第255条2項による製造原価には，原価計算上の減価償却の収支計算的部分は算入しなければならないが，反対に損耗性設備財の高騰した再調達原価と元の取得原価との差額にあたる減額記入相当額のような，非収支計算的な部分は算入してはならない。

3.2.2.4　個別評価原則

　個別評価原則は，第252条1項3号に規定されている。それは，一般的に，すべての資産と負債は個別に，すなわち他の資産および負債と相殺されること

なく，評価されなければならないことを意味している。したがって，不均等に認識された価値減少を，未実現の価値上昇で補整することはできない。個別評価原則は，すべての資産と負債について，GoBに従い，その時々の価値を記録し，検証しかつ場合によって説明することを，決算書作成者に義務づけている。

様々な年度決算書利用者間の利害調整を図るために，意思決定論的には企業評価にとって本来ふさわしい，―しかし当然主観的な―払込剰余金の現在価値に基づく企業の全体評価は，第252条1項3号によって禁じられている。他方，外部の年度決算書利用者にとっては，年度決算書に表示されている価値は，企業状況に関する客観的な情報として重要である。**価値の客観性**は，個別に認識され評価された資産および負債が年度決算書で対比されることによってのみ果たされる。年度決算書によって，企業の債務補償能力に関する詳細な写像が描かれる。他方，決算書作成者の会計報告責任義務と年度決算書の信頼性は，見積りの（主観的な）支払いの流れを基礎に算定された，客観性に乏しい計上価額を基にした全体価値によっては果たせない。

根拠のある**例外的な場合**では，第252条2項により個別の計上および評価から離脱することができる。根拠のある例外的な場合としては，例えば，経済性原則により，一定の限定された条件のもとで，特定の資産を一括して簡略化することに意味があり，重要性原則が簡略化に反しない場合である。資産は，次のような場合，一定の前提条件のもとで一括することができる。

- 多くの企業が**大量の在庫品**をもち，しかもそれが頻繁に売却されるような場合，一定の前提条件が充たされる限り，立法者は棚卸資産の評価で簡便化を認めている。固定評価（第240条3項），グループ評価（第240条4項）および第256条の評価簡便法がそれである（集合評価）。
- 企業が，もっぱら年金保証債務の履行に充てる資産（**制度資産または償還資産**）を有するとき，それは当該の債務と相殺されなければならない（第246条2項2文）。こうした相殺命令は，個別評価についての立法者の意識的な例外を示している。償還資産は，もっぱら老齢年金債務の弁済に充てるものであって，企業が別の用に供することはできない。相殺によ

って，残余の企業負担のみが，そしてその結果，財産・財務・収益状態の実質的諸関係に合致する写像がより確実に表わされる。

■ 企業が国外で，ある取引契約を結ぶ場合（基礎取引），それには往々にして通貨リスクが伴う。企業は，そうしたリスクを逆ヘッジ取引（例えば先物売り）で回避し，取り除くことができる。**基礎取引とヘッジ取引**が個別に評価されるとき，債権の価値減少が考慮されなければならないが，不均等原則に基づきヘッジ取引の未実現利益を認識してはならない。しかし，実際に，企業は―完全なヘッジ関係を前提に―通貨リスクにさらされることはない。個別評価原則の厳密で限定された適用は，経済状態の描写を歪め，会計報告責任目的とも相容れず，資本維持にも役立たないであろう。したがって，基礎取引とヘッジ取引は評価単位とみなすべきである。すなわち，個別評価原則は，ヘッジ対象となるリスクに関しては，評価単位にのみ適用すべきであって，個別取引には適用すべきではない（第254条）。もちろん通貨リスクと同時に，金利リスクや減損リスクも相殺することができる。

■ 法律には規定されておらず，判決や文献で扱われている**その他のケース**でも，個別の評価対象を統合することができる。例えば，連邦財政裁判所（BFH）は，負債性引当金をまだ発生していない求償権と相殺するために充たすべき，商法上許容できる前提条件を明確化した。

3.2.3　貸借対照表計上諸原則

　貸借対照表計上諸原則の目的は，いかなる収入・支出を借方に，または貸方に計上するかを明示的に定めることである。この原則は，その特徴においてSIMONの静的貸借対照表論に拠っているが，法律でうたわれてもいないし，成文化もされていない。

　第242条1項によれば，商人は自己の財産と負債との関係を示した決算書として，貸借対照表を作成しなければならない。第246条～第251条の計上規定のうち，第246条1項は，法律に別段の定めがない限り，年度決算書にはすべての資産，負債，計算区分項目，費用および収益を含めるべきことを求めてい

る。計上原則の基本的な役割は，**資産と負債の属性を画定する基準となること**である。

　財は，基本的には，それが資産として具現化されたとき借方計上しなければならない。財は資産としては成文化されていないが，文献で具体化されている**借方計上原則**は，独立して利用可能であり，かつ企業の債務補償に充てることができる場合である。この基準を充たすとき，これを抽象的借方計上能力とよぶ。

　しかしながら，抽象的借方計上能力は，具体的（法的）借方計上能力とは必ずしも一致しない。抽象的借方計上能力は，そもそも資産が存在するかどうかの"理論的な"問題を明らかにするが，具体的借方計上能力は，法規定に基づき借方計上能力もしくは借方計上義務があるのかどうかの"法的な"問題に応える。GoBシステムのなかでは，借方計上原則は単に抽象的借方計上能力を顧慮するにすぎない。借方計上原則と密接に結びついているのは，資産が誰のもとで借方計上されるべきかの問題である。経済的帰属主義（第246条1項2文）によれば，資産は，いわゆる経済的所有者のもとで借方計上されなければならない。その場合の経済的所有者は，物の所有，運用，利用および負担が帰すべき者である。

　貸方計上原則は，貸借対照表貸方への負債の計上を具体化する。原則として，すべての負債は貸方計上義務を負う。負債は，次の貸方計上基準によって特徴づけられる。

- 負債は，法的，経済的義務に関わるものでなければならない
- 計上義務は，将来の総資産の減少をもたらす経済的負担でなければならない
- 計上義務は，少なくとも帯域幅の枠内で数量化可能でなければならない

　経済的負担義務の存在が確実であり，その義務の額が明らかに数量化できれば，貸方計上義務のある債務が存在する。計上義務は，そのような"事由に基づく"ものとしては確実ではないが蓋然的であり，厳密ではないが，ある帯域幅のなかで数量化可能であれば，引当金を設定しなければならない。

　貸方計上原則とは別に，資産と負債および貸方計算区分項目（第250条2項）

との差額としての自己資本は，貸方計上されなければならない。

3.2.4 年度損益の限定諸原則

3.2.4.1 概　　　要

年度損益の限定諸原則は，年度決算書の役割はつまるところ，期間損益の計算にあるとする Schmalenbach の考えに由来している。それは，収入および支出のうち，損益作用的なものをいつ損益計算書で，そして損益中立的なものをいつ貸借対照表で認識すべきかを確定することである。年度損益の限定諸原則は次の 2 つの標識に分けられる。

■ 実現原則，並びに

■ 事由および期間に基づく限定原則

3.2.4.2 実　現　原　則

実現原則は，第 252 条 1 項 4 号後段で成文化されている。それによれば，「利益は，……それが決算日において実現された場合にのみ考慮されなければならない」とある。実現原則の役割は，一方では未実現利益の表示とその分配を阻むことである。他方で，実現原則は，調達過程からは損益作用的なものは生じないことを保証することである。というのは，商事貸借対照表の概念からは，財は，取得者にとっては取得時点で評価された便益を購入価額で取得したものであり，それゆえ，調達過程は，貸借対照表では，基本的に損益中立的に認識されるものと仮定されているからである。それと同時に，実現原則は資産の増加時点で，それをいかなる価値で計上すべきかを間接的に確定する。そこで，実現原則は，2 つの構成要素を含んでいる。すなわち，一方で，販売市場で"飛躍"を遂げないうちは資産に対して取得／製造原価主義を，他方で，正の成果貢献の実現時点の規準を販売市場での飛躍時点とすることである。

資産は販売市場で飛躍を遂げない限り，取得／製造原価を上限に評価しなければならない。この概念は，**取得／製造原価主義**とよばれ，第 253 条 1 項 1 文で成文化されている。第 253 条 1 項 1 文によれば，獲得したすべての資産は，商事貸借対照表では調達時に取得原価で評価しなければならない。自己創設資産の場合，調達財の取得原価と同様，その創出のために要費されたとみなされ

た，製造原価を当てなければならない。

　取得／製造原価主義の意味は，資産の調達は基本的に成果中立的でなければならないということである。それは，一方では，資産の調達から正の成果貢献（"利益"）がもたらされるはずはないということである。実現原則によれば，"利益"はむしろ，販売市場での財の"飛躍"をもってはじめて考慮することができる。他方，成果中立性は，会計報告責任に適う期間対応的損益計算としては，資産の調達が負の成果貢献（"損失"）ももたらすはずはないことを意味している。かくして，決算書を作成する商人が調達時に期待しているのは，損失を被らず，将来，そこから利益が得られるような財のみを調達することが想定される。もちろん，取得時の最初の成果中立的な記帳（当初評価）の後で，例えば，その調達が赤字取引となることが判明した時には，資本維持目的に従って，負の成果貢献が考慮されなければならない（事後評価）。しかし，商法規定によれば，当初評価での成果中立的な記帳は一般には行われない。なぜなら，第255条2項3文によれば，すべての製造原価要素を算入する必要はないからである。企業が，この選択権を要求する限り，負の成果貢献が生じるのは財の製造からである。考慮されるべきでない費用が製造過程と結びついているとすれば，それは中立性を妨げることになる。

　取得もしくは自己創設資産が売却される場合，達成された成果がどの時点で実現したとみることができ，あるいはみるべきかが問題となる。**実現時点**では，ともかく財が販売市場で価値飛躍を遂げた時点が重要である。この時点から，取得／製造原価は，もはや財の価値上限ではなくなる。むしろ，販売価格と借方計上された取得／製造原価との差額としての正の成果貢献が，財の販売と同時に実現したとみなされる。これは結果として，財の販売によって実現された収益が，貸借対照表に債権の増加または──支払が直接行われる場合──流動資産の増加として計上されることになる。

　商法上の実現時点は，長年，一般に認められた規準によれば，（主たる）**引渡しもしくは給付**がもたらされた日である。したがって，販売条件（販売価格や量）を契約で取り決めるだけでは十分ではなく，市場性ある財の経済的処分

権が買手に移らなければならない。買手は，実現時点以降，財の消滅や劣化のリスクを負うことになる（リスク移転）。この時点で，調達・生産・販売リスクはほとんど消えてしまう。とはいえ，例えば，潜在的瑕疵担保・支払能力リスクといった若干のリスクは，最低価値規定によって補償されない限り，なお残ることになる。様々な契約方法があるため，商法上の実現時点の確定に関する一般的な規準は，さらに細分化されうる。すなわち，

■ **販売取引**の場合，販売者が売買契約を結び，主たる引渡しが行われた時，利益が実現する。典型的には，販売財はこの時点で，販売者の処分領域または利用領域を離れ，決済能力が与えられる。ただし，少なくとも価格リスクは，買手の側に移っていなければならない。

■ **用役契約**では，主たる給付が提供されたとき，利益が実現する。

■ **請負契約**では，民法典第640条によれば，給付は，利益が実現されうる前に，委託者から受け入れていなければならない。これは特に，長期請負工事に当てはまる。問題は，請負契約終了時の利益実現である。すなわち，給付が長期にわたって提供され，かつ引渡し終了前には，（その仕事を請負っている）企業が利益の計上を禁じられている場合である。しかし，特別な事情のもとでは，いくつかの，独立して提供する請負給付に限定して，総合作用的リスクの余地を無くす形で，委託全体を個々の部分給付に分けることはできる。この場合，委託者が部分給付を法律上，義務的に引き受けたとき，部分利益は前の年度でも実現することができる。

■ **売上に関連しない**特定の**取引**の場合，資産は法的請求権に基づいてはじめて生まれる。それは，例えば，配当請求権，利益償還契約や損害賠償請求のようなケースである。

利益はまず，**販売市場での飛躍**—すなわち，引渡しまたは給付の提供—によって実現しうることから，実現原則は，慎重なそして同時に"売上の確定"による期間関連的な損益計算の目的に役立つ。実現時点の限定は，最も慎重なあらゆる可能性，すなわち顧客による購入価格の支払いではなく，締結した売買契約の手形決済能力が実現時点として具体化される中間的な解決のように，上

述した年度決算書の目的に適っている。この意味で，実現時点としての"販売市場での飛躍"は，長年の経験と権利行使から得られた，資本維持と会計報告責任の一般に認められた妥協である。

立法者が実現原則を破った若干の特例がある。例えば，第246条2項にいう制度資産の時価評価がそれである。時価評価は，場合によって，資産の価値が取得原価を上回る結果となる。それは，販売市場で当該資産の飛躍が行われていないので，旧会計法では，実現可能なだけで，まだ実現された収益ではないとされた。しかし，この場合，新法では実現がなされたものとみなす。実現原則の破棄の別の例としては引当金の割引がある。そこでは，引当金によって拘束された資本は，利子生み的に投資できるものと想定されている。しかし，それはまだ実現されていない，もっぱら計算上の利子収益であるため，実現原則に反する。ここに挙げた事例は，**実現原則の例外**であり，他のあらゆる会計事象に関する実現原則の解釈には影響しない。

3.2.4.3 事由および期間に基づく限定原則

期間対応原則（第252条1項5号）によれば，費用と収益は，その収入・支出と関わりなく各期間に配分しなければならない。この原則は，一部では，前述の実現原則（第252条1項4号2文）によって具体化されている。さらに，費用と同様，期間関連的収益と期間外収益とを，いかに期間的に対応させるかを決める，事由および期間に基づく限定原則による別の規準が必要である。事由および期間に基づく限定原則は，一方では実現・発生原因主義に即した損益表示に寄与し，同時に会計報告責任目的を重視したものである。

つまり，明らかにすべきは，いかなる費用を各期間の収益に対応させるべきかである。**事由および期間に基づく限定原則**によれば，実現原則によって計上された収益に，当該期間の収益の実現に要した費用，すなわち，企業給付の売上分からその期が負うべき所要の費用が対比される。このやり方は，通常，価値消費と価値発生との間には相互関係があるという仮定によっている。したがって，収益と，配分された費用との間には，手段・目的関係がなければならない。すなわち，費用は，各期の収益の達成目的に，手段として役立っているは

ずだということである（いわゆる目的原則）。その場合，収益には，変動的な支出とともに相応の固定支出も配分しなければならない。期間按分的な，かつ個々の給付単位に直接配分できない費用は，標準（原価）主義によって実現収益と未実現収益とに振り分けなければならない。もちろん，その場合，空費（非稼動能力に対する固定費の割当分）は，製造原価に算入してはならない。したがって，標準（原価）主義では，いわゆる用役費の完全な差引きには配慮するが，空費は考慮されず，費用として損益計算書に記帳されなければならない。

事由に基づく限定原則が，費用に対してのみ適用されるのに対し，**期間に基づく限定原則**は，費用にも収益にも当てはまる。期間に基づく限定原則は，期間関連的収益および費用を，時の経過に応じて各期に配分すべきことを意味する。例えば，賃貸収益および賃貸費用は，賃貸料が支払われた期間に配分するのではなく，むしろ，持分に応じて，それぞれの賃貸期間に損益作用的に配分しなければならない。その上，期間に基づく限定原則は，期間外の収益と費用を，収益ないし費用をもたらした事象が明らかになった期に認識すべきこととしている。しかし，これらの費用は，事由に基づく限定原則を考慮して，すでに前の期に配分されている。収益と費用を発生させた事象が，その時点でまだ認識されていなかったという事実だけが，事後での会計上の考慮をもたらすことになる。この場合，収益および費用の事後計算が問題となる。同様に，対応する反対給付なしに発生した費用（例えば，すでになされた贈与や災害から）は，それが判明した期に考慮されなければならない。

3.2.5 資本維持諸原則

3.2.5.1 概　　要

年度決算書では，会計報告責任目的とともに，（名目）資本維持目的が追求される。資本維持諸原則特有の根拠は，年度損益に関する限定諸原則が主に会計報告責任目的に寄与するという点にある。つまり，実現原則は，一方では販売市場での飛躍を実現時点とし，他方では取得／製造原価を，調達されたがまだ売却されていない財の評価上限として確定することで，資本維持的慎重性をもその構成要素としている。しかしながら，資本維持諸原則のうち，もう一方

の不均等原則では，年度損益の限定諸原則によって，まだ描写されていない事態がさらに考慮される。不均等原則と第二の資本維持諸原則としての慎重原則は，（負の）損益作用が決算日にはまだ発生していないが，その原因がすでに存在し，将来の期間に予測される事態に関連する。

3.2.5.2 不均等原則

不均等原則は，第252条1項4号で成文化され，年度決算書において「決算日までに発生した，予見可能なすべてのリスクおよび損失」を考慮すべきことを求めている。規定によれば，未実現の，将来の負の成果貢献は，終了した営業年度に起因し，すでに終了した期間にそれが予知された場合，損益計算書に費用として表示されなければならない。この早期の，（予知された）負の成果貢献分だけ減額された年度損益をもって，資本維持目的と慎重思考が考慮されたことになる。限定原則によって，未実現の負の成果貢献は，未実現の正の成果貢献と同様に扱われる。それによって，決算書作成者は，終了した期間での利益減少的な費用の見越しを断念する。しかし，社員や企業所有者は，**損失の見越し**によって，その分減少した額で，終了した年度に配当したり，引出したりするはずである。なぜなら，過去の期間に，そのような損失の見越しを行わないで手にした年度剰余金の一部は，その後の期に，負の成果貢献の補填に再び必要となるからである。

不均等な（相異なる）処理による，未実現の負の成果貢献と正の成果貢献は，比較可能な期間損益の算定との関係では，年度決算書の会計報告責任機能を低下させる。事由および期間に基づく限定原則によれば，負の成果が実現する次の営業年度にはじめて配分されるはずの負の成果貢献の見越しによって，期間対応的利益の計算が切断される。しかし，不均等原則の適用で，年度決算書の会計報告責任機能を完全に損わないために，不均等原則は，実際には必要最小限の損失見越しのケースに限定しなければならない。この原則は，個別評価原則に沿った，できるだけ客観的な具体化によって，見越しの負の成果貢献を果たすことができる。

そうした客観化は，第252条1項4号が掲げる2つの条件，すなわち一方で

の**決算日までのリスクの発生**と，他方での予見可能性が目的適合的に解釈されたとき，可能となる。それは，法律が第252条1項4号で，リスクの考慮を，決算日までに発生したものに限定しているからである。リスクは，損失の危険が，一方で限定可能であって，すでに発生した取引に関連しており，他方では，決算日後に不利益な事象をもたらす原因が少なくとも決算日までに生じているとき，それを決算日までに発生したものとみなさなければならない。

　発生した取引の範疇は2つに分けなければならない。第一は，貸借対照表に計上すべき物的財が在庫の状態にあり，債務関係と二次的債務が設定され，したがって取引がすでに完了していることである。第二は，たとえ契約当事者がそれをまだ履行していないとしても，発生した取引には調達・販売契約も含まれていることである。この種の双務未履行契約は，未決取引ともよばれる。未決取引は，そこから不均等原則でいう，偶発損失引当金によって認識すべき，負の成果貢献のおそれがない限り，基本的にはまだ，商法年度決算書で考慮すべきではない。

　すでに決算日前に相当の理由がある情報だけが，年度決算書で考慮されなければならない。それゆえ，負の成果貢献の見越しにとって決定的なことは，それを知りえた時点ではなく，リスクの発生時点である。**ある事象の予見可能性**は，決算書作成者がリスク発生の蓋然性に関する，入手可能なあらゆる情報を組織的に検証し（リスクの棚卸し），その情報が，リスクの発生を蓋然的に表したとき，所与とみなされる。

　不均等原則適用の**典型的事例**は，企業にある在庫品の販売価格が，決算日までに在庫品に投じた費用を，収益ではもはや補填できないほど値下がりし，また決算日後も値下がりすることが決算日にほぼ予測されたときである。費用としての見越し額は，取引から予測される将来の収益（ここでは，在庫品の売上からの収益）と，すでに発生し，そして取引の完了までに発生した費用（ここでは，未発生の原価を加えた，これまでに発生済みの在庫品の製造原価）との差額から算出する。

　不均等原則は，法的には，第253条3項および4項の**低価評価規定**によって

補完され，具体化されている。そこでは，損失の見越しのために取得／製造原価に基づき，固定資産と流動資産とでそれぞれ所定の減額記入を行うことを定め，または認めている。不均等原則の法律上でのさらなる具体化は，第249条1項1文に従った，**未決取引から発生するおそれのある損失に対する引当金**の計上義務に表れている。この場合も，まだ発生していない負の成果貢献の見越しが行われることになる。第252条2項にいう不均等原則の例外は認められない。

3.2.5.3 慎 重 原 則

不均等原則と並んで，もう1つの資本維持原則として，第252条1項4号で成文化された慎重原則がある。規定によると，決算書を作成する商人は，その**資産および負債**を**慎重に評価しなければならない**が，法律ではそれ以上の具体化はなされていない。将来の事象に関して，決算書作成者側に不確実な予想があるとき，慎重原則を考慮しなければならない。

かつて定式化された公準によれば，慎重原則は，商人が借方をより低く，貸方をより高く評価することを求めている。つまり，商人の性向は"より豊か"であるより"より貧しい"方を好むはずだ，ということである。確かに，そうした非対称の会計処理は，一見，**資本維持目的**に適っているかにみえるが，基本的にはもう一方の会計報告責任目的とは相容れない。当期だけでみれば，"慎重な"評価は利益を低下させ，その結果配当ポテンシャルの低下をもたらす。しかしながら，借方の低評価と負債および引当金の過大評価によって秘密積立金が設定されるが，年度決算書利用者は，通常，その実態と範囲を知ることはできない。こうした慎重原則の適用は，企業の経済状態の不適切な写像となるため，会計報告責任目的にはそぐわない。まして，あとで起こりうることは，とりわけ外部者には認識できない（例えば，低評価された固定資産の売却や過大評価された引当金の取崩しの場合のような）秘密積立金の秘密の取崩しが，それ以後の期に，その分支払不能となる架空利益の表示につながることである。この架空利益は，通常，損益計算書の"その他の営業収益"（第275条2項4号および3項6号）に紛れ込み，企業の収益状態にポジティブな印象を与えることができる。そこで収益状態が悪くなったとき，秘密積立金の秘密の取崩し

で，通常の営業活動での損失を覆い隠すことができる。同じことは，決算書作成者とは直接関わりなく，秘密積立金を再び秘密に（自動的に）取崩す場合にも当てはまる。

秘密積立金を秘密に取崩すことから起りうるのは，企業の責任資本が一時，限定的に強化されることだけであり，それと同時に慎重原則の厳しすぎる解釈が，資本維持目的に長期かつ持続的に役立つものでもないことも教えている。ここから，慎重原則が，借方の恣意的な低評価や貸方の過大評価を正当化していると解することはできない。さもないと次の年度に，積立てられた秘密積立金で，かなりの会計政策を推し進めることができるからである。だから，慎重原則が妥当するのは，**将来の発展が不確か**な事態についてだけである。このことから，例えば，製造原価の算定に関する選択権（第255条2項）は，決して慎重原則の表徴ではない。

加えて，慎重原則の適用に際しては，**非恣意性原則**を考慮しなければならない。というのは，予見されるリスクの評価は，しばしば主観的な見込みに拠りがちだからである。その場合，決算書作成者は，あらゆる追加的情報の利用の際に起こりうるリスクだけを顧慮すればよい。第252条2項にいう慎重原則の例外は認められない。

多くの貸借対照表項目には，例えば，引当金や損耗性固定資産の評価のような将来予測が入り込んでいる。この場合，慎重原則の意義は，自ら評価尺度を定めることにはない。むしろ慎重原則は，その他のGoBや商法固有の評価規定によって設定された評価規準にも関わらず，なお残された評価の裁量余地を，商人がいかに埋めるかを決めるだけである。それゆえ，慎重原則は，一方では，資産と負債の評価の際の**見積基準**としての意義をもつ。もちろん，不完全な情報による将来の不確実性は，多くの場合，せいぜい見積幅を認めているだけである。しかし，貸借対照表では個別価値で計上することしか認められていないので，算出された帯域幅のなかである程度同じ蓋然性をもった価値を，貸借対照表価値として選ばなければならない。したがって，慎重原則の役割は，考えうる帯域幅からいかなる価値を貸借対照表に掲げるべきかの，**ギリギ**

リの会計処理の指示を与えることである。

　会計報告責任と資本維持という，同等の年度決算書目的からの結論としては，"会計報告責任を考慮した慎重さ"か，あるいは逆に"慎重さを考慮した会計報告責任"かをモットーにした会計処理が必要である。この理由から，可能な価値の帯域幅から慎重思考も顧慮し，会計報告責任にいう年度決算書の情報機能も果たすような価値を当てなければならない。

　慎重原則に対する我々の解釈では，貸借対照表資産をもっぱら帯域幅の見積りで評価する実態の多くは，例えば等差級数的平均値の標準的配分のような，最も蓋然的な価値の多価的な見積りやバランスのとれた配分法で会計処理がなされていることである。というのは，"蓋然性計算の中心的な限界価値率"によって，平均値で計算されるほとんどの貸借対照表項目では，平均値からの正の乖離と負の乖離は，高い蓋然性をもって調整されているからである。帯域幅の平均値での会計処理は，中心的な限界価値率の効果で，客観性と正確性の原則に適合したものとなっている。

　しかも，その都度，平均値と控え目な価値との差（借方では帯域幅の下限で，貸方では上限で）が特例的な引当金に集められ，計上・表示されることによって，慎重思考はより明確に顧慮されることになるはずである。制定過程で活発に議論されたこの引当金は，第249条により現行法上認められないので，これを帯域幅引当金とよんでいる。もちろん，帯域幅引当金の独立の表示が立法者に認められない以上，秘密積立金の設定は年度決算書の会計報告責任目的にそぐわないので，それは受け入れ難くはあるが，慎重原則に基づいて，帯域幅の控え目な価値による会計処理はそのまま残るはずである。慎重原則の過度な強調によって，次のような命題がより真実味を帯びてくる。すなわち"適切な"貸借対照表はあくまでより良く，"不適切な"貸借対照表はあくまでより悪い，ということである。

　帯域幅引当金は，年度決算書利用者が年度損益の可能な変動幅を認識でき，同時に会計報告責任目的が十分考慮されているので，**経営経済学的な観点**からは有意義とみなければならない。年度決算書を情報基盤として役立てるには，

帯域幅引当金を用いて，リスクが起こりうる不都合なケースを見過ごさないことである。年度決算書が会計報告責任・情報機能を果たすには，帯域幅引当金が，年度決算書での慎重要素であることをあわせて証明しなければならない。

4. GoB システム内の個別 GoB の相互作用

利用者の利害規制に資する GoB システムは，体系内の GoB がそれぞれ互いに依存関係にあることから，他の GoB との関係を抜きに考えることはできない。他方，GoB は，他のすべての GoB との間で，互いに上位・下位の関係にはない。こうした原則相互の，内容的な具体化と拡大，もしくは限定および没優位の関係を，ここでは象徴的に"**エッフェル塔原則**"とよんでいる。この概念は，GoB の 1 つ 1 つが，支柱のように"年度決算書"という写像を支え合い，そして GoB システムの完結性と駆動力，すなわち"エッフェル塔"の安定性は，個々の GoB が他の（すべての）GoB を支え，"主柱"となりうる場合にのみ，保証されるということを示している。

"エッフェル塔原則"の意味での GoB の協働関係は，棚卸資産の会計処理の例でも説明できる。もともと棚卸資産を貸借対照表の借方に計上できるかどうかの基本問題は，いわゆる借方計上原則だけで応えることができるが，さらには個別評価原則を遵守すべきかや，グループ評価もしくは集合評価の方法が経済性原則から導き出せるのかを明らかにしなければならない。なぜなら，正確性，経済性および個別評価の諸原則は，それぞれ相互関係にあるからである。グループ評価や集合評価が問題にならないとすれば，実現原則と関連する個別評価原則によって，（まだ売却されていない）資産は，継続的に取得／製造原価で計上すべきであって，それより高い販売価格で，貸借対照表に計上すべきではないとされている。だが，それで評価が確定したわけではない。というのは，最終的な評価については，不均等原則や慎重原則の表われとしての，低価評価規定を考慮しなければならないからである。具体的には，例えば，将来予想される棚卸資産の市場販売価格が取得／製造原価を下回った場合，棚卸資産

は価値引下げを行わなければならないということである。つまり，これらの諸原則は，一体となって貸借対照表における資産の計上と評価の基礎となっているのである。

　この例は，GoB には一般的な上位・下位の関係がないことをはっきり示している。なぜなら，"エッフェル塔"のそれぞれの支柱は，体系の安定性にとって，より重要かさほど重要でないかではなく，すべての支柱（すべてのGoB）を必要としているからである。他の GoB と同様，それは慎重原則にも当てはまる。（古い解釈では）商人は，迷っているときは，当然，豊かなことより貧しい方を好むとされている。しかしながら，評価継続性原則，つまり一度選んだ評価方法の維持は，資産を年々できる限り慎重に評価することを妨げている。

　一般的には，法的・経済的事実から，継続企業の前提と首尾一貫した継続性原則が放棄されない限り，慎重原則に対する継続性原則の優位性は変わらない。しかし，個々のケースでは，この２つの GoB の間の関係が逆転することもありうる。例えば，設備財の利用期間中に，経済的利用期間が当初の見積りより短くなったことが分かったとき，慎重原則のために，評価継続性から離脱する。その場合，計画的減額記入を中止しなければならないが，そのときはもちろん，評価方法の継続性からの離脱について説明義務がある。すなわち，継続性の一般的な優位性は成り立たないということである。

　図表 3-3 は，商法 GoB システムの要約的概観を示したものである。

5. IFRS による会計目的と諸原則

5.1　IFRS による会計目的

　商法会計の目的は HGB の多くの規定から導き出されるが，IFRS 会計の目的は，いわゆる概念フレームワークで具体的に規定されている。**概念フレームワーク**では，IFRS 決算書の目的とともに，会計の概念的基礎と基本原則が規定されている。その上，一般的会計諸原則（CF. QC4-QC39）において，その目

図表 3-3　帳簿記入・年度決算書目的の帰結および基礎としての商法上の GoB システム

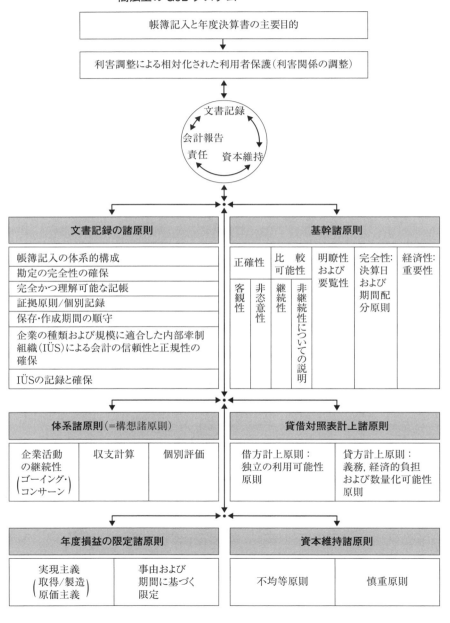

的を果たすための，IFRS決算書での決算情報に対する一定の要求を定めている。概念フレームワーク自体はIFRSではなく，現実の会計問題を解決すべく新しい基準（standard）を開発し，かつ現行の基準を改訂する演繹的基礎として役立つ。

CF. OB2によれば，IFRS決算書の目的は，**意思決定に有用な**（decision usefulness）**情報**を提供することである。意思決定に有用な情報の伝達規準は，IFRS会計の利用者の情報要求である。利用者は，現在および潜在的な投資者や与信者であり，その他の債権者である。さらに，国家機関または利害関係のある一般公衆も会計利用者となりうる。ただし，IASBは，IFRS会計が直接，これら利用者集団の情報要求に応えるものではないとしている。

しかし，きわめて広範な利用者層の存在から，それぞれの利用者集団が，相異なる利害を有するという，商法決算書と類似の問題が生じる。概念フレームワークでは一貫して，IFRSに基づいて作成される決算書は，すべての決算書利用者の多様な情報要求に応えることはできないとしている。IFRSは，一義的に**現在および将来の投資者，与信者およびその他の債権者の情報要求**に応えることで，決算書利用者の様々な利害関係問題を解決しようとしている。そこでは，伝達される情報によって，その他の決算書利用者の情報要求も広く充たされるものと想定している。かくして，意思決定に有用な情報伝達の規準とされるのは，結局，出資者の情報要求である。2010年の改訂プロジェクトの第一段階終了以前は，もっぱら投資者の情報要求を充たすことが肝要とされた。すなわち，投資者は企業にリスク資本を提供し，比較的幅広い情報要求をもっていることが暗黙の前提とされた。改訂の終了段階で，他人資本出資者の情報要求も容れられることになった。その理由は，決算書作成者が報告義務を負う主要な利害関係集団の範囲を，報告企業の出資者だけでなく，すべての資本市場関係者に，したがって企業の潜在的および現在の与信者とその他の債権者にまで広げようとしたことにある。様々な資本提供者の情報要求の違いを比較考量することで，大部分の要求が充たされるとしたのである。

とりわけ，決算書によって伝達される情報は，過去の事象の経済的影響にま

で及んでいる。それゆえ，IFRS会計の目的は，財産・財務・収益状態と時の経過におけるそれらの変動に関する情報の提供にある。これらの情報によって，決算書利用者は，将来の正味キャッシュ・インフロー，一つまり**将来の配当金や利子の支払い，債務の弁済と提供された出資金の償還**に必要な資金—を稼ぎ出す企業の能力を判断できるはずである。財務情報以外の情報伝達は，IFRS決算書の役割とみなされてはない。

1997年には，決算書の形式上の構成と表示の問題とともに，当時のフレームワークの一定の実質的規準が，IAS第1号（財務諸表の表示）に受け入れられた。それによって，**フレームワーク規準の一部は，義務的に適用されるべき基準のランク**に引上げられた。その結果，概念フレームワークからもIAS第1号の諸規定からも，多くの諸原則が生まれた。さらにIAS第1号15は，企業の財産・財務・収益状態，並びにキャッシュ・フローに合致する企業の実質的諸関係を表示することを求めた (fair presentation)。その場合，決算書情報に対する概念フレームワークの要求の適用と当該の会計基準の適用は，財産・財務・収益状態の実質的諸関係に合致する写像をもたらすものと解される。しかし，例外的な場合 (extremely rare circumstances) には，会計基準からの離脱が認められている。そうしたケースは，IFRSが求める会計方法が，現実の事態や事実の忠実な描写を決算書が果たすことができず，また実質的諸関係に合致する経済状態の写像が，IFRSの適用によっても，追加的な附属説明書の記載によっても伝達できないときにのみ生じる。したがって，第264条2項1文のドイツ的一般規範とは対照的に，IFRSによる公正な表示の原則には，当然（例え限定的であっても）"最優先原則"としての位置が与えられる。

5.2 IFRSによる会計諸原則

HGBによる企業会計が，一部では成文化され，また一部では成文化されていないGoBに基づくのに対して，IFRSの規準体系には，そもそも商法上のGoBと比較できる法源は存在しない。IFRS会計の概念的基礎は，一般的会計諸原則（CF. QC4-QC39）における概念フレームワークと，補完的会計諸原則

(CF. 4.1-4.65) および IAS 第 1 号での，決算書の一般的なメルクマールに置かれている。

概念フレームワークでの，IASB の**一般的会計諸原則**は次のようである。

■ 基本的特性（fundamental qualitative characteristics）
■ 補強的特性（enhancing qualitative characteristics）
■ コスト制約の副次的条件（cost constraint on useful financial reporting）

決算書情報は，それが決算書目的でいう決算書利用者にとって意思決定に有用であるための一定の**基本的特性**，すなわち次の要件を充たしたものでなければならない。

■ 目的適合性（relevance）
■ 信頼にたる表示（faithful representation）

概念フレームワークは，決算書情報が利用者の経済的意思決定に与える影響が適合的であるとき，**目的適合的**であると認める。これは，利用者が情報を実際にどう利用するかや，情報に関する知識をすでに別の源泉から入手していたかに関わりなく通用する。CF. QC7 によれば，情報の目的適合性は，その予測能力（predictive value），確認能力（confirmatory value）によって，あるいは両要素の組み合わせによって決まる。CF. QC8 によれば，インプットされた情報は，利用者による将来の結果予測に役立つときはつねに，予測能力の特性が充たされる。確認能力は，情報が過去に行った判断を確認もしくは修正することで特徴づけられる。CF. QC11 によれば，重要性（materiality）も，情報の目的適合性の役割を担っている。例えば，報告期間ではその成果が（まだ）取るに足らない，新しいセグメントの開設に関する情報のような特殊情報は，(量的な) 重要性とは別に，企業のチャンスとリスクの判断にとって重要である。

CF. QC12 によれば，情報は，**信頼にたる表示**の要求が充たされたときにのみ有用である。信頼にたる表示の意味は，すべての取引事象とその他企業に関連するすべての事柄が，IFRS 決算書において実際の経済的諸関係に合致して描写されるところにある。現実には，情報の信頼にたる完全な表示はほとんどありえない。したがって，IASB は，"完全性"，"中立性" および "正確性"

を，情報が信頼すべく表示される上で，最低限充たされるべき3つの質的基準として定式化している。

　完全性の基準は，事態を理解するために必要な，すべての情報の完全な認識を求めている。それには口頭による表現や説明も含まれる。その上，決算書情報は中立的でなければならない。すなわち，それは没価値的で客観的でなければならず，会計方針に影響されることは許されない。会計原則としての慎重性は，中立性と矛盾しており，信頼にたる表示の一部とみなされているので，概念フレームワークでは明示的には考慮されていない。決算書情報が，正しく適用された（または適用可能な）会計プロセスによって作り出されたとき，決算書は信頼にたる表示の意味で瑕疵がないとされる。信頼にたる表示の黙示的メルクマールは，取引事象およびその他の事象に関する経済的観察法である。経済的観察法とは，取引事象およびその他の事象が，その法的形式とは別に，経済的実質に従ってIFRS決算書で描写されることである。かつて，経済的観察法（substance over form）は独自の原則であった。概念フレームワーク改訂プロジェクトのA段階の終了と同時に，経済的観察法を無視しては，信頼にたる表示は果たせなくなることから，独自の原則ではなくなった。

　IFRSによって発出される決算書情報は，目的適合性の要求も，信頼にたる表示の要求も充たさなければならない。しかし，この2つの基本的原則は矛盾しないわけではない。したがって，会計基準と決算書情報の提供にあたっては，**目的適合性と信頼にたる表示とのバランス関係**に留意しなければならない。この2つの基本的原則の調整のために，CF. QC18は，すべての利用者集団に対して，経済事象に関する潜在的に有用な決算書情報について，まず情報の目的適合性がチェックされることを予め考慮に入れている。すなわち，目的適合性に従って，―最高の目的適合性をもつ決算書情報から―事態の信頼にたる表示の可能性をチェックしなければならない。目的適合的な情報が信頼にたる表示の要求を充たしていない場合，信頼にたる表示に関しては，まずより低い目的適合的な情報をチェックしなければならない。もちろん，決算書に受け入れられるのは，両原則を充たした情報だけである。

補強的特性は，基本的特性の要求の上に，さらに高い情報効果を保証するはずである。それは，例えば，相異なる２つの表示法が，目的適合性と信頼にたる表示の要求を充たすような場合である。CF. QC19 によれば，さらに次の４つの補強的特性を充たしているかどうかを顧慮しなければならない。

- 比較可能性（comparability）
- 検証可能性（verifiability）
- 適時性（timeliness）
- 理解可能性（understandability）

決算書情報の**比較可能性**は，期間・企業間比較の意味で重要であり，企業の財産・財務・収益状態の判断に役立つ。CF. QC22 では，比較可能性に対する継続性の意義が強調されている。それは，期間比較を行うための，適合的な前年度数値の表示も含んでいる。IAS 第１号によれば，決算書にはすべての数値情報に関して，前年度の比較可能な情報が記載されていなければならない。

CF. QC26 によれば，**検証可能性**の要求は，信頼にたる表示の要求と密接に結びついており，"間主観的な検証可能性"と解さなければならない。この要求は，専門的知識を有する，互いに独立した観察者が，情報の一定の表示形式が信頼に足りるという合意に達したとき，充たされる。しかし，様々な意見の完全な一致は，必ずしも求められていない。数値情報は，その正確な価値に関して，細目にわたる評価が可能でなくても検証可能である。むしろ，その時々の発生の蓋然性をもった，ありうる価値の帯域幅で，その価値を表示できればそれで十分である。CF. QC27 によれば，１つの事象は，直接的（例えば，実地棚卸によって）にか間接的（例えば，分析的手法によって）にかの，いずれによっても検証可能である。

CF. QC29 によれば，情報は古くなるほど，その有用性が低下するので，**適時の報告**が必要である。しかし，古い情報の価値は，例えば，過去関連の情報からトレンドを導き出すことができるので，一概に否定すべきではない。

体系化された明瞭で簡潔な表示は，決算書情報をわかりやすくする。だからといって，この要求は，複雑な事象を報告から外す理由にはならない。**理解可

能性の原則は，伝達すべき情報を，専門的知識をもつ利用者に追跡可能なように整理することを求めている。その場合，CF. QC32 によれば，決算書の利用者が，経済・会計に相応の知識をもっており，決算書情報を注意深く吟味する意志があることを前提としている。

さらに，CF. QC35 によれば，決算書情報については，決算書利用者の情報効果と貸借対照表作成企業の情報コストを考量しなければならない（経済性）。**コスト制約の副次的条件**は，IFRS 適用者の報告コストを，情報利用者ができるだけ少ない支払追加額で，間接的にどれだけ負担しなければならないか，また利用者のコストが，その分析や解釈のためにどれだけ発生するのかをはっきり顧慮することである。そこでは，より少ない資本コストによる資本市場の便益と報告企業の便益，および情報利用者のより的確な投資意思決定による便益とを比較しなければならない。

一般的会計諸原則体系における原則のほかに，概念フレームワークにはさらに別の会計原則が含まれている。**補完的会計諸原則**とよばれる，次のような諸原則である。

■ 継続企業の基礎的前提
■ 限定原則および計上原則
■ 評価原則
■ 資本維持原則
■ 明瞭性原則および要覧性原則
■ 個別評価原則
■ 決算日原則
■ 相殺原則

継続企業（going concern）の基礎的前提は，IFRS によるすべての決算書作成企業が，基本的にその事業活動を予測可能な将来にわたって継続するものと仮定する。この基礎的前提から離脱できるのは，経営者が企業の解散を決定するか，企業の解散が避けられない場合だけである。

限定原則および計上原則（CF. 4.2-4.53）は，資産と負債を限定し，具体的な

計上基準を確定する。**評価原則**（CF. 4.54-4.56）には，個々の基準が立ち帰る資産および負債の様々な価値尺度が掲げられている。

　加えて，概念フレームワークでは，2つの資本維持概念が論じられている。概念フレームワークでは，貨幣経済的資本維持概念と給付経済的資本維持概念に分けている。**貨幣経済的資本維持概念**によれば，利益は，貨幣的給付能力，すなわち流動性が高まったとき，実現したとみなされる。それに対して，**給付経済的資本維持概念**によれば，利益は，生産資本が実体的に増大したとき実現したとみなされる。資本維持概念の選択は，基準で定めるべき評価尺度に影響を及ぼす。例えば，給付経済的概念では，貸借対照表項目は再調達原価で評価されなければならない。しかし IASB は，いずれの概念も定めていないので，IFRS では，様々な資産や負債に関して，各種の評価尺度が並立する。

　明瞭性原則および要覧性原則からは，（HGB）第243条2項で成文化された明瞭性原則および要覧性原則と同様の，決算書情報への要求を導き出すことができる。具体的に，IAS 第1号 49-53 の規定は，明瞭性原則の1つとみなされる。すなわち，そこでは，IFRS 決算書はそれ自体として明らかに識別可能でなければならないとされている。IFRS 決算書に属さない構成要素は限定されている（例えば，環境報告書や付加価値計算書）。なお，決算書の構成要素は，企業名，決算日，"個別決算書"および"連結決算書"並びに表示通貨と明確さ（完成度）をもって明示しなければならない。IFRS では，個別評価原則も決算日原則も明定されていない。しかし，定義がつねに単独で行われているので，例えば資産および負債の限定・計上基準によって**個別評価原則**を推論することが可能である。**決算日原則**を導き出す基準として，決算日後に発生した事象の会計処理を扱った IAS 第10号がある（後発事象）。IFRS による決算日原則はドイツ商法会計と同じである。IAS 第1号 32 の**相殺原則**によれば，資産と負債および費用と収益の相殺は，基準もしくは解釈が相殺を明示しているか，それを許容する場合を除いて，認められない。

　図表3-4は，IASB の会計原則システムを示したものである。

図表 3-4　IASB の会計原則システム

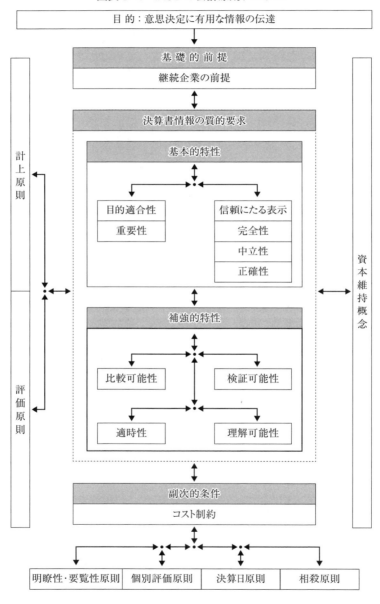

5.3 IFRSによる決算書作成企業の場合の資本維持

　概念フレームワークは，CF. OB2 で，IFRS 決算書の目的は投資者等に対して，企業の経済状態に関する意思決定に有用な情報を提供することにあるとしている。年度決算書利用者間の利害調整を通じて，資本維持と会計報告責任とのバランスを図る商法年度決算書とは異なり，IFRS 決算書によって，もっぱら（名目）資本維持目的でも利害調整目的でもなく，投資者等に対する情報提供目的が優先的に果たされる。

　IFRS 決算書の目的とは別に，概念フレームワークでは CF. 4.57-4.65 において，**2 つの資本維持概念**，すなわち貨幣経済的資本維持と給付経済的資本維持がもっぱら論じられている。貨幣経済的資本維持の場合，名目資本が維持されることになるが，給付経済的資本維持の主な関心は，例えば，一日当たりの製品の生産量に応じた，生産能力を持続することにある。しかし，概念フレームワークにおける資本維持概念についての説明から，IASB が資本維持目的を，IFRS 決算書にとって不可欠の前提としていると解してはならない。

　むしろ，資本維持概念は，**表示すべき利益額の，理論的基礎となる例示的概念**にすぎない。とりわけ，IASB は，両概念のどちらかを選択するのではなく，様々な IFRS において，2 つの資本維持概念を択一的に基礎とすることを示している。それと同時に，IASB は，資本維持概念によって，単に諸基準における資産と負債の正規の評価のための根拠を提供したにすぎない。IFRS では，名目資本維持概念が優先されていないため，HGB による商人的慎重原則は IFRS 決算書では重要ではなく，中立性の要求に席をゆずっている。したがって，IFRS 決算書を開示するドイツ企業の場合，将来，名目資本維持が保証されるかどうかの問いにはノーと答えるしかない。

　（名目）資本維持の年度決算書目的は，ドイツ会計法および会社法では，IAS 適用命令によっても意義を失わない。というのは，ドイツの立法者は，個別決算書に対する IFRS 適用に関する加盟国選択権を行使し，IFRS 個別決算書をもっぱら情報目的のためにだけ公示することを認め，ドイツ企業の配当計算や課税利益の算定のためには，今後も HGB 個別決算書を作成すべきとしたから

である。

　もちろん，長期的には，個別決算書も完全に IFRS 会計に移行させる解決策を見出せるかどうかは，くり返し議論されることになろう。その場合，企業の名目資本維持が，別のやり方で保証されうるかが問題である。名目資本維持のための配当計算については，企業が配当後も債権者に対して義務を果たせることを配当前に証明するため，IFRS 決算書の作成に加えて，あらかじめ支払能力テストを予定すべきかどうかを今後，議論しなければならない。支払能力テストの可能な形の提案としては，例えば，将来キャッシュ・フローをもとに資金計画を立て，その資金計画に基づいて，配当を予定してもなお，事業活動を継続するに足る十分な流動性が企業に残されているかどうかをチェックすることが考えられる。このような支払能力テストは，企業の将来キャッシュ・フローに拠っているので，実際に名目資本維持の手段として有効かどうかは，はなはだ心もとない。IFRS 決算書は，配当禁止をあらかじめ考慮することや，あらゆる資産の再評価から生じる価値増加額を，減資のためにのみ取崩しができる準備金として積み立てることを企業に義務づけることで，名目資本維持を果たすことができるかもしれない。

　ドイツの立法者は，2009 年の会計法現代化法（BilMoG）で，免責される IFRS 個別決算書は当面，考慮の対象とはせず，今後とも HGB 個別決算書だけを配当および課税所得算定の基礎とすることを明確にした。したがって，すべてのドイツ企業に義務づける会計規準として，IFRS を受け入れることは，中期的には見込めないので，2009 年 7 月 9 日に IASB が公表した，非資本市場指向企業のための簡便化された会計規準（中小企業版 IFRS）も，ドイツ企業にとっては差し当たり問題とならない。

第4章
貸借対照表における資産・負債の計上規準

1. 概　　要

　貸借対照表では，第242条1項に従い，決算書作成義務ある商人の**資産**と**負債**が対照表示される。貸借対照表の内容は，第247条1項において詳細に具体化され，それによれば，次の項目が貸借対照表に掲げられる。
- ■ 固定資産
- ■ 流動資産
- ■ 自己資本
- ■ 負債
- ■ 計算区分項目

　本章では，会計的意味で資産と負債という場合，何が理解されるべきか，そして，その資産と負債はどのような前提のもとで計上されるべきかについて論じる。

2. 借方の計上規準

2.1　借方計上原則
2.1.1　概　　要
　貸借対照表の借方では，第247条に従い，企業の資産並びに借方計算区分項

目が記載される。借方計上原則は，何が**資産**とみなされなければならないか，したがって貸借対照表において借方側に計上され得る，ないしは計上されなければならないかに関する基準を原則的に確定する。借方計上原則の基準に加えて，借方計上能力ある資産の借方計上を禁止する，もしくは非-資産の借方計上を許容する，ないしはそれらを要求する別段の法規定も部分的に考慮しなければならないため，GoBに基づく**抽象的借方計上能力**と法規定を遵守する——GoBから離反するが——**具体的借方計上能力**とが区分される。抽象的借方計上能力が借方計上原則によって規定されるのに対して，具体的借方計上能力は，場合によっては借方計上原則から離反する具体的な商法上の借方計上規定により決定される。抽象的借方計上能力と具体的借方計上能力のこうした区分は，法律に別段の定めがない限り，貸借対照表にはすべての資産（および負債）を含めなければならないとする第246条1項1文の文言においても明確である。

借方計上原則の法的定義というものは存在しない。借方計上原則は成文化されていないGoBであり，したがって，年度決算書目的を考慮し，それ以外のGoBおよび会計規定から決定される。借方計上原則はGoBとして，商事貸借対照表にも基準性原則（所得税法第5条1項1文）に基づき税務貸借対照表にも適用される。しかし，税法は"資産"の概念ではなく"(正の)経済財"に言及する。税法は抽象的借方計上原則に対して独自の規準をもたず，所得税法第5条1項1文を通じ商法上のGoB，つまり，借方計上原則を指示することから，しばしば主張される意見によれば，"資産"と"経済財"の概念は一致している。

借方計上原則には法的定義が存在しないため，その具体化のために様々なアプローチが判決と文献において展開されている。ここではまず，次の2つの基本的に異なる借方計上概念の区別を確認しておく。

- 一方は，今日広範な意見のなかで，資産の指標としての**独立した利用可能性**をみる商法上の文献が展開している具体化アプローチ（以下，"静態的に特徴づけられた借方計上概念"とよぶ）
- 他方は，独立した**評価能力**および**会計上の把握可能性**の指標を指示し，

図表4-1 静態的および動態的借方計上概念に基づく抽象的借方計上能力（借方計上原則）の要素

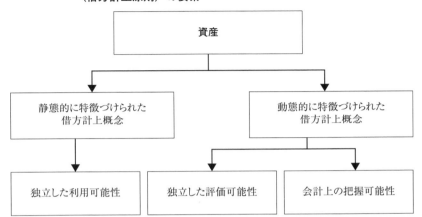

特に財政判決が展開する具体化アプローチ（以下，"動態的に特徴づけられた借方計上概念"とよぶ）

これら2つの借方計上概念は図表4-1で対置されている。

2.1.2 静態的に特徴づけられた借方計上概念

静態的に特徴づけられた借方計上概念はドイツの商法会計法にとっての基礎であり，それゆえ，商法上の借方計上概念としてみなされている。その概念は，第241a条と併せた第242条4項の免責規定を利用しない商人が，第242条1項に従い毎年，"自身の資産および負債の状態を説明する決算書"の作成義務を考慮する場合の起点である。SIMONの静的貸借対照表論においてすでに，貸借対照表は資産と負債の対照表とされている。静的貸借対照表観によれば，資産はそれが企業の債務の補償に貢献することをもって特徴づけられる。第242条1項1文の文言は資産の属性としての**債務補償能力**を指向している。それゆえ，資産は債務の補償のための経済的に利用可能な潜在力を示しており，静態的に指向されたこうした資産の指標は，特に債権者保護に用いられる。

静態的に特徴づけられた借方計上概念は，思考的には，上述した債務補償能力への考慮と結びついているため，それは資産に対する必要な指標として，当

該財が第三者に対して貨幣に"転換"され，それにより債務の補償（弁済）に利用されることが要請される。文献では，その点をより具体化する多くの提案が展開されているが，それらのうち，特に重要なものとして次のものが挙げられる。

- ■ **具体的個別売却可能性**：この見解によれば，財は権利の移転においてのみ移譲され，したがって独立して売却可能であるときに抽象的借方計上能力をもつ。この見解によれば，法的もしくは契約上の売却禁止に基づき売却可能でない財は資産とならないことになる。
- ■ **抽象的個別売却可能性**：この見解の擁護者は，抽象的借方計上能力の前提について，"売却の抽象的可能性が存在する"，—別の表現をすれば—財はその性質上，売却可能である場合にその前提が充たされるとみている。具体的個別売却可能性とは異なり，抽象的借方計上能力の問題に対する法的もしくは契約上の売却制限はあまり意味がないものとみなされている。
- ■ **独立した利用可能性**：独立した利用可能性の基準に従えば，資産は財が何らかの方法で企業の外部で第三者に対して"利用"され，それによって貨幣に転換されるときに存在する。その場合，利用とは，売却，有償の利用移転並びに条件づけられた放棄と理解される。条件づけられた放棄は，ある権利の保有者自身が，一定の条件のもとで第三者に対して譲り渡す権利を放棄するとき存在する。実務上，該当するのは営業免許の場合のそうした利用の形態である。
- ■ **個別執行可能性**：広義の見解によれば，抽象的借方計上能力の指標として，財に対して個別執行の過程（担保）で入手され得ることが考えられている。

文献上しばしば支持される見解によれば，"**具体的個別売却可能性**"および"**個別執行可能性**"の基準に従うと，貸借対照表において借方計上されなければならない，また一部，第266条の項目分類様式のなかに明確に挿入されているような一定の財は，資産とならないことになる。第266条2項に基づく項目分類様式によれば，無形資産ないし認許，営業上の保護権およびそうした諸権

利および諸価値に対する類似の権利および価値並びにライセンスが借方計上されなければならない。しかし，上述の財のうちいくつかは，上の2つの借方上基準がその他の法規定に合致しない限り，具体的個別売却可能性と個別執行可能性を有さない。

そうした個別売却が可能でない無形財には，例えば次のものがある。
■ 民法典第1059条1文に従い移譲されてはならない用益権
■ 著作権法第29条に従い売却してはならない著作権
■ 一定の営業上の免許

また，個別執行可能でない無形財には例えば，次のものがある。
■ 第266条2項 A.I.1 および2が挙げる類似の価値
■ 著作権法第113条に従い，著作権者の同意なしに失効し得ない著作権

上述の権利に対する貸借対照表計上を具体的個別売却可能性もしくは個別執行可能性の基準と結びつけるならば，第266条2項 A.I.1 および2において，この基準により借方計上してはならない資産としての要素が組み入れられることになる。その結果，"具体的個別売却可能性" および "個別執行可能性" は借方計上基準として狭すぎるものになっている。

これに対して，"**抽象的個別売却可能性**" および "**独立した利用可能性**" の基準は，個別売却可能でない財にもあてはまる。"抽象的個別売却可能性" および "独立した利用可能性" は—概念上の相違にもかかわらず—ほぼ同一の結果をもたらし，文献においては部分的に等置される。にもかかわらず，財がいつ抽象的（すなわち，事物の本性によるが具体的ではない）に売却可能なのかが明確にはほとんど決定されることがないために，"独立した利用可能性" の指標が組み入れられなければならない。それに対して，独立した利用可能性の基準によって，売却可能性は決定的なものではなく，**経済的に利用可能な潜在能力**の存在に対し企業の債務の補償がもたらされることが明らかになる。このことは，事物，権利もしくはその他の財がそうしたものとして売却可能であるという事実ではなく，事物，権利もしくはその他の財が保証される**経済的利点**が第三者に対して利用され得ることを意味している。

独立した利用可能性の基準は，文献において，財が売却，利用権の譲渡によって，もしくは条件づけられた放棄によって貨幣に転換され得るときに充たされると考えられている。たしかに，財は経済的に利用可能な潜在能力と結合するが，しかし，(例えば，ソフトウェア契約の場合) 契約から売却も利用移転も排除され，また，譲渡に際して条件づけられた放棄を通じてそれが可能でない場合も考えられる。したがって，財が任意でなく強制執行を通じて利用され得るときにも，独立した利用可能性の基準が充たされることは重要である。

以上を要約すると，静態的に特徴づけられた（商法上の）借方計上概念に従えば，**抽象的借方計上能力**は**独立した利用可能性**の指標を通じて規定されることが確認される。それは，次の場合によって，財が貨幣に転換され得るときに示される。

- ■ 売却によって
- ■ 利用権の譲渡を通じて
- ■ 条件づけられた放棄を通じて
- ■ 強制執行のために

2.1.3 動態的に特徴づけられた借方計上概念

動態的に特徴づけられた借方計上概念は，ドイツ税務会計法にとっての基礎であり，したがって，税法上の借方計上概念としてもみなされる。それは，静態的に特徴づけられた（商法上の）借方計上概念とは対極で，財が貨幣に転換するか否かの考察を指向せず，経営に伴う移譲可能性を要求する。全体経営を売却する場合，経営内に保有された物件，権利および経済的利点のほとんどすべてが獲得者に移譲されるため，それ以外の決定指標が必要となる。連邦財政裁判所が判決理由書で引き合いに出した指標は，必ずしも統一的ではない。例えば，物件と権利だけが借方計上可能でなく，"経営に対する具体的状態，具体的可能性およびすべての経済的利点"もまた，一般的見解によれば，商人に対しその獲得に費用負担が生じる限り，それらは独立して評価可能であり，複数の経済年度に対し効用をもたらすため計上可能である。後者のこの2つの条件は，外部の第三者がその財を全体経営の購入価格決定に際して考慮する場合

に充たされる。

　Moxter は，財政判決から導出される基準を体系化し，それを"**独立した評価可能性**"と"**会計上の把握可能性**"の指標に集約した。独立した評価可能性の必要性は，個別評価原則（第 252 条 1 項 3 号）から生じ，財が総財産のなかで一体のものとして評価可能であることを意味している。有償の経済的利点は入口時点でつねに，またその後の時点も少なくとも見積りの過程で評価されるため，第二の指標，すなわち動態的に特徴づけられた借方計上原則のなかで特別の意味をもつ会計上の把握可能性が生ずる。把握可能性の基準については，帝国財政裁判所の見解（1931 年 10 月 21 日の判決）によれば，借方側の場合，「全体経営の売却の際，いわば**把握可能**である，すなわち，一体として重要であるか，もしくは経営にとってたしかに将来利益をもたらすとはいえ，しかし，企業全体ののれんの増加としてのみ現象するとは一般的に考えられない」財が問題となる。したがって，会計上の把握可能性に対する条件は全体経営の売却の場合，一体として重要になること，および資産利点が一般に考えられていないことにある。把握可能な財はその限りで個別に観察可能で，例えば，営業価値またはのれんの構成部分とはならない。

　物的財の場合，会計上の把握可能性は一体としてその対象が重視されるため，つねに容認されなければならない。特に，無形財の貸借対照表能力の判断にとって，借方側における会計上の把握可能性の原則が意義をもつ。無形財が権利として具体化する限りは，通常，物的財と同様，潜在的な企業獲得者が全体経営を販売するにあたってその無形財を購入価格推定の際に考慮するため，そのことが明らかとなる。広告キャンペーンもしくは PR 活動の場合のように，全体経営の売却にあたって一体性に重きがあるのではなく，営業価値またはのれんの構成部分が重視されるならば，把握可能性は存在しない。

2.1.4　静態的および動態的に特徴づけられた借方計上概念の比較

　静態的に特徴づけられた（商法上の）借方計上概念と比較して，動態的に特徴づけられた（税法上の）借方計上概念の方がより多くの財を把握する。独立して利用可能な財はつまり，絶えず評価可能かつ会計上把握可能であり，他方

で，評価可能で会計上把握可能な財については独立して利用可能である必要はない。両者の借方計上概念の違いは特に，評価可能でかつ会計上把握可能である，すなわち財政裁判所によって抽象的に借方計上能力あるとみなされるが，独立して利用可能でない財にみられる。例えば，次のものがある。

- ■ **競合禁止**：有償取得した競合禁止は，独立して評価可能である。競合禁止はさらに，企業の売却に際して，通常，一体として重要であり，したがって会計上，把握可能である。しかし，競合禁止は，経営全体が同時に売却されなければ，独立して利用可能ではない。したがって，有償取得の競合禁止は静態的に特徴づけられた借方計上概念に従えば資産とはみなされない。

- ■ **派生的な営業価値またはのれん**：派生的営業価値またはのれんは，収益価値と実体価値との間の残余金額として間接的に評価可能であり，その結果，連邦財政裁判所の判決に従えば，独立した評価可能性の条件は充たされている。通常，派生的に獲得した営業価値またはのれんは会計上も把握可能である。しかし，競合禁止と同様に，営業価値またはのれんは，経営全体もしくは少なくともそのうちの本質的部分が売却されることがなければ独立して利用可能ではない。

ここで支持される見解に従えば，動態的に特徴づけられた借方計上概念は，—商法上の会計目的設定からみても—，抽象的借方計上能力が債務補償に対する能力を前提とすることを十分に考慮していない。財が全体経営と一緒に売却される可能性は，その財によって継続する企業の債務を補償することを保証しない。

したがって，結果としては，商法上の年度決算書における抽象的借方計上能力の前提として，独立した利用可能性が要請されなければならない。借方計上原則は**抽象的借方計上能力**を確定する。財が**独立した利用可能性**の基準を充たすとき，それは GoB の意味での資産であり，抽象的借方計上能力をもつ。

2.2 法律上の借方計上規定
2.2.1 抽象的借方計上能力と具体的借方計上能力との関係

個別の法規定は，借方計上原則を通じて記載される抽象的借方計上可能性を補完する。借方計上禁止は，一定の抽象的な借方計上能力ある資産に対して借方計上が行われないことを確定する一方，借方計上選択権は決算書作成企業に対して抽象的な借方計上能力ある資産の計上を放棄させることを可能にする。さらに，抽象的な借方計上能力に従えば，資産ではない一定の価値に対して，借方計上が規定されるかもしくは借方計上選択権が認められる。**抽象的借方計上能力**と**具体的借方計上能力**との関係は，図表4-2において概略されている。

図表4-2 抽象的借方計上能力と具体的借方計上能力との関係

```
=抽象的借方計上能力⇒借方計上原則に基づく資産(A+B)

=法規定に基づく具体的借方計上能力(B+C)

A=資産および借方計上禁止
B=資産および借方計上義務ないし選択権
C=非-資産，しかし借方計上義務ないし選択権
```

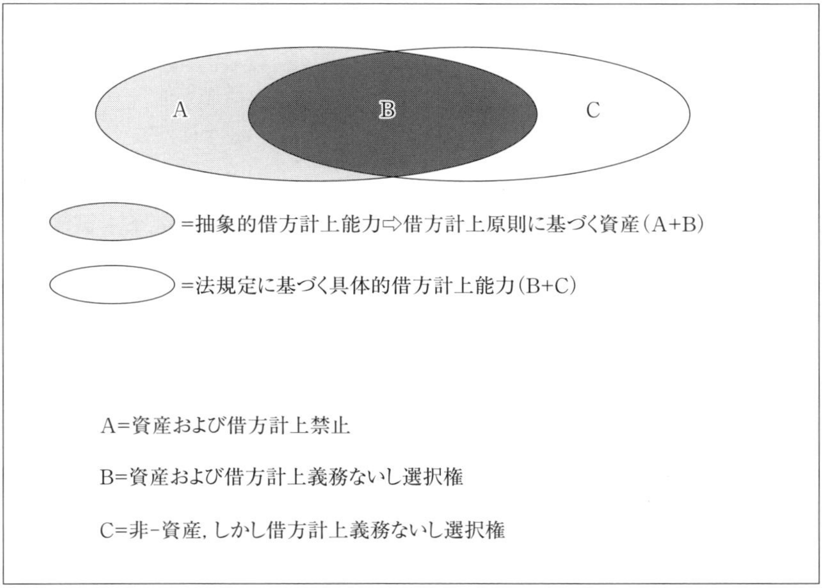

2.2.2 借方計上禁止

借方計上原則（抽象的借方計上能力）は一定の財の計上を許容（借方計上選択権）もしくは禁じる（借方計上禁止）具体的な法規定を通じて補完される。法律上の借方計上禁止規定は，第248条1項および2項2文に成文化されている。

第248条1項に従い，次の費用は借方計上してはならない。
- ■ **企業の設立**に対する費用
- ■ **自己資本調達**のための費用
- ■ **保険契約締結**のための費用

この場合，第248条1項1号および2号は，企業設立のための費用および自己資本調達のための費用が独立して利用可能ではなく，したがって，抽象的借方計上能力ある資産の集団から除かれているため，明確化のための規準とみなさなければならない。保険契約締結のための費用に対する借方計上禁止（第248条3号）は，保険会社に対してのみ適用される保険監督法（VAG）が1994年の保険会計指令法によってHGBに組み込まれ，それ以降，すべての商人に対して適用されている。借方計上禁止は，契約手数料，保険契約の改訂に対する費用，提供保険契約のための広告等，すべての直接的および間接的な保険契約の締結に伴い発生する費用に適用される。商法上の無価値物が保険契約の締結費用金額をもって借方計上される規定は回避されなければならない。しかし，保険契約の締結に対する費用の場合，抽象的借方計上能力ある資産が具体的借方計上能力を有するのかは問題ではない。むしろ，第248条1項3号は経過的計算区分項目として計上することを求めている。保険契約のための締結支出の場合，期間区分原則に従い，決算年度以降に帰属する費用が問題となる。

自己創設の商標，書名，版権，顧客リストおよびそれに類する無形固定資産は，多くの場合，独立して利用可能であり，したがって，資産として抽象的借方計上能力があるとはいえ，第248条2項2文は貸借対照表における計上を禁じる具体的借方計上禁止を定めている。この法律上の計上禁止は，そうした無形資産の製作に帰属する費用が，当該企業全体における発展にとって必要である費用と明確に区分できないことに起因する。企業全体の発展に対する費用は，通常，借方計上能力のない本源的営業価値またはのれんに帰属する。自己創設の商標，書名，版権，顧客リストおよびそれに類する無形固定資産もしくは本源的営業価値またはのれんに対する費用の恣意的帰属を防止し，そして，会計政策的余地を与えないため，第248条2項2文においては，いわゆる無形

固定資産に対して具体的な借方計上禁止が定められている。

　第248条2項2文の文言によれば，そこで定めている借方計上禁止は"**自己創設**"の無形固定資産にのみ関連する。そのことは，有償の無形資産並びに贈与もしくは利用譲渡を通じて決算書作成者の資産に組み入れられる無形資産が借方計上禁止に該当しないことを意味している。

　有償取得は，第三者の資産から決算書作成者である企業の資産のなかに支出もしくは等価支出（交換しくは現物出資）が無形固定財の移転に対する反対給付として提供されるときに存在する。しかし，有償取得は，固定財の調達との関連でただ（企業内の）費用が発生するだけでは存在しない。有償性は何よりもまず，対象となる財が第三者に便益をもたらすことを意味する。したがって，取得とは無形財に対する利用権が第三者から決算書作成者たる企業に対して，購入価格の支払いに基づいて移譲されるときに生ずる。

2.2.3　借方計上選択権

　いくつかの事例で，立法者は一定の財が借方計上されることを認めており，借方計上してもよいという，いわゆる借方計上選択権を定めている。借方計上義務の規準を伴わず計上される資産に，また借方計上選択権を伴わずに貸借対照表に計上されてはならない非-資産についても借方計上選択権が与えられる。

　借方計上選択権が存在する資産ないし財には次のものがある。

■ 自己創設の無形固定資産（第248条2項1文）

■ 社債発行差金（第250条3項），および

■ 繰延税金資産（第274条1項2文）

　第248条2項1文に従い，**自己創設の無形固定資産**については，借方計上選択権が存在する。それによって，無形資産の計上は，相応の財が資産の前提——それゆえ，抽象的借方計上能力——を充たし，また，第246条1項1文の完全性原則により把握されるとしても，それが必要であるということではない。第248条2項1文の完全性命令の制限は，無形財が具現性を欠き，そして利用期間が必ずしも明確に予測可能でないことから，無形財に客観的価値を付与することがかなり困難だとする立法資料によって根拠づけられている。自己創設の

無形固定資産は，決算書作成企業が，無形財が GoB の意味での資産の要件を充たしていることを十分に記録している場合にのみ，借方計上が認められる。立法者は，自己創設の無形固定資産が副次的役割しかもたない企業に対して，借方計上選択権を与えることによって，記録する義務を軽減しようとした。

もう1つの借方計上選択権は**社債発行差金**に該当する。社債発行差金は，負債の返済額が発行価額を上回るときに存在する。結果として生ずる差額（社債発行差金）は貸借対照表の借方に計算区分項目として計上することができる。この選択権が行使されなければ，社債の発行時点で当該差額は損益計算書において費用として認識されなければならない。

第274条1項2文は資本会社と有限責任の人的商事会社に**繰延税金資産**の計上を認めている。繰延税金資産は，資産，負債および計算区分項目の商法上の計上価額と税務貸借対照表における計上価額との間に相違があり，当該の差額が将来の営業年度に取崩されると見込まれ，そのことにより税負担を減少させる場合，常に存在する。商事貸借対照表と税務貸借対照表における計上価額の差は，例えば，商事貸借対照表における自己創設の無形資産の借方計上によって発生する。税務貸借対照表における無形経済財の計上は，無形財が有償取得される場合にのみ許容されるにすぎない（所得税法第5条2項）。繰延税金資産は独立して利用可能ではなく，したがって，GoB の意味での資産ではない。むしろ，繰延税金資産の場合，固有の特別項目が問題となっている。

2.2.4　非-資産に対する借方計上命令

借方の借方計上能力を判断する際に，借方計上原則（抽象的借方計上能力）と並んで，抽象的借方計上能力のない財，したがって非-資産の計上を要請する（具体的借方計上能力）法規定も考慮しなければならない。

HGB は，抽象的借方計上能力の意味での資産ではないが，借方計上しなければならない2つの項目を掲げている。

■ 有償取得の営業価値またはのれん（第246条1項4文）
■ 借方計算区分項目（第250条1項）

営業価値またはのれんは，企業もしくは企業持分の購入価格と企業もしくは

第4章　貸借対照表における資産・負債の計上規準　　*103*

企業持分の純資産時価との間のプラスの差額分として生じる。純資産時価は，抽象的もしくは具体的借方計上能力あるすべての財の総額から抽象的もしくは具体的貸方計上能力ある負債の総額を差引くことによって算定される。その結果，正の営業価値またはのれんは，企業の**貸借対照表計上能力のないすべての価値**を表している。それには，例えば，常連客，企業の世評，認知度，顧客関係および従業員の質が挙げられる。営業価値またはのれんは，全体企業に関わりなく利用され得ないため，GoB の意味での資産ではない。したがって，それは抽象的借方計上能力もない。

　上述の貸借対照表計上能力のない剰余価値が企業によって自己創設されるなら，それは**派生的営業価値またはのれん**と解される。それらには，貸借対照表計上能力がない。企業取得の場合にのみ，本来，貸借対照表計上能力のないこうした剰余価値は，第 246 条 1 項 4 文に従い，派生的営業価値またはのれんとして借方計上義務となる。第 246 条 1 項 4 文に従えば，派生的営業価値またはのれんは"時間的に限定された利用可能な資産"と"みなされる"。したがって，派生的営業価値またはのれんは，それが独立した利用可能性の基準を充たすことなく，資産に対して法律上，擬制することにより説明されている。"**擬制の資産**"として派生的営業価値またはのれんは第 246 条 1 項 1 文の完全性原則を通じて把握され，したがって，借方計上能力を有し，借方計上義務となる。

　借方計算区分項目は，決算日以降の一定期間に対する費用を導く，決算日以前の支出に対して設定されなければならない。そうした支出は資産ではないが，特有の貸借対照表項目であり，経過的計算区分項目としてみなされる。これについては，第 250 条 1 項 1 文に従い借方計上義務が存在する。

2.3　資産の主観的帰属

　借方計上能力の問題とは別に，資産が会計法上，だれに帰属するのかが明らかにされなければならない。この場合，会計目的での一定の人格に対する資産の帰属が単に民法上の帰属ではなく，対象物の"**経済的所有者**"がだれなのかが指向される。経済的所有は，商人がそれを自己利用することができるような

対象物，また法的所有のようにその損失を自己負担することが前提である。当該商人は，法的所有者から所有の部分権利もしくは獲得権利を委譲されているため，経済的に考慮すると，法的所有に関わりなく広範囲にその資産を意のままに利用できる。物財に対する所有，危険，利用および負担が利用者に存在するならば，その利用者は通常，資産の経済的所有者である。経済的所有の帰属基準は，第246条1項2文において成文化されている。それによれば，会計上の帰属はたしかに，原則的には法的所有を指向する。もちろん，法的所有と経済的所有が一致しない場合には，法的所有者の側でなく，経済的所有者側の借方への計上が行われる。経済的所有と法的所有は，例えば，次のような事例で，様々な取引のなかで存在する。

- 委託取引
- 信託関係
- ファクタリング関係
- リース関係
- 年金取引
- 他人の土地での構築物
- 無権限の専有

経済的所有の基準と**独立した利用可能性**の基準との**関係**は，財の経済的所有者が当該財を第三者から独立して利用する状態にあることで特徴づけられる。それにより，経済的所有の基準は独立した利用可能性の基準と直接結びついている。

3. 貸方の計上規準

3.1 貸方計上原則

3.1.1 概　　要

第247条1項に従い，貸方側には自己資本，負債および貸方計算区分項目が表示される。立法者はそれゆえ，上位概念たる**負債**に属さない自己資本もしく

は貸方計算区分項目を含めすべての貸方項目を包括している。

　貸借対照表の貸方側における負債の計上については，負債概念に対する法定義が存在しないため，借方計上原則と同様，いわゆる**貸方計上原則**が具体化される。定義原則としての貸方計上原則は，負債の存在が何に基づいて決定されるのかを確定する。それは一部，暗示的に，引当金に対する商法上の計上規定（第249条１項）から生ずる。借方側と同様に，貸方計上原則によって，GoBに基づく貸方計上能力が決定される。これに対して，具体的貸方計上能力という場合には，商法上の貸方計上規定において確認され，また場合によっては貸方計上原則から離反する貸方計上に対する法的前提として理解される。

　具体的貸方計上能力は，抽象的貸方計上能力ある負債が，別段の具体的な商法規定に基づき計上されなければならないのか，つまり強制されるのか否かによって，ないし抽象的貸方計上能力のない事態，すなわち非-負債が別段の具体的な法律上の貸方計上規定によって貸方計上されなければならないか，あるいは許容されるか否かによって区分される。

　GoBに基づく**抽象的貸方計上能力**については，次の基準が適用されなければならない。

- ■ 決算書作成者たる企業の**義務**が第三者側に対し存在しなければならない
- ■ 決算書作成者たる企業に**経済的負担**が伴う
- ■ **数量化可能**である

　事態がこうした３つの基準を充たしているならば，抽象的貸方計上能力があり，貸方計上原則に基づき貸借対照表計上が行われなければならない。こうした３つの基準は広範に認められている。

　抽象的貸方計上能力に対する基準は図表4-3に体系化されている。

　債務もしくは引当金としての**負債**の計上は，義務が確実なのかもしくは不確実なのか，および／もしくは義務が生じる経済的負担が正確に数量化可能かもしくは帯域幅のなかで数量化可能なのかに左右される。確実性ないし不確実性はそれゆえ，義務の存在にも金額にも関連する。義務の存在並びに金額が確実であるのなら**債務**が存在する。しかし，義務の存在および／もしくは金額が不

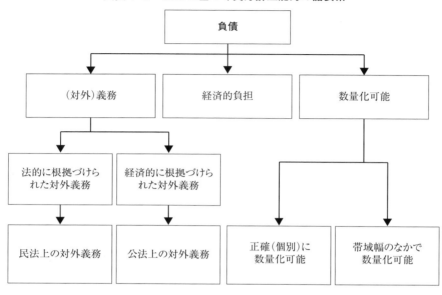

図表4-3　GoBに基づく貸方計上能力の諸要素

確実（予見可能）ならば，その義務は**引当金**として貸方計上される。

3.1.2　義 務 の 基 準

給付をもたらす義務は，決算書作成者たる企業が法的もしくは事実上の根拠から給付支出を回避できない，もしくは，給付を提供することの強制が存在し，そこから生じる給付強制が十分具体的であることから生ずる。義務は貨幣給付にも，実物給付もしくは用益給付にも関係する。貸方計上能力を問う場合は，対外義務と内的義務とが区分されなければならない。

対外義務の場合，問題となるのは，企業が法的もしくは経済的理由から避けることのできない**第三者に対する義務**である。対外義務は民法上も公法上も根拠づけられるか，もしくは経済的に強制される。**民法上の義務**は，民法典第241条に基づき，個人が他者に対して義務を負うときに生じる。これには，例えば，双務義務のある契約が当てはまり，その契約の場合，決算書作成者が給付義務を負う。企業による給付の提供に対する**公法上の義務**は，公法上の規定

から生ずる。典型的な事例としては，一定の事実構成要件の履行に依存する貨幣給付，物財給付，もしくは用益給付である。そこで，当該会社が法人税の納付義務ある所得を獲得し，その利益獲得の事実要件を充足する場合，法人税の支払いに対する資本会社の義務が生ずる。

　義務は無条件に法的に根拠づけられるわけでない。決算書作成者側の給付の履行に対する**経済的強制**がすでに十分備わっているなら，第三者に対する義務は発生しうる。経済的義務は経営経済的，社会的もしくは道徳的な必要性に基づいている。そうした経済的義務の一例は，給付が法的な保証給付義務に基づき行われない場合の，企業が保証する欠陥製品に対する任意保証である。経済的義務は，企業が任意保証なしに多大な経済的不利益を負う場合に生ずる。

　これに対して，**内的義務**は第三者に対する義務が存在しないという特徴がある。決算書作成者の義務が自身に対して存在する状況がそれである。それは，決算書作成者が企業活動の継続に対して，その義務を履行しなければ，大きな困難が生ずると多かれ少なかれ考えていることを意味している。内的義務は，―法的基礎を伴わない対外義務と同様に―経済的強制から生じている。内的義務はたしかに―対外義務とは対照的に―会計上の負債を根拠づけるものでなく，したがって，抽象的貸方計上能力もまた備わっていない。

　義務の基準は，法的もしくは事実上の義務の原則的な存在と並んで，給付の強制が十分に具体化されていることを前提とする。このことは給付の強制が最低限度の蓋然性を伴うことを意味している。したがって，企業が給付を免れないという単なる可能性では不十分である。むしろ，給付の強制を"深刻に考え"なければならないはずである。それゆえ，例えば，過去，一度も失敗を犯していない技術装置の製造者が，保証給付引当金を設定する際に，供給したすべての装置が保証期間内に欠陥が生じることを前提とするときは，むしろ義務基準に合致しないであろう。当該製造者は発生する保証給付をたしかに免れることはできないが，このケースでは，義務はほとんど発生することはない。

　他方，給付強制は確実でなければならないために，最低限必要な蓋然性が確保されているかどうかという問題がある。一般的に言えば，義務の発生は予見

可能でなければならない。連邦財政裁判所の見解によれば，義務の存在は義務の引受けを否定するよりもそれ以上の根拠が示されるときには予見可能である。商法上の年度決算書に対して意義のあるこの**予見可能性**の基準を具体化することは，貸借対照表に表示されるべき債務保証関係について，その義務の発生の根拠より，それに反する根拠が多いとき，その債務保証関係と負債とを区別する際に重要である。例えば，損害賠償訴訟の場合，訴訟に負ける蓋然性が逆の蓋然性よりも大きい場合，企業に対して貸方計上原則の意味での義務が存在する。

予見可能性は同時に，売却された事業を今後継続させるとき，思いがけずその事業を売却する際の義務は，個別のものとして重要であり，一般的には消滅しないことを意味している。それによって，義務は負の営業価値またはのれんの増加としてだけではなく，正の営業価値またはのれんの減少として発現することもありうる。

3.1.3 経済的負担の基準

貸方計上原則の意味での経済的負担とは，企業に対する**義務**を通じて**将来の総財産の減少**が生ずることを前提としている。経済的負担は，第三者に対してすでに生じた給付に基づき，決算書作成者側にも貨幣給付，実物給付もしくは用益給付の形態で反対給付をもたらさなければならないか，もしくは第三者に対する給付義務が決算書作成者側に対し第三者への反対給付を伴わず，存在するときに生ずる。

義務と同様に，経済的負担もまた，十分に具体的すなわち予見可能でなければならない。経済的負担に対する予見可能性は，義務の消滅ないし発生が確実であるが，しかし同時に，企業が存在する義務から実際に請求されるか否かがなお不確定であるとき，つねに重要な役割を果たす。例えば，保証が第三者の債務の履行を請け負う第三者の債権者に対して義務づけられるという保証契約の場合，明らかに貸方計上原則の意味での契約上の義務が存在する。決算書作成者は保証契約の締結に際して通常，保証契約からの請求と比較して，請求されない根拠の方がより大きいことが前提となる。この例示の場合，既存の法的

義務から生じる経済的負担の蓋然性がないため貸方計上はできない。

3.1.4 数量化可能性の基準

貸借対照表基準日に義務が金額において明確，個別に確認できるか，あるいは**帯域幅の枠内**で示され得る，したがって，金額はたしかに不確定だが予見可能なとき，負債は**数量化可能**である。債務の場合，経済的負担は履行額を通じて基本的に正確に数量化可能であるが，引当金の場合には，負担の数量化可能性は帯域幅の枠内においてのみ可能となる。その意味で，数量化可能性の基準は引当金の場合，特に重要である。

古い意味での**慎重原則**に従えば，一定の帯域幅がある場合，負債に対する可能な価値額のうち最大価値で計上されるべきとなる。慎重原則の新しい定義に従えば，統計的もしくはその他の客観的方法で算定される平均値でつねに計上されなければならない。同時に，慎重性の構成要素として，帯域幅引当金が最高価値と帯域価値との間の差額の金額で設定されなければならない。

3.2 法律上の貸方計上規定

3.2.1 抽象的貸方計上能力と具体的貸方計上能力との関係

貸方計上原則と並んで，一定の事態（会計法の意味で負債とならない事態もまた）を把握する一連の法規定が存在する。この法律上の貸方計上規定は貸方計上原則を補完ないし具体化する。この法規定の遵守が**具体的貸方計上能力**につながることになる。

図表4-4は，抽象的貸方計上能力と具体的貸方計上能力との関係を示している。

3.2.2 具体的貸方計上規定

貸借対照表の貸方側では，第247条1項に従い負債，自己資本および貸方計算区分項目が独立して記載される。対外義務が問題となる限り，債務も不確定債務引当金も（商事）会計法上の負債の存在に対する基準を充たしている。したがって，それらは貸方計上原則に従い抽象的貸方計上能力をもち，それにより，この抽象的貸方計上能力が負債の計上に対する法的禁止もしくは選択権に

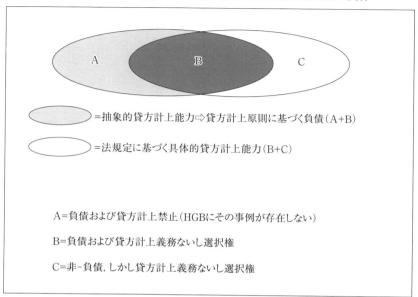

図表 4-4　抽象的貸方計上能力と具体的貸方計上能力との関係

反しない限り，通常，貸方計上義務をもつ。

　従業員に対する**直接年金確約**は明らかに貸方計上原則の基準を充たしている。第249条1項1文に従い，不確定債務に対する引当金が計上されなければならない。この**計上義務**は，HGB施行法第28条1項1文に従い，1986年12月31日以前に与えられた年金確約に限定される。その他の年金確約（いわゆる旧確約）にとっては，これに対して法的に**貸方計上選択権**がある。旧確約にも新確約にも貸方計上原則に従い存在する抽象的貸方計上能力，したがって年金引当金の原則的な貸方計上義務は，法規定ないしいわゆる旧確約を通じて具体的貸方計上選択権となる。**間接的年金義務**については，老齢扶助を委託される扶助金庫の基金が年金義務を履行する上で十分ではなく，したがって加入義務に対する保証不足が存在するとみなされるときにのみ引当金を設定することができる。この場合，貸方計上原則の意味での負債が存在し，HGB施行法第28条1項2文に従い，貸方計上選択権となる。

第4章　貸借対照表における資産・負債の計上規準　　*111*

　借方側と同様に，貸方側にも貸方計上原則の基準を充たさないか，または不十分である一定の項目について，貸方計上が求められる。ここで重要なものとして次のものがある。
- 自己資本（第247条1項）
- 翌3ヶ月以内ないし翌営業年度において埋め合わされる，未実施の維持補修ないし未実施の排石物除去に対する引当金（第249条1項2文1号）
- 貸方計算区分項目（第250条2項）
- 繰延税金負債（第274条1項1文）

　自己資本は，借方総額と貸方計算区分項目および貸方潜在的租税を控除した貸方総額との差額である。

　費用性引当金は対外義務が存在しないことに基づき会計法上の負債の基準を充たしておらず，したがって抽象的貸方計上能力をもたない。この原則から離反して，**未実施の維持補修に対する引当金**は，3ヶ月以内に埋め合わせられるときに限り，そして**未実施の排石物除去に対する引当金**については翌年度に埋め合わされる場合に限って，貸方計上されなければならない（第249条1項2文1号）。この狭義に限定された費用性引当金は，それが抽象的貸方計上能力をもたない場合であっても，貸方計上義務がある。

　貸方経過的計算区分項目は第250条2項に従い，具体的貸方計上義務があり，それがHGBの意味での負債でなくとも貸方計上されなければならない。

　第274条1項1文に従い，**繰延税金負債**は，資本会社と有限責任の人的商事会社の貸借対照表において計上されなければならない。繰延税金負債は資産，負債および計算区分項目の商法上の計上価額と税務貸借対照表での相応する額との間に差額があり，当該の差額が将来の営業年度に取崩されると見込まれ，そのことにより将来の税負担を増加させる場合，常に存在する。繰延税金負債はそれが引当金の基準を充たさない限り，固有の性格をもつ特別項目として位置づけられる。

　第249条2項によれば，1項に該当しない事態に対して引当金を貸方計上できない。例えば，それに関しては，将来の利子費用，将来の賃貸借費用，研究

開発のための将来費用，広告宣伝もしくは将来の維持補修のための費用に対する会計上の"備え"が挙げられる。上述の費用はもっぱら内的義務が問題となっており，GoBの意味での負債概念に含まれないため，将来の費用の貸方計上は貸方計上原則には合致しない。したがって，第249条2項1文は貸方計上原則に当てはまらない事態—第249条2項2文1号の費用性引当金，貸方経過的計算区分項目および貸方潜在的租税—を除いて，商法上の**貸方計上禁止**が存在することを明示している。

4. 税務貸借対照表に対する商法上の計上規定の意義

所得税法第5条1項1文に従い，基準性原則を通じて，商法上のGoBは税務貸借対照表に対して，つまり税務上の利益算定にも適用される。したがって，貸借対照表において借方計上原則ないし貸方計上原則に基づき計上される資産と負債は，税務貸借対照表においてもまた，税務規定が要請するかもしくは別の会計処理が認められるとしても，受け入れられなければならない。

税法は資産の概念ではなく，その代わりに"**(正) の経済財**"概念を認識する。両概念はしばしば発せられる意見によれば一致する。実際，貸方計上原則は，財政判決および税法文献の多くによって，商法文献と比べてより広く認識されている。たしかに，一定の自己創設の無形財とのみ関係する無形固定資産に対する商法上の借方計上禁止（第248条2項2文）は，税法上はより広く把握される。所得税法第5条2項に従えば，固定資産たる無形経済財はそれが有償取得であるときには税務貸借対照表に計上することが認められている。

しかし，資産の基準を充たさないような借方項目については，商法上の借方計上命令に基づき借方計上が行われなければならない。**借方経過的計算区分項目**（第250条1項）は，税務貸借対照表上も計上義務である（所得税法第5条1項5号）。資産属性を確かに充たしていないが，第246条1項4文に従い資産と同様に扱われ，それにより商法上，計上義務がある**派生的営業価値またはのれん**についても同様に適用される。税法上，派生的営業価値またはのれんは，

財政判決が擁護する動態的に特徴づけられた借方計上概念によって，財が経営全体にかかわりなく販売可能か否かに依存するため，抽象的計上能力がある。税務上，派生的営業価値またはのれんは，正の経済財である。派生的営業価値またはのれんは有償取得に基づき，それらが所得税法第5条2項の税務上の計上禁止に含まれず，したがって，具体的借方計上能力があり，貸方計上義務となる。費用とみなされる関税および消費税並びに前納の売上税は，所得税法第5条5項2文に従い，税務貸借対照表において計上義務となる。商法上，この項目は抽象的借方計上能力がなく，商事貸借対照表で計上することができない。

　商法上，計上選択権があり，税務上はなんら規定の存在しない借方項目は，1969年2月3日の連邦財政裁判所大法廷の判決によれば，税法上，借方計上義務となる。それによれば，商事貸借対照表において借方計上が認められる**社債発行差金**（第250条3項）は上述の連邦財政裁判所決定に従い，税法上は借方計上義務がある。

　自己創設の無形固定資産（第248条2項1文）および**繰延税金資産**（第274条1項2文）はたしかに，商法上は借方計上選択権があるが，上述の連邦財政裁判所判決から離反して，税務貸借対照表における計上は妨げられている。自己創設の固定資産たる無形経済財は所得税法第5条2項に従い，税務上の借方計上禁止があり，繰延税金資産の場合は，商事貸借対照表と税務貸借対照表との相違から生じる商法上の特別項目が対象であり，商法上の意味をもつに過ぎない。

　借方側で，商事貸借対照表において，借方計上しなければならない**債務および引当金**に対しては，税務上，借方計上命令（いわゆる負の経済財）がある。**年金引当金**（所得税法第6a条），**保護権の侵害に対する引当金**（所得税法第5条3項），**永年勤続手当引当金**（所得税法第5条4項）は，所得税法において，明確な貸方計上要件が成文化されている。**租税引当金**は，引当金の貸方計上によって税務上の利益が減少するため，税務貸借対照表において，事業用地税もしくは消費税のように，当該税が経営支出として控除可能であるときのみ設定することが可能である。**偶発損失引当金**については，所得税法第5条4項が明確

な税務上の貸方計上禁止を定めている。そこでは，立法者によって1977年以降の営業年度につき，明らかに基準性原則は効力を失っている。

商法上，貸方計上が認められる引当金は，基準性原則に対する連邦財政裁判所判決に従えば，税務貸借対照表において，原則的に計上されてはならない。例外は，明確な税法規定が存在する**旧確約**（HGB施行法第28条1項1文）からの年金債務の貸方計上選択権である。所得税法第6a条の前提が存在し，そこでは税務上もまた貸方計上選択権が存在する。**間接的年金債務**に対する引当金には商法上貸方計上選択権が存在する（HGB施行法第28条1項2文）が，税務上の設定は認められない。

貸方経過的計算区分項目（第250条2項）は，税務貸借対照表においてもまた，貸方計上義務である（所得税法第5条1項2号）。

以上の項目のほか，商事貸借対照表においては，借方項目とその他の貸方項目との計算上の差額として自己資本が計上されなければならない（第247条1項）。税務上の自己資本は税務貸借対照表に計上される正の経済財と負の経済財の差額として生じるので，基準性原則は基本的に適用されない。

5. IFRSによる計上原則と計上規定

5.1 計 上 概 念

IFRSによる計上概念は，概念フレームワークにおける一般規定を通じて規定される。そこでは，**二段階の概念**のなかで，どのような貸借対照表項目が計上されるべきかが決定される。**第一段階**では，事態が貸借対照表項目の定義基準を充たしているか否かが判断される。貸借対照表項目には資産（assets）および負債（liabilities）並びに資産総額と負債総額との差額として自己資本（equity）が含まれる。**第二段階**においては，貸借対照表項目の一般的定義基準を充たす事態が貸借対照表に計上されるか否か，具体的計上基準を決定する。最初に，貸借対照表項目の定義基準が，第二に貸借対照表項目の計上基準が充たされる事態のみが貸借対照表に計上される。個々のIFRSには個別の資

産ないし負債の計上に対する固有の規定は含められていないが，そこでは概念フレームワークの一般的計上概念が前提になっていることを考慮しなければならない。優越的な個別規定は，状況によって概念フレームワークの規準と矛盾する。IFRSの規準体系はそれゆえ，総じて資産および負債の計上に対して完結した概念を示していない。

5.2 貸借対照表項目に対する定義基準

IFRSに基づく二段階の計上概念のうち第一段階において，何よりもまず，当該事態が資産もしくは負債の定義基準を充たしているか否かが判断される。概念フレームワークに従う**資産**は次のようである。

■ 企業の利用権のなかで過去の事象から生ずる資源

■ 企業に将来の経済的便益をもたらすことが予想される資源

資産を根拠づける**資源**は，その資源から企業に将来経済便益をもたらし，企業がその資源の利用権を所有する限り，有形の性質だけではなく，無形の性質も有する。企業が資産の**利用権**を所有するか否かを判断する場合，かつての独立した原則である"形式より実質"も含む信頼にたる表示（faithful representation）の基本原則に従い，経済的観察法による解釈が行われなければならない。その場合，法的所有は資産の経済的帰属の1つの指標に過ぎない。むしろ，決定的なのは，企業自身がその利用を通じて資産からの便益を引出すことができるか，その利用を他から排除できるかにある。資産はさらに，**過去の取引事象**もしくはその他の過去事象でなければならない。通常，資産は生産後に販売される財の購入もしくは生産を通じて生じる。しかし，例えば，土地の評価から発覚する場合，不動産の取得，建造物の構築が国から要請される場合のように，さらに別の事象が資産をもたらすことがある。そのため資産が見積られるとしても，資源を獲得する計画だけでは十分ではない。それよりむしろ，資源が過去の事象に基づき企業にすでに引渡されなければならない。

資産の**将来経済便益**は，支払手段もしくは支払手段等価物の直接的もしくは間接的な将来の流入である。資産に内在する将来経済便益は様々な種類が考え

られる。例えば，便益が存在できるのは，当該対象物が別の製品もしくは用益給付に対する生産要素として投入されるか，もしくはその他の資産と交換される場合である。さらに，将来経済便益は債務が弁済されるか，もしくは所有者に対して給付が生み出されることでも存在する。**将来便益に対する指標**は，支出と結びつく意思決定が経済的には，調達から将来便益が生ずるときにのみ行われるため，企業によって行われた支出である。支出と資産の発生との間の緊密な関係が存在するとはいえ，支出が将来便益を強制的に導くことはない。したがって，支出は資産の発生にとっての決定的証明ではない。支出のないことを除外しなくとも，事象は定義基準を充たすことは可能である。例えば，企業に贈与される対象物もまた資産である。

IFRS に基づく資産の概念は，こうした具体化された用益潜在力を明らかに指向している。資産の定義の場合，—資産に対する商法上の定義と比較して—債務補償能力は有効ではない。したがって，独立した利用可能性の範囲はIFRS においては，—ドイツ商法の場合と異なり—広くなっている。商法上の理解によれば，計算区分項目は資産とみなされず，もっぱら計上命令もしくは計上選択権に基づき計上されなければならないか，もしくは認められるのに対して，IFRS に従えば，計算区分項目は，概念フレームワークに従い資産（assets）として数量化可能であるときにのみ，借方計上可能であり借方計上義務がある。さらに，IFRS の資産の定義は繰延税金資産および派生的営業価値またはのれんも包含する。

概念フレームワークに従う**負債**は次のようである。
- 過去の事象に基づいて生じる現在における企業の義務
- その義務の履行に際して予想される経済便益と結びつく，企業からの資源の流出

基礎となる**現在の義務**は，負債の**本質的指標**である。義務というのは一定の方法で措置されるかもしくは給付をもたらす責務もしくは責任である。その場合，義務は拘束的な契約もしくは法規定の結果であるが，同時にそれ以外の営業活動からも生じる。負債の場合もまた，現在の義務と将来の義務とが区別さ

れなければならない。義務の場合もまた，予測説明だけでは負債の定義基準を充たす上で十分でない。例えば，企業の経営者が信用授受を決定するだけでは十分でない。現実の信用授受がなされてはじめて，定義基準を充たした負債となる。義務の一部は**見積りの助け**を得てのみ算定することができる。負債の定義を充たしているなら，それは負債が存在することにほかならない。負債に対する定義基準は債務についても引当金についても適用される。

現在の義務は通常，その履行に際して，企業に**経済便益と結合**する**資源**を引渡すことにつながる。現在の義務は流動資金の支払い，他の資産の移譲，用益給付の提供，当該義務のその他もしくは義務の自己資本への振替えを通じて履行される。

IFRS に基づく負債の概念はまた，ドイツ商法に基づく負債の定義を充たしていない。例えば，貸方計算区分項目は IFRS の意味での負債の定義基準を充たしているが，商法会計法に基づけば充たしていない。

5.3 貸借対照表項目に対する計上基準

資産もしくは負債として要請される定義基準を充たすような項目は，第二段階において，それらが IFRS に基づく貸借対照表項目に対する一般的計上基準が充たされるか否かがテストされる。資産もしくは負債としての数量化はしたがって，貸借対照表項目に対する十分条件でないにしても，必要条件である。

計上基準は，資産もしくは負債の定義基準を充たす事態が貸借対照表に計上されるか否かを決定する。定義基準を充たす資産もしくは負債については貸借対照表計上義務が存在し，適用される計上方法および評価方法の附属説明書での記載ないし説明を通じて報告されることはない。次の場合に，IFRS 決算書における計上が行われなければならない。

(a) **当該項目と結合する経済便益**が企業に流入するか，もしくは企業から流出することに蓋然性があるとき
(b) 取得／製造原価ないし**当該項目の価値が信頼性**をもって**算定**されるとき
経済便益の流入ないし流出の蓋然性は，決算書作成時点までに確定しな

ければならない。概念フレームワークは蓋然性の程度について数値的に記述していない。概念フレームワークの基準によれば，原則として，将来便益の流入もしくは流出の発生確率として，50％を超えるものと考えられている。

　第二の計上基準として，概念フレームワークは資産もしくは負債に対して信頼性をもって算定される**取得／製造原価もしくはその他の価値**が付されることを要請している。しばしば，評価は見積りを介して行われる。合理的な見積りの適用は，年度決算書を作成する場合の重要な構成要素であり，決算書の信頼性と矛盾するものではない。定義基準を充たすものの十分に正確な見積りが可能ではない個別項目の場合，当該項目は貸借対照表に計上されてはならない。

　資産および負債に対して具体的に重要な現行の規定は次のようである。
- ■ **資産**は，将来の経済便益が企業に対して蓋然的に流入するとき，および取得／製造原価もしくは別の価値が算定され得るときに，貸借対照表に計上されなければならない。
- ■ **負債**は，利用資源が企業から蓋然的に流出するとき，および付帯する履行額が算定され得るときに，貸借対照表に計上されなければならない。

　個別のIFRSは，さらに，部分的に個別事例に関連する借方計上基準ないし貸方計上基準を定めている。それらは若干の事例において，もっぱら明瞭化に用いられるが，しかし，その他の事例において，例えば，開発費の事後的借方計上禁止を規定するIAS第38号の場合のように，一般的計上基準の制限をももたらす。概念フレームワークの計上基準を補完する特別な計上基準は，例えば，次のような貸借対照表項目について存在する。
- ■ 自己創設の無形資産（IAS第38号）
- ■ 金融商品（IAS第39号）
- ■ 引当金（IAS第37号）
- ■ 繰延税金資産（IAS第12号）
- ■ 繰延税金負債（IAS第12号）

第5章
貸借対照表における資産・負債の評価規準

1. 一般的評価規準の概要

　決算書作成者は，資産ないし負債が貸借対照表に計上されなければならないか，もしくは計上され得るのか（計上）を決定した後に，最終的に，借方計上される資産ないし貸方計上される負債に対して価値を付すこと（評価）を行わなければならない。したがって，評価の場合，貸借対照表に計上される**資産**と**負債**にはそれぞれ貨幣金額が帰属する。資産および負債の評価は年度決算書に関するHGB第2節第3款（第252条～第256a条）において"評価規定"の見出しのもとに広範囲に規定されているが，いずれの評価も商法決算書作成者の主観的判断と見積りを伴うという特徴がある。それは特に，経済事象が多様であり将来動向も不確定なために，評価規定は必要に応じて推定余地を許容しているからである。

　商法上の評価は**2つの段階**を含んでいる。その2つの評価区分は，すべての商人に対して資産と負債の評価に関する中心規定を設けた第253条に定められている。

　第一評価段階は資産および負債の流入の場合に必要であり，入口時点での評価（当初評価）だけでなく，その第一評価段階で確認される限り，その後の貸借対照表基準日での評価（継続評価）にも適用される。

　■ 第253条1項1文に従えば，流入したすべての**資産**はその第一回目の貸

借対照表計上の場合，取得／製造原価をもって評価されなければならない。取得／製造原価をどのように決定すべきかは，第255条に規定される。時間的に限定された利用期間を伴う損耗性固定資産については，それに加えて第255条3項2文に従い減額記入計画が策定されなければならない。減額記入計画においては，本源的取得／製造原価が計画された利用期間，計画された利用状況および計画された残存帳簿価値と合致するように確定されなければならない。計画された減額記入は，当該資産の取得／製造原価に対する減額記入計画に基づき，仮定した利用期間ごとに計画的に配分することに用いられる。そのことから，計画的に継続した取得／製造原価が存在する。非損耗性固定資産および流動資産については，それらは損耗せず計画的に減額記入されないため，第一評価段階において確定された取得／製造原価が留保される。

■ **負債**が流入する場合，第一評価段階において，確実的ないし蓋然的な履行額が重要である。そのことは様々な種類の負債に対し，第253条1項2文のなかで詳細に具体化されている。当該規定に従えば，債務はその履行額で評価されなければならない。引当金は理性的な商人の判断のもとで必要とされる履行額の高さでのみ評価されなければならない。引当金の評価に際しては，残余期間が1年を上回ることが確認される限り，決算日時点で将来支出が割引かれることになる（第253条2項1文）。その際，どのような利子率が適用されるのかは，第253条2項が規定する。

評価の**第二段階**においては，各貸借対照表基準日に資産の取得／製造原価ないし計画的に継続した取得／製造原価並びに負債の履行額が相殺されうるのか否か，価値修正を必要とする計画外の状況が発生しているのか否かが検討されなければならない。計画外の状況に基づく価値修正とは，資産の場合，資産の取得／製造原価ないしは計画的に継続した取得／製造原価を下回るもしくは一致すること，負債の場合には，本来の履行額—例えば，賃貸借義務の場合の返還額—を上回らなければならないことを意味している。計画外の状況に基づく価値修正は資産の場合，計画外減額記入とよばれる。資産の場合の計画外減

額記入は不均等原則（第252条1項4号）を通じて具体化され，そこでは事由と期間に基づく限定原則に従い，基本的にその後の営業年度に帰属されるべき，すでに発生した損失の見越しが行われなければならない。

　HGBは，資産の価値が**計画外に減額記入**されうる（減額記入選択権）もしくは義務づけられる（減額記入義務）ことを導く，様々な計画外の状況を挙げている。

- ■ **固定資産**の場合，継続的な価値減少が見込まれるときには，第253条3項5文に従い，計画外減額記入が決算日時点でのより低い付すべき価値で行われなければならない（減額記入義務）。第253条3項6文に従い，金融資産の場合，計画外減額記入は継続的価値減少が見込まれないときにも許容される（減額記入選択権）。
- ■ **流動資産**は第253条4項に従い，流動資産を決算日時点で取引所価格もしくは市場価格から判明するより低い価値で計上するため，計画外減額記入されなければならない（1文）。取引所価格もしくは市場価格が算定できないときには，決算日時点でのより低い付すべき価値に減額記入されなければならない（2文）。

　計画外減額記入に基づくより低い計上価額は，それに対する根拠がもはや存在しないときには保持されてはならない。減額記入の根拠がなくなったときには，当該価値は（継続した）取得／製造原価にまで高められる（いわゆる**増額記入ないし価値引上げ**）。有償取得の営業価値またはのれんは例外であり，その場合，第253条5項2文に従い，より低い計上価額が留保される。

　第253条のなかに含まれる当初評価および継続評価に対する規定のほかに，さらに第254条，第256条および第256a条においてHGBは**一定の事態**が生ずるときにのみ該当する評価規定を含んでいる。

- ■ 第254条は**評価単位**の形成を規定する。評価単位の形成を通じて，年度決算書において，基礎取引とヘッジ取引（ヘッジ関係）との間の関係が，逆方向の価値変動と収支の流れが相対する価値変動もしくは収支の流れと相殺されない期間と範囲に関して明確にされる。この場合，不確定債

務および未決取引から発生するおそれのある損失に対する引当金（第249条1項），通貨換算（第256a条），個別評価原則（第252条1項3号），不均等原則（第252条1項4号）並びに実現原則（第253条1項4号）に対する規定は，個別取引それぞれに対してではなく評価単位に対してのみ適用しなければならない。

■ HGB第2節第3款における評価規定に関しては，一定の資産が—個別評価原則と離反して—経済性原則を考慮に入れた**評価簡便化**を許容する第256条も含まれる。

■ 第256a条に従い，**外貨建て**で取引される資産および負債は，継続評価に際して，決算日での相場と外国為替相場をもってユーロ建てで換算されなければならない。その場合，第253条1項4号に従う実現原則および不均等原則並びに第253条1項1文に従う取得原価主義が考慮されなければならない。ただし，残余の償還期間が長くとも1年以内のものについては，第256a条2項に従い，適用から除外される。

上述した商法上の評価規定は，原則的に税務貸借対照表にも妥当する。というのは，所得税法第5条1項1文によれば，法規定に基づき帳簿記入が義務づけられる事業者は，営業年度末に，GoBに従い表示されるべき事業用財産を計上しなければならないからである。このいわゆる**基準性原則**は，商事貸借対照表上の計上および評価が税務貸借対照表上の計上および評価に対して基準となることを定めている。所得税法第5条1項1文を介して，第252条1項の一般的評価原則もまた，税務貸借対照表に対して原則としての意義をもつ。商事貸借対照表がGoBに基づき，かつ具体的な商法規定を考慮して作成されるときには，商事貸借対照表は税務上の利益算定に対する基礎となる。

2. 資産の当初評価

2.1 取 得 原 価

資産は第253条1項1文に基づき計画的減額記入もしくは計画外減額記入を

図表 5-1　取得原価の算定

	取得価格
−	取得価格の減少
+	付随的取得原価
+	追加的取得原価
=	取得原価

除いて，最高で，その歴史的原価で評価されなければならない。当該規定は**取得／製造原価主義**に相当する。取得／製造原価主義は，実現原則の黙示的構成部分であり，購入在高は支払われた購入価格に基づき，また，生産在高は生産要素に対し支払われた取得価格に基づき評価されることを確定する。正の成果貢献たる"利益"は実現原則に従い，財の販売を通じた販売市場での流通が生じてはじめて考慮される。

　取得／製造原価の構成要素は第255条1～3項を通じて確定される。この規定は体系諸原則と年度損益に対する限定諸原則に結びつけて解釈されなければならない。その場合，特に重要なのは個別評価原則と収支計算原則である。それ以外に，事由および期間に基づく限定原則も考慮されなければならない。

　取得原価は第255条1項において次のように定義される。

　「取得原価とはそれらが資産に個別に帰属されうる限り，その資産を取得する，およびその資産を経営内で使用に耐えられる状態に配置するために供される費用である。取得原価には付随費用並びに追加的な取得原価も含まれる。取得価格の減少分は控除されなければならない。」

　したがって，取得原価の算定については図表5-1のように示される。

　取得原価を算定する上での基礎数値は，実際に，入口計算から比較的容易に算定できる**取得価格**である。取得価格の場合，売上税を差し引いた総価格が前提である。というのは，売上税は企業にとって継続的項目であり企業はそれを財政当局に事前納付として支払うことが可能だからである。外貨建ての取得価格の場合，換算相場の選択に際して，その経済的利用権が可能となる日付が基準となる（独立した利用可能性＝取得時点）。

複数の資産の獲得に際して，**総取得価格**のみが約定されるならば，個別評価原則に従い，総取得価格が取得された個別の資産に配分されなければならない。その場合，総取得価格は取得された資産の時価の比率に応じて配分されなければならない。例えば，建物を含む土地の購入に際して，取得価格のみが約定されるときには，取得者はなによりもまず土地と建物の時価を算定しなければならない。総取得価格を区分する必要性は，建物とは対照的に，その土地が計画的に減額記入されてはならない事実から生じる。建物を含む土地に対して支払われた総取得価格が建物の時価を加えた土地の時価から生じる総額を上回る，ないしは下回ったときには，その差額は時価の比率に応じて配分されなければならない。事業全体もしくは事業部門を購入する場合，部分的に約定された総取得価格が個々の資産の時価総額（流入した負債の時価を控除した）を上回る。この事例では，第246条1項に従い，時価総額を上回る金額は営業価値またはのれんとして借方計上されなければならない。これは期間的に限定された損耗性の資産と同様の扱いである。

　交換取引の場合，取得原価の算定には論争がある。税法上，経済財（資産）に含まれる売却利益と同様に課税される（所得税法第6条）秘密積立金が取崩されなければならず，つまり交換される財は引渡された財の時価をもって評価される（完全な利益実現）ことになる。商法上，秘密積立金の取崩しは強制されないが，交換が会計政策的理由だけで行われなければ，許容される。しかし，資産は，広く支持される見解によれば，商法上の年度決算書において，仮想的取得価格としての引渡された財の継続した取得／製造原価によってもまた，評価される（いわゆる帳簿価値の継続）。追加的な収益税の中和化のための秘密積立金の部分的取崩しは，商法上の年度決算書において許容される。獲得した財はたしかに，高くともその時価をもって評価することができる。こうした場合，第284条2項1号は資本会社と有限責任の人的商事会社について，それぞれ選択した方法を附属説明書において記載することを要求している。

　無償取得の資産（例えば，相続，贈与もしくは寄贈）に対する会計上の取扱いも同様に論争がある。この点に関する文献での見解は，借方計上義務から計上

選択権，計上禁止に至るまで多様である。借方計上する場合，保育資産の時価が価値上限である。

資産が**有償取得**の場合，決算書作成企業は収支計算原則に従い，取得に対して実質的に発生した金額のみが借方計上される。したがって，取得価格の減少は取得原価の算定にあたって，通常，取得価格から減じられる。取得価格が減少する際には，割引と出捐とが区分される。

付随的取得原価としては，それらを個別に当該資産に帰属計算できる限り，その資産を経営内に設置するために必要となる，取得と関連したすべての支出が挙げられる。

■ 取得に際しての支出には次のものがある。
　　―入荷運賃および関税
　　―手数料および仲買口銭
　　―運送費および輸送保険費
　　―保管料
　　―発送費用および荷上費用
　　―土地取得税
　　―購買対象品の鑑定費用
　　―公証人コスト，裁判コストおよび登記コスト

■ 利用可能な状態にするための支出としては，次のものがある。
　　―組立作業および基礎工事作業の費用
　　―安全性検査のための費用
　　―建物および装置の除去費用

付随的取得原価は，原則的に算入義務がある。その場合，第255条1項1文によれば，**個別に帰属可能な支出**が資産に関連づけられることを考慮しなければならない。税法上の規定（所得税通達6.2条）に対応した直接費に対する付随的取得原価のこうした限定はたしかに説得的ではない。例えば，組立作業が委託される場合，自前の作業者側による組立作業の間接費は取得原価に算入されてはならないが，下請企業側に生ずる間接費は決算書作成企業にとって借方計

上能力をもつ。それとともに、例えば、基礎工事作業の枠内での間接費が借方計上されるべきという製造原価に関する相違も存在する。

　付随的取得原価の決定については、**取得過程の期間**が重要である。というのは、その期間外に発生する費用は付随的取得原価に算入することができないからである。取得過程の開始として、当該対象物の取得に向けたすべての活動が関連づけられなければならない。資産の取得者に経済的利用権が与えられる、すなわち、取得者にとって独立して利用可能となるとき、取得過程が終了する。

　もちろん、こうした期間外に発生する費用は、一定の前提のもとで**追加的取得原価**として借方計上することも可能である。追加的取得原価の場合、すでに取得した資産に対する費用（支出）と本源的取得原価の追加的増額とが区分されなければならない。

- ■ **追加的費用**（支出）は、たしかに取得と事由的関連性はないが期間的関連性をもつ。それらは、むしろ取得過程の期間がすでに終了したときに生ずる。追加的費用はそれゆえ、それが取得時点で取得価格もしくは付随的取得価格の一部として含まれることを予想できることが特徴である。例えば、土地を取得する場合、取得後の年度にさらに開発のための分担金が生ずる場合がそれである。この種の—取得原価に帰属する—支出は原則的に借方計上能力のない維持支出とは厳格に区別されなければならない。
- ■ **購入価格の追加的増額**は、購入価格が一部、例えば資本参加の場合に一定の利益が落込むような、その後の事態に左右される場合、あるいは購入価格が裁判の経過によって後に調整される場合に行われる。

　他人資本調達の費用は原則的に取得原価には含まれない。他人資本利子が一定の条件のもとで製造原価に組み入れられることを許容する第255条3項の規定は、取得原価には適用されない。一部の文献では、他人資本利子の取得原価への組入れを一定の条件のもとで、すなわち、前払いもしくは仮払いとして、長期の建設期間を伴う財の取得の資金調達に信用が用いられる場合には許容、あるいはむしろ義務づけられるとされている。その場合、販売者の他人資本は

第5章 貸借対照表における資産・負債の評価規準

図表5-2 取得原価の構成要素

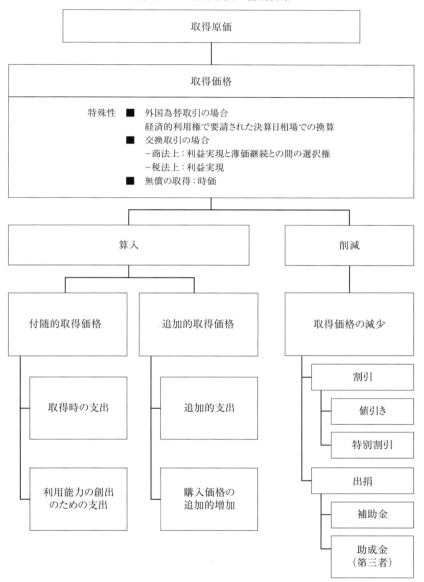

減少し，その結果，同時に販売価格に組み入れられた他人資本利子も減少することになる。他人資本利子が直接費の性格を示す限りは，こうした見解によれば，獲得者にとって提供される賦払金を通じて高められた他人資本利子が取得原価のなかに算入される可能性もしくは義務が生じることになる。しかし，資本調達と資本運用との間，つまり貸借対照表の借方と貸方との間に相関関係はないため，こうした見方には同意できない。したがって，他人資本利子は資産に個別に取得原価として算入することはできない。

図表5-2は，取得原価の構成要素を示したものである。

2.2 製 造 原 価
2.2.1 製造原価の概念

製造原価は評価の第一段階において，企業が貸借対照表基準日に保有し，自己製造するすべての資産に対する価値尺度である。それゆえ，製造原価は，対象物が他人関連的でなく自己創設である場合，取得原価に対する代替物でもある。HGBは第255条2項1文および2文で，**製造原価**を次のように定義している。

> 「製造原価は資産の製造のため，その資産の本来の状況を上回らせるため，財の消費および役務の使用を通じて生ずる費用である。それには材料費，製造費および特別製造費並びに間接材料費，製造間接費，固定資産の価値損耗分のうちそれらが製造を通じて生じたその相当部分が属する。」

"製造原価は費用である"（第255条2項1文）という文章は，製造原価という商法上の概念が費用対応の原価に限定されることを明らかにしている。したがって，製造原価は，経営経済的原価概念と重要な点で異なっている。製作原価もしくは製品原価というような原価計算上の概念と異なり，会計上の製造原価には，原価計算上の自己資本利子，賃借費，企業家賃金もしくは，例えば，損耗性設備のより高い付随的取得価値と取得／製造原価との差額のような計算上の減額記入の非収支的部分，つまり原価計算上の原価費目の非-収支的部分は含まれない。

2.2.2 製造原価の範囲

商法上の製造原価の下限は，職能的に材料および製造領域に帰属し得る直接費と変動間接費との総額である。それによって，次の原価が算入されなければならない。

- 直接材料費：これは，原材料並びに自己創設および他者関連的な製造部品に対する（支出をもって）評価された消費を包含する。
- 製造直接費：これは，本質的には生産の枠内で発生する賃金および付随的賃金を含む。
- 特別製造直接費：この場合，"単位当たりではなく発注当たり"で個別に把握可能な支出が関係する。例えば，試作品，特別工作品，装置および設計に対する支出が特別製造直接費である。
- 間接材料費および製造間接費の相当分：これは，直接費に属さない材料費ないし製作費の部分である。
- 固定資産の価値損耗の相当分：この場合，第255条2項3文に応じて，同じく商法上の製造原価の下限となる義務的構成要素である商法上の計画的な減額記入が重要である。計画外の減額記入は，それが製造を通じて生じないため，製造原価に含めてはならない。さらに，製造原価におけるそうした減額記入の借方計上は，不均等原則の利益縮小効果も収益税負担の削減に対する税務上の特別減額記入にも矛盾するような減額記入の（部分的）混乱をもたらすことになる。

第255条2項3文においては，いくつかの費用について**算入選択権**が挙げられている。

「製造原価を算定する場合，一般管理費に対する相当の部分並びに企業の福利厚生施設，任意の福利厚生給付および経営老齢年金に対する相当の費用は，それらが製造の期間内に発生する限りにおいて，算入することができる。」

この関連で，**"相当の"**という形容詞は標準的尺度を上回る支出が製造原価に算入されてはならないことを意味している。営業外支出および異常な支出は製造原価概念から排除される。それによって，技術的能力と人的能力が標準的

に装備されている場合，例えば，生産に必要な無効費用が算入される支出の計算から除去されるために生じる支出のみが考慮されなければならない。例えば，季節的影響に応じるときのように生産の性質に応じて稼働が行われる場合，無効費用は過去の期間と比較して平均的負担が長期にわたり明らかに下回るときにのみ，解消される。

　一般管理費は，直接材料費もしくは製造間接費の部分でない，例えば，営業管理，購買，事業所協議会，人事課，報道，統計，教育および再教育並びに会計に対する費用である。決定的な区分基準は，企業の職能領域（資材および製造領域）への帰属性である。総じて，間接管理費の生産関連的部分は，企業の職能領域への帰属に基づいて通常，間接材料費ないし製造間接費となり，商法上の製造原価の下限の範囲で算入されることになる。

　次のような**福利厚生費用**は直接費に属する。

- ■ 例えば，社員食堂，体育施設，休暇保養所のような企業の福利厚生施設に対する費用
- ■ 例えば，クリスマス手当，永年勤続贈答品，住宅補助金のような任意の福利厚生給付に対する費用
- ■ 例えば，直接保険，年金金庫および扶助金庫への補助，年金引当金のような経営老齢年金に対する費用

製造原価に選択的に算入される福利厚生費に共通した指標は，それらが任意に計算されるということである。これに対して，例えば，契約上定められるクリスマス手当のように，労働契約もしくは労働協約上支払額が定められているならば，その支払額は製造直接費ないし製造間接費に算入されなければならない。

　上述のすべての間接費は，第255条2項3文に従い，それらが**製造の期間**に生ずるときに限り把握しなければならない。製造プロセスは，経営給付と物的関連をもつ費用がはじめて生ずるときに開始する。この場合，重要なのは将来の製造プロセスを通じて根拠づけられる準備活動である。製造プロセスが終了するのは，製造された対象物の販売時期にある，もしくは，それが販売されずに一定程度の便益を保有している時点である。製造過程の後に生ずるすべての

支出は，後述する追加的製造原価の基準を充たすときにのみ，製造原価に算入することができる。

第255条2項4文に従い，**販売費**は製造原価に算入してはならない（算入禁止）。販売費の算定はしばしば問題となる。例えば，管理領域が販売領域から組織上および空間上分離していないときには，相当する販売費が事情により見積りでしか算定できない。販売費に対する製造原価への算入禁止は**販売特別直接費**に対しても妥当する。この原価の場合，問題となるのは，その性格上は販売費であるが，個別の注文に帰属できない費用，例えば，一定の発注延期費用（提案書もしくはひな型の製作，旅費）である。たしかに，特別販売直接費は製造費と管理費とに区分することは難しい。例えば，一定の発注延期コストは同時に製造計画費であり，したがって，暖房施設に対する計画費のように，提案時に暖房施設が発注に組み込まれており，また提案に必要な暖房施設に対する計画作業が発注延期後の，具体的な計画策定時に利用される限りにおいて，算入義務のある特別製造間接費である。提案が発注に至らなかったとき，その場合は，提案書作成費は販売費に留まる。提案書作成費を販売費と製造間接費に正しく分割するためには，提案書作成費は何よりもまず，"提案書作成費"の特別勘定に帳簿記入され，発注が延期された際に，提案書作成費勘定から"特別製造間接費"への振替が必要であることが主張されている。発注延期のない提案書作成費は年度末に，販売費として費用作用的に帳簿記入される。

したがって，計画書策定費は次の場合，製造直接費として解釈しなければならない。

■ 発注延期のための費用が製造準備に使用され，かつ

■ 提案が発注につながる

発注に応じて生ずる**発注準備支出**，例えば，発注と結びつく計画のための支出はそれが発注獲得の局面においてまだ，直接，特別販売費とみなせないときには，製造費に帰属させなければならない。

販売費と同様，第255条2項4文に従い，**研究費**もまた製造原価に算入されてはならない。その場合，研究費と**開発費**との区分は必ずしも明確でない。開

発費は原則的には製造直接費もしくは製造間接費として製造原価に帰属するが，特に自己創設の無形資産の場合，重要である。区分の難しさから，立法者は研究および開発の概念を第255条2a項2および3文において定義している。それによれば，研究は，新たな学問的もしくは技術的知見に向けての一般的探究として性格づけられ，開発とは新たな財もしくは方法が開発される，ないしは既存の財もしくは方法が本質的に改善されることである。それゆえ，研究との違いは，開発が商品化できるもしくは企業内で具体的に利用可能である財の生成に絶えず関連づけられる点である。研究と開発を信頼に足る程度に相互に区分することができない場合，第255条2項4文に従い，相当の支出を自己創設の無形資産の製造原価に算入することはできない。

　第255条3項はすべての商人に対して，一定の**他人資本利子**が製造原価に算入され得ることを保証している。第255条3項は次のように定めている。

　「他人資本に対する利子は製造原価に含めない。資産の製造のための資金調達に利用される他人資本に対する利子は，それが製造の期間に帰属する限りにおいて，算入することができ，この場合，それは資産の製造原価とみなされる。」

　それゆえ，他人資本利子はそれが製造期間に帰属する限りにおいて製造原価に含められる。後者の条件はたしかに，資本源泉と資本利用とが結びつかないため，そのまま解釈することはできない。したがって，第255条3項の規定は，他人資本の調達と期間をまたぐ製造を行う企業が——例えば，資本構成に合致して——他人資本利子を製造原価に算入できるように解釈すべきである。他人資本利子が製造原価に算入されるときには，資本会社と有限責任の人的商事会社については，第284条2項2号に従い，そのことを附属説明書において説明しなければならない。

　製造原価の税法上の処理は，所得税準則6.3条および所得税法第6条1項1b号において広範囲に規定される。所得税法第6条1項1b号は第255条2項3文に基づく一般管理費並びに福利厚生費に対する商法上の算入選択権に従っている。それによって，商事貸借対照表と税務貸借対照表における評価の統一

図表 5-3 商法，税法の製造原価

製造原価の構成要素	商　　法		税　　法	
■ 直接材料費 ■ 製造直接費 ■ 特別製造直接費	算入義務	第 255 条 2 項 2 文	算入義務	HGB 第 255 条 1 項 2 文 と併せた所得税法 第 5 条 1 項 1 文
■ 間接材料費 ■ 製造間接費 ■ 減額記入額		第 255 条 2 項 2 文		所得税準則 6.3 条 1 項，2 項，4 項
製造期間に生ずる相応額 ■ 一般管理費 ■ 企業の福利厚生施設費 ■ 任意の福利厚生給付費 ■ 経営老齢年金費	算入選択権	第 255 条 2 項 3 文	算入選択権	所得税法 第 6 条 1 項 1b 号
■ 他人資本利子	算入選択権	第 255 条 3 項	算入選択権 ／義務(注)	所得税準則 6.3 条 5 項
■ 研究費 ■ 販売費	算入禁止	第 255 条 2 項 4 文	算入禁止	HGB 第 255 条 2 項 4 文 と併せた所得税法 第 5 条 1 項 1 文
■ 無効費用	算入禁止	第 255 条 2 項 2 文， 3 文	算入禁止	所得税準則 6.3 条 7 項

注）　商法上，他人資本利子が製造原価に算入されたとき，税法上，算入義務がある（基準性原則）。

性が確保されている。他人資本利子に対する算入選択権も所得税準則に従い税務貸借対照表に対して適用される。商法上の選択権要素—他人資本利子のような—が製造原価に組み入れられるのであれば，**基準性原則**に基づき税務貸借対照表においてもそれは行われなければならない。他人資本比率が高い長期請負工事の事例に対して，他人資本利子に対する借方計上選択権は商法上も，税法上も，準-貸借対照表補助項目である。

製造原価として，製造に対する支出だけでなく資産の拡張もしくは本質的な改善に対する支出も組み入れなければならない。ここではこうした支出を**追加的製造原価**とよぶ。追加的製造原価は借方計上禁止の純粋な維持補修措置に対

する費用と区別しなければならない。資産の拡張を通じて，現実に資産の利用能力は拡張される。借方計上義務ある資産の本質的改善とは，その資産が異なる費消可能性と利用を生み出すような変化がある場合である。維持もしくは利用期間の本質的延長に対してのみ行われた支出は現実には追加的製造原価でなく維持補修費に属する。損耗性の固定資産の場合，追加的製造原価が生ずるときには，それは追加的取得原価と同様に，残存利用期間毎に減額記入計画に応じて配分されなければならない。

図表5-3は，商法と税法における製造原価の構成要素を体系化したものである。

3. 資産の継続評価

3.1 概　要

商法上の決算書作成にあたって，資産に対して，資産の貸借対照表基準日における価値が継続した取得／製造原価よりも低下したときに限り，**入口時点に決定された取得／製造原価の修正**を行うことが定められている。計画的減額記入を通じた取得／製造原価の継続は，損耗性の固定資産に対して実施される。いわゆる低価規定（第253条3項および4項）において規定される価値修正は計画外の減額記入とみなされ，年度決算書目的である資本維持に役立てられる。低価規定の形での不均等原則の具体化を通じて，将来期間に対する負の成果貢献を回避し，決算期間にそれが負担されることになる。そのことは，現在の決算期間において，企業に対して減額記入の金額分，資本が減少しないため資本が引出されない結果をもたらすことになる。この減額記入額は翌期以降において損失の補填に必要とされるため，分配可能利益として処理することはできない。

第253条3項および4項の**低価規定**は，一方で固定資産，他方で流動資産を区別している。

第253条3項に従い，**固定資産**に持続的な価値減少が見込まれるとき，より低い付すべき価値で減額記入しなければならない（緩やかな低価規定）。そのため，一時的価値減少が見込まれる場合，固定資産に対して減額記入禁止が存在

する。これに対して，財務固定資産の場合，持続的な価値減少が見込まれない場合でも，計画外減額記入を行うことが認められる。第253条3項4文は，これに関して減額記入選択権を認めている。

第253条4項1文は，**流動資産**を決算日においてより低い取引価格もしくは市場価格へと減額記入すべきことを規定する。より低い取引価格もしくは市場価格が確認可能でなく，かつ取得／製造原価が決算日に当該資産に付与されるべき価値を上回ったときには，第253条4項2文に従い決算日に付すべきより低い価値まで減額記入しなければならない。

流動資産については，持続的な価値減少が見込まれるかどうかに関係なく，決算日でのより低い取引所価格もしくは市場価格ないしはより低い付すべき価値への減額記入が行われるため，**厳格な低価規定**が適用される。固定資産は価値減少が一時的な場合，損失の発生は不確実である。というのは，固定資産については長期的に事業経営に用いられ，資産の利用期間にわたって価値減少が一時的であると仮定されるからである。これに対して，流動資産の場合，資産が短期に売却され，その結果，負の成果貢献が減額記入を通じて先取りされなければならないことを考量しなければならない。

第253条5項1文は，第253条3項5文ないし6文もしくは4項に従うより低い計上価額について，それに対する根拠がもはや存在しないとき，維持することを認めていない（**増額記入命令**）。有償取得の営業価値またはのれんのより低い計上価額については，第253条5項2文に従い維持される。

図表5-4は，計画外減額記入の関係図を示している。

3.2 固定資産の計画外減額記入

第253条3項5文によれば，固定資産は，価値減少が見込まれるとき，決算日に付すべきより低い価値まで減額記入されなければならない。金融資産の場合，第253条3項6文に従い，持続的価値減少が見込まれなくても減額記入は可能である。

決算日でのより低い付すべき価値まで減額記入する場合，結果として，次の

図表 5-4　計画外減額記入

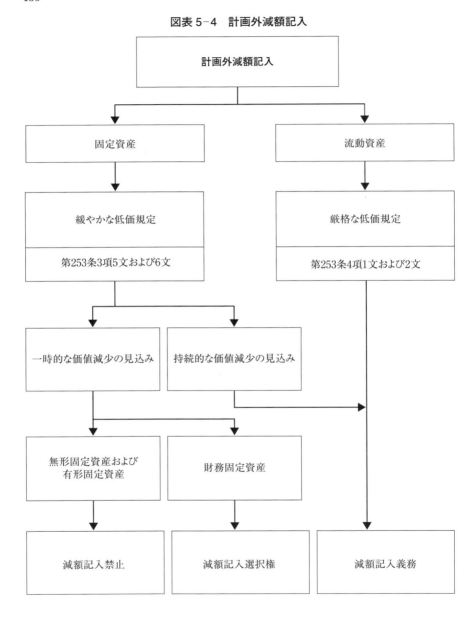

2つの**不確定法概念**が生ずる。

- ■ より低い付すべき価値それ自体
- ■ 見込まれる持続的価値減少

決算日に付すべきより低い価値という場合，立法者によって，何を理解すべきかについて詳細に具体化されていない。むしろ，この価値を規定目的に適うようにその都度，どう解釈するのか，妥協的な方法が示されている。第253条3項および4項に成文化されている低価規定は不均等原則の概念に基づいている。不均等原則の目的は，損失の見越しを通じて企業の名目資本維持を確保し，それにより債権者保護に貢献することにある。より低い付すべき価値として，次の3つの代替的価値が問題となる。

- ■ 収益価値
- ■ 個別売却価格
- ■ 再調達価値

収益価値（収入余剰の現在価値としての）はたしかに，収入余剰を獲得するため長期にわたって投入される固定資産の評価にとって，理論的には正確な概念である。しかし，収益価値概念は，販売取引の成果貢献が個々の設備対象に帰属することがめったにないために，実務において適用可能でない。その種の帰属が可能なのは，いくつかの金融投資，長期貸借もしくは賃貸借の設備の場合にすぎない。ただし，それらの場合，査定される収入余剰は相対の財務費用に対置されなければならないという問題が生ずる。収益価値概念は貸借対照表を作成する際，個別評価原則からみれば付すべき価値は有効ではなく，その適用もほとんど検証可能でないため，別の価値でもって具体化されなければならない。

原則的に，付すべき価値は**個別売却価格**としても解釈可能である。それに対して，次の考えが述べられる。計画外減額記入を基礎づける不均等原則は，将来の負の成果貢献の見越しを要求する。固定資産が売却可能でなく，企業においてさらに利用されるべきなら，低下した個別売却価値を通じて，負の貢献額は生じない。売却が計画されない限り，個別売却価格の下落は，結果的に企業の損益状態に対して重要とならない。したがって，個別売却価格もまた，固定

資産の付すべき価値を具体化する際，関連づけるべきでない。固定資産の売却が具体的に計画され，簿価を下回る獲得可能な個別売却価格が見込まれるときにはじめて，それが受容される。

再調達価値については，調達市場との関係が基準となる。その場合，再調達時価，継続した再調達更新価値もしくは再生産価値が問題となる。固定資産の評価の場合，下落した調達市場価値は，競争が決算書作成企業に対して機械設備をより遅くかつ有利に入手させることになり，そのことにより，より少ない減額記入を通じた原価利点が生じ，その利点が販売市場を促進させる。そのことによる原価利点は後続の期間において生産された製品の販売市場価格を鎮静化する。たしかに，そうした場合，正確な見積額を算定するのは困難であるが，設備対象物を引続き利用する場合，上述した理由から，そして慎重原則に従って，より低い調達市場価格までの減額記入が行われなければならない。その際に発生する"正確な見積額"との離反額は，貸借対照表作成の際の正しい方向に向けられており，かつ客観的価値が基礎に置かれるため許容される。

　第253条3項5文による減額記入義務は固定資産たる有形資産および無形資産の場合，**持続的な価値減少が見込まれる**ことが前提である。これに対して，金融投資の場合，第253条3項4文に従う計画外減額記入は持続的な価値減少ではない前提もまた可能である。問われるのはまさに，どのような前提のもとで，持続的価値減少が見込まれると想定されているのかである。

損耗性の固定資産の場合，残存利用期間のかなりの部分で，決算日価値（貸借対照表基準日での付すべき価値）が計画的減額記入の際に生ずる価値を下回るとき，予想される持続的な価値減少が認められる。それに対して，損耗性の固定資産の付すべき価値が簿価を上回ったときには，翌年度の価値減少が計画的価値減少を通じて相殺されてしまうため，計画外減額記入は必要でなくなる。非損耗性の固定資産の場合もまた，将来の付すべき価値が予定される持続的な価値減少が問題となるのか否かが問われなければならない。持続的な価値減少の場合，非損耗性の固定資産の際の持続的な価値減少は後続の期間において，計画的減額記入を通じて相殺されないため，絶えず計画外に減額記入される。

決算日での付すべき価値を算定することが困難なため，将来の付すべき価値を無制約で算定することは経済性原則に矛盾する。ここでの解決案としては，5年を超える期間にわたる予測値が信頼できるデータに基づくことができないことを前提とする。次の5年以内ないし5年より短期の残存利用期間内に連続した価値増加に対する具体的兆候が存在しないとき，**持続的な価値減少**を前提としなければならないだろう。

より低い付すべき価値は実際のところ，**税務上の部分価値**（所得税法第6条1項）に合致し，この価値に達するまでの商法上の減額記入は，原則的に税務貸借対照表についても妥当する。そのため，商法上の計画外減額記入は所得税法第6条1項1号2文および2号2文に基づく部分価値の減額記入に対する税法との一致がみられる。

3.3 流動資産の計画外減額記入

流動資産の場合，第253条4項1文に従い，より低い取引所価格もしくは市場価格まで減額記入が強制的に行われなければならない。取引所価格もしくは市場価格がないことが確認され，取得／製造原価が決算日に付すべき価値を上回ったときには，第253条4項2文に従い，価値減少が持続的なものなのか，あるいは単に一時的なものなのかに関わりなく，より低い付すべき価値まで減額記入されなければならない（厳格な低価規定）。

第253条4項は流動資産に対して，計画外の減額記入額を算定することができる**3つの価値尺度**を掲げている。

（1）取引所価格
（2）市場価格
（3）付すべき価値

固定資産の評価については，付すべき価値だけが関連づけられる。これに対して，**流動資産**の場合，上に示した順序のなかで取引所価格，市場価格，付すべき価値の評価が基礎づけられる。それは，何よりもまず，流動資産の評価の場合，それが取引所において取引されるのか否かを検討すべきことを意味して

いる。それが妥当しないときには，市場価格が算定されるべきか否かが検討されなければならない。それもまた確認されないときに，付すべき価値は尺度として考慮される。

HGB が取引所価格もしくは市場価格での減額記入をそのように規定せず，そうした価格から導出される価値での減額記入を規定していることを考慮しなければならない。例えば，製造品の減額記入に対して販売市場価格が関連づけられる場合，当該製造品の販売から生じる販売費，荷造費，輸送費が販売価格から控除されなければならない。その場合，貸借対照表における評価にとって適合する市場価格から導かれる価値が明らかとなる。

取引所価格という場合，公式に認められた取引所で確認される価格を意味する。当該の有価証券ないし商品がドイツの取引所で取引されないときには，国外取引所の取引所価格が考慮される。国外取引所の取引所価格の場合，第 256a 条 1 項に従い，決算日に外国為替相場（売り相場と買い相場との中間額）での換算が行われなければならない。**市場価格**は，一定時点での平均的な種類と品質をもつ一定の商品につき取引場所で，平均的な保証が行われる価格である。一定の時点では僅かな財しか取引場所で取引されないため，資産の価格に市場価格を適用することのできる条件はかなり厳密に解釈される。

取引所価格もしくは市場価格の狭い定義に含まれない価格が付すべき価値として評価に関連づけられる。上述の順序を用いて，貸借対照表作成者はその可能な客観的価値尺度を自身の評価の基礎に置くよう努めなければならない。具体的な取引所価格もしくは市場価格が利用できないときにのみ，具体性の乏しい価値尺度"付すべき価値"が評価に用いられる。

取引所価格もしくは市場価格の場合，取得価格もしくは販売価格が関連するのか否かは資産の種類に左右される。もちろん，取引所価格の場合，購買価格と販売価格との間であまりに大きな相違が生じてはならない。

相場が大きく変動する場合，平均的取引所価格と保証された決算日相場のどちらが基礎に置かれるべきかが，両価格に大きな差異が生じる場合に不明確である。たまたま選択された相場から離反することは，法の文言が取引所価格も

しくは市場価格から導かれる価値を求めているにすぎないため，基本的には可能である。

より低い付すべき価値（偶発的なより低い取引所価格もしくは市場価格も同様に）は，通常，**税務上の部分価値**（所得税法第6条1項）に相当し，この価値に達するまでの商法上の減額記入は税務貸借対照表に対しても通用する。商法上の計画外減額記入はしたがって，所得税法第6条1号2文および2号2文に従う部分価値減額記入に関する税法との一致がみられる。

4. 負債の評価

負債は取得／製造原価と同様に，その入口時点において評価されなければならない。一般的に，負債は将来の支払いに対する債務として特徴づけられる。様々な種類の負債──債務および引当金──については，入口時点でどのような価値額をもって評価されるべきかが第253条に規定されている。

債務の評価に対する中心的規定は第253条1項2文である。それによれば，債務はその履行額で評価されなければならない。履行額という場合，"営業"が通常に行われる場合，発生した債務を履行ないし解除するために必要となる金額を意味している。"履行額"の概念は純粋な貨幣額も，貨幣単位で評価される実物給付および用役給付も含んでいる。

引当金は，原則として，債務と異なって評価すべきではない。第253条1項2文に従い，引当金は「理性的な商人の判断に従い必要とされる履行額の高さで評価されなければならない」。立法者はそれによって，一般的見積り尺度を規定するにすぎない。引当金を評価する場合，将来の価格上昇および原価上昇──それゆえ，費用が実質的に生じた時点での望ましくない価格および原価状況──を考慮しなければならない。所要期間が1年を上回る引当金は第253条2項1文に従い，その残余期間に相当する平均市場利子率をもって割引かれる。その場合，その他の引当金については，過去7年の営業年度の残余所要期間に対応した平均市場利子率を基礎に置いて，老齢年金債務については，過去10年

の平均市場利子率をもって割引計算される。老齢年金債務もしくはそれに相当する長期債務に対して，第253条2項2文に従い簡便な選択権が存在する。そうした債務を割引計算する場合，概算15年の残余所要期間が前提とされ，将来，予想されるすべての支出をこの残余所要期間に適用される平均利子率を用いて割引計算することが許容されている。適用される利率はドイツ連邦銀行により月毎に告知される。

商法上の規定とは異なり，所得税法第6条1項3af）号に従う引当金評価の場合，税務貸借対照表において将来の価格および原価増加は考慮してはならない。

負債を具体的に評価する場合，次のような多様な個別問題が存在する。

■ 実物給付債務の評価
■ 見越しされる支出の割引計算
■ 償還請求を伴う清算

未決取引から発生するおそれのある損失に対する引当金（偶発損失引当金）を評価する場合，不均等原則の優先的地位に基づいてその特性が考慮されなければならない。

5. IFRSによる一般的評価規準

5.1 IFRS関連的な価値尺度

IFRSの規準体系のなかで，評価原則および評価規定は概念フレームワークにおいても，個別規準においても見い出すことができる。概念フレームワークとIAS第1号は一般的価値尺度と評価原則を含んでいるが，それらはHGB会計の場合と比較して，IFRS評価概念のなかでは明らかに僅かな意味しかもたない。むしろ，中心にあるのは個々の貸借対照表項目の評価がその都度詳細に規定される個別の会計基準の規定である。こうした一般規定は個別規準ないしはその都度の会計問題において詳細に説明され，具体化され，並びにそれ以外の特殊な価値尺度を通して補完される。

それゆえ，商法上の評価原則とは対照的に，IFRS規定は**完結した評価概念**

を形成していない。IASBには意識的に，そうした概念を概念フレームワークにおいて定着させようとしている。例えば，ハイパー・インフレーション経済のような特別な状況のもとでのみ，IASBは具体的な評価概念を設定する課題が生ずる。とにかく，IASBは国際的動向に照らしながらこうした基本姿勢をとっている。

概念フレームワークでは，個別規準において一定の特徴と修正をもって原則的に適用されるべき，次のような様々な**一般的価値尺度**が説明される。

■ 歴史的な取得／製造原価 (historical cost)
■ 時価 (current cost)
■ 売却価値／履行額 (realisable (settlement) value)
■ 現在価値 (present value)

資産の**歴史的な取得／製造原価**という場合，現金もしくは現金等価物の形態でその獲得のための支出，あるいは取得時点での資産の付すべき時価ないしその他の反対給付の付すべき時価を意味する。この資産の歴史的な取得／製造原価は商法上の取得／製造原価に基本思考で合致する。負債の歴史的取得原価は，債務に対する交換として受け取る金額もしくは債務を通常の営業過程のなかで返済するために支払うことが見込まれる金額から明らかとなる。

資産の**時価**は，同一もしくは同等の資産を取得するため現在の時点で支払われるべき金額から決定される。資産の時価は商法上の再調達原価に相当する。負債の時価は，現在の時点で負債を返済するために，割引計算前の支払手段もしくは支払手段等価物に対する支払いの予想額である。

資産の**売却価値**は，ある資産が現在の時点で獲得しうる金額から明らかになる。負債の**履行額**はその負債の時価に相当する。清算価値の意味での売却価値はIFRSの理解によっても，継続企業の仮定が放棄されるときに特に利用される。IAS第2号において，正味売却価値 (net realisable value) の形態での売却価値は棚卸資産に対する価値尺度として用いられる。それは，正常な営業過程において資産が製造されるまでに偶発的に生じた原価を控除して，見積られた必要な販売原価が達成される資産の見込まれる販売価格である。

資産をもって獲得されると予想される割引かれた将来の正味キャッシュ・インフローが**現在価値**である。負債の現在価値とは，通常の営業過程において負債を返済するために必要と予想される割引かれた将来の正味キャッシュ・アウトフローである。現在価値を決定する場合，将来正味キャッシュ・インフローないし将来正味キャッシュ・アウトフローの見積りの場合も，利子率の選択の場合も，決算書作成者の裁量の余地は大きい。

概念フレームワークにおいて掲げられた価値尺度のほかに，個別規準はその都度の会計処理問題において適用されるべき，次のような**固有の尺度**を定義している。

- 付すべき時価（fair value）
- 獲得可能価値（recoverable amount）
- 処分費用を控除した付すべき時価（fair value less costs to sell／of disposal）
- 使用価値（value in use）
- 残存価値（residual value）

付すべき時価という場合，市場参加者間の正規の取引における資産の販売を通じて，測定基準日に受け取られる，ないし負債の移譲に対して支払われるであろう金額と解される。結果として，問題となるのは，通常の市場条件のなかで資産ないし負債の現在もしくは将来の使用を考慮して獲得されるであろう価値である。付すべき時価の評価を用いて，年度決算書利用者に一定の資産および負債の実質的価値を示し，それによって意思決定に有用な情報を伝達するという目標が達成される。

従来，付すべき時価は，それが評価に適用される個別基準のなかで，その都度定義されていた。一貫したコンセプトを確保するため，そして様々な解釈を回避するために，IASB は 2011 年 5 月 18 日に **IFRS 第 13 号（公正価値測定）**を公表した。この基準は EU により承認され，2013 年 1 月 1 日以降に始まる営業年度から適用が開始された。この基準は別の基準における既存の定義を基本的に置き換えたものである。例外は，明確に IFRS 第 13 号から離反した付すべき時価の定義を適用した IAS 第 17 号（リース関係）である。資産と負債

の統一的な公正価値算定に対する中心的指針として，IFRS 第 13 号は企業自身の資本性金融商品に対しても適用される。IFRS 第 13 号は付すべき時価として，資産を売却する際，もしくは負債を移譲する際，市場参加者間の通常の取引の枠内で評価基準日に支払われるであろう価格を定義する。その場合，つねに最大限の活用を前提としなければならない。

　そうした処理方法は企業にとって最も望ましい（擬制の）売却価格を指向する。この価値を決定するために，IFRS 第 13 号は 3 つの評価方法を掲げている。市場アプローチの場合，付すべき時価は，同一もしくは比較可能な資産もしくは負債の場合，取引所価格もしくは市場価格から生じる。相応の価格が適用可能な形態で存在しないときには，現在価値を指向した評価方法が利用される（income approach）か，もしくは最終的に，評価されるべき資産ないし負債にとって同一種類の代替物に対する再調達原価が算定される（cost approach）。評価方法の選択はその場合，付すべき時価の算定のために存在する情報に依存して行われる。

　市場データに基づいた付すべき時価の決定（第一段階および第二段階）は，**活発な市場**が存在し，そこに企業がアクセスできるときにのみ可能となる。IFRS 第 13 号付録 A によれば，活発な市場は，「十分な頻度および数量を伴う資産と負債の取引が発生し，その結果，情報が利用できる」ときに所与となる。それは，市場で取引される生産物が均質であり，十分な数の潜在的な売り手と買い手が存在し，価格が公式に入手可能であることを前提とする。しかし，そうした特徴をもつ市場は，現実には有価証券のような金融商品，もしくは例えば，金属あるいは農業生産物のように大量に取引される同質の原材料に対する市場だけである。

　評価のための基礎として，IFRS 第 13 号は，モデルのなかに組み入れる**インプット要因の 3 つの段階**を規定する。同一の資産もしくは負債に対する活発な市場における現実の取引所価格もしくは市場価格（レベル 1 のインプット）は，それらが市場の評価を最大限に反映するために，優先して適用されなければならない。それが利用可能でないときに，その都度の評価方法に対して付す

べき時価が導出される別の直接的もしくは間接的に観察可能な投入要因が目指される（レベル2のインプット）。そして，それも利用できないときに，企業固有のデータのような市場で観察可能でない投入要因（レベル3のインプット）が評価に用いられる。

　IFRS会計において，付すべき時価が，HGBによる会計の場合と比較して本質的により大きな意義を有しているとはいえ，付すべき時価はIFRS決算書においても唯一の価値尺度ではない。むしろ，IFRSの評価概念は**混合モデル**とみなさなければならない。この点は，付すべき時価での評価か，もしくは継続した取得／製造原価での評価を行うように，いくつかの規準において選択権が存在すること（IAS第16号および第38号），他方，一定の状況のもとで付すべき時価が許容されていないことから明らかである。さらに，付すべき時価での継続評価が損益作用的であるのか，そうでないのかも統一されていない。いくつかの事例では，価値変動が利益もしくは損失に計上され，別の事例では，その他の総損益に計上され，そのことにより直接，独立した自己資本項目，いわゆる再評価積立金が設定される。

　資産の価値減少は，IAS第36号に従い，付すべき時価に基づき算定されるのではなく，別の尺度，いわゆる**獲得可能価値**（recoverable amount）が用いられる。獲得可能価値は，その場合，処分費用を控除した付すべき時価（fair value less costs of disposal）並びに使用価値（value in use）の2つの価値のうちより高い額として定義される。処分費用を控除した付すべき時価とは，相互に利害関係から独立した専門家，取引意思者の間の秩序だった取引において，資産の売却を通じて獲得される，処分費用を控除した後の金額である。この価値尺度は非金融固定資産の資産にとって有効である。決算日での価値関係を目指す処分費用を控除した付すべき時価と異なり，正常な営業過程の内部で棚卸資産に対するIAS第2号からの正味売却価値（net realisable value）が（将来）獲得されなければならない。

　処分費用を控除した付すべき時価は，基本的には付すべき時価と一致する。しかし，2つの価値は処分費用を控除した付すべき時価が売り手の観点から決

定され，それに対して，付すべき時価が売り手と買い手の観点からの平均値を示すことで区別される。この識別は買い手相場と売り手相場が異なるとき，つねに有効である。

使用価値（value in use）は，資産の継続した使用と利用期間の終わりにその廃棄から予想される見積られた将来のキャッシュ・インフローおよびキャッシュ・アウトフローの現在価値である。この使用価値は割引キャッシュ・フロー法のような評価モデルによって決定される。

残存価値（residual value）とは，資産が年数および状況からみてその利用期間の終了時に達するときに，企業が資産の処分時に保持するであろう見積額と処分時に生ずると見込まれた費用との差額である。ただし，残存価値は資産にとっての本来的価値尺度として利用されるのではなく，各年度の減額記入を算定する際に考慮されるにすぎない。

5.2 資産の当初評価
5.2.1 取　得　原　価

取得原価（cost）は，第三者が取得した資産に対する価値尺度である。資産はそれが購入，交換もしくはその他の移譲を通じて企業の経済的所有となるとき，および企業によって自己創設されるとき，取得される。取得原価は概念フレームワークにおいて，一般的な定義が行われている。一定の貸借対照表項目の取得原価は例えば，棚卸資産はIAS第2号，有形固定資産はIAS第16号，無形資産はIAS第38号において，相応のIFRSのなかでさらに具体化されている。

無形資産，有形固定資産および棚卸資産の場合，購入の際の取得原価として何よりもまず，**購入価格**が挙げられる。IAS第39号にいう金融商品の取得原価は獲得される反対給付，それゆえ，引渡された資産の付すべき価値に一致する。付すべき価値は通常，購買価格もしくは販売価格ないし他の市場価格から決定される。

有形固定資産もしくは無形固定資産の獲得に対する支払予定額がその他の尺

度を上回る限り，取得原価として，実質的支払いの**現在価値**で評価されなければならず，そして，取得時点での現在価値と実質的支払額との差額は，支払予定額を上回る利子費用として時間的に区分されるか，もしくはIAS第23号に従って借方計上されなければならない。

　有形固定資産もしくは無形資産は，資産の交換を経て獲得される。交換において獲得した資産の取得原価はその場合，付すべき時価により評価される。

　交換において獲得した資産の付すべき時価での評価は，交換取引が経済的実質を可能にし，保有している資産の付すべき時価もしくは引渡した資産を付すべき時価が信頼性をもって決定されるときにのみ，許容される。

■ 交換取引は次の場合，**経済的実質**を通じて特徴づけられる。
　　―保有する資産のキャッシュ・フローの属性（リスク，時間的帰属および金額）と引渡される資産のキャッシュ・フローの属性が異なるか，もしくは交換によって生じる企業部分の企業固有の価値（entity specific value）が取引に基づき変化するとき，および
　　―保有する資産のキャッシュ・フローの属性と引渡される資産のキャッシュ・フローの属性の相違ないし交換に該当する企業の価値変動が，交換された資産の付すべき価値との関連で重要であるとき

■ 資産の付すべき時価は，次の場合，**信頼性をもって決定可能**である。
　　―市場価格が類似の資産に対して存在するとき
　　―資産に付すべき時価が信頼性をもって見積り可能であり，かつ変動幅がその場合に重要でないとき，もしくは
　　―たしかに重要な変動の幅は存在するが，しかし，諸々の場面の発生の蓋然性が信頼性をもって算定可能であるとき

　資産が，引渡された**資産の付すべき時価によってか，もしくは保有資産の付すべき時価**により評価されるべきかについて，問題は残る。決算書作成企業は，引渡された資産の付すべき時価も保有資産の付すべき時価も信頼性をもって決定できるときには，保有資産は引渡された資産の付すべき時価によって評価することができる。保有資産の付すべき時価が，引渡された資産の付すべき

時価として信頼性を持って算定できるときには，この処理方法から離脱しなければならない。

交換により取得した資産の当初評価が，引渡される資産の付すべき時価もしくは保有している資産の付すべき時価のどちらかで信頼性をもって可能であるならば，保持している資産は引渡される資産の簿価で評価されなければならない。

取得原価には，購入価格ないし付すべき時価のほか，**付随的取得原価**も含まれる。それは，資産を予定した状態で設置するために生じる，当該資産に直接に帰属可能な原価である。それには，例えば，輸送費および搬入費，据付費，輸入関税およびその他の償還不能税が挙げられる。加えて，IAS 第 16 号に基づく解体，除去および原状回復措置に対する支出は，それが IAS 第 37 号に従う引当金を設定しなければならない相応の解体，除去および原状回復措置である限り，取得原価の一部として借方計上されなければならない。こうした会計処理の修正を通じて，取得時点ですでに，取得から生じるすべての将来義務が会計上表示されるために，財産状態における適切な写像が与えられる。IAS 第 39 号にいう金融商品に対しては，継続評価の枠内で付すべき時価で評価しない金融商品が対象となる限り，取得と直接関連して生じる取引コストが付随的取得原価として考慮されなければならない。

取得原価の減少として，割引，リベートおよび類似の出捐が考慮されなければならない。固定資産および無形資産の取得原価は一定の条件のもとで，IAS 第 20 号に従い政府補助金（government grants）分が減額される。

すでに経営装備された有形固定資産およびすでに取得した無形資産との関連で，費用は，それがそれぞれの基準のうちの一般的計上基準を充たす限りにおいて，**追加的取得原価**として分類される。

他人資本費用（borrowing costs）の会計上の処理は，資産の取得および製造との関連で，IAS 第 23 号で規定される。他人資本費用という場合，利子および他人資本の受け入れとの関連で生じた企業のその他の費用と理解される。他人資本費用の範囲は IAS 第 23 号によれば，次のものが含まれる。

■ 利子費用（IAS 第 39 号に記載される実効利息法に従い算定される）

- ファイナンシャル・リース関係からの資金調達コスト（IAS 第 17 号に従い計上）
- それが利子の修正とみなされるときの外国為替信用からの換算差額

　識別された資産の取得，建設，製造に直接，帰属可能である他人資本費用は，当該資産の取得／製造原価に含まれる。その他の他人資本費用は費用として把握される。

　他人資本費用の借方計上を要請できるのは，**取得の期間**に生ずる他人資本費用の場合である。特定された資産および資本調達に対してはじめて支出が生じ，一定程度の状態に資産を設置するため必要な作業が始まるとき，取得期間が開始する。取得期間が終わるのは，資産が実質的にその一定程度の状態に保たれたときである。特定された資産の活発かつ積極的な利用が長期にわたって中断されるならば，他人資本費用の借方計上は当該期間に対して中止されなければならない。

　取得原価および追加的取得原価の算定は，第 255 条 1 項の規定と実質的な相違はない。IFRS は HGB の規定と同様に取得事象をできるだけ損益中立的に描写することを目指している。

5.2.2　製　造　原　価

　概念フレームワークにおいて，**製造原価**（cost）もまた具体化されていない。製造原価は仕掛品，完成品並びにその他の自己創設の資産に対する価値尺度である。棚卸資産の製造原価の範囲と決定については IAS 第 2 号で詳細が規定される。有形固定資産の製造原価については，IAS 第 16 号が IAS 第 2 号を指示している。IAS 第 2 号によれば，製造原価は取得のための原価（costs for purchase），製造過程の原価（costs of conversion）並びにその都度の資産を現在の場所に運び，かつその予定した状態で設置するために生じるその他の原価（other costs）を含んでいる。製造原価の算定に関しては，そのほか，IAS 第 16 号が自己創設の資産の評価に際し，取得した資産の評価の場合と同じ原則が適用されることを求めている。こうした IAS 第 16 号の要請に基づき，例えば，発生した解体，除去および原状回復義務は，それらが帰属する固定資産の

取得／製造原価の部分として，IAS 第 16 号の文言に従えば，取得された（acquired）固定資産の場合にのみ同時に借方計上が義務づけられ，当該の固定資産それ自体が自己創設であるときにも借方計上義務が生じる。

原価の帰属可能性に関して，IFRS は HGB と同様に，直接費と間接費を区分している。製造過程の原価は IAS 第 2 号によれば，生産単位に直接帰属され得るすべての原価である（直接費）。他方，経営上の職能領域（資材，製造部門）に帰属するすべての固定間接費と変動間接費は義務的構成要素として，それらが測定され，製造期間に生ずるときに限り，算入されなければならない。

IAS 第 2 号によれば，固定間接費は，営業用建物の減価償却もしくは営業管理費のように生産量に関わりなく比較的コンスタントに生ずるという特徴がある。変動間接費という場合，生産に直接割り当てられないが，生産量によって本質的に直接，変動する原価をいう。例えば，経営に対する原価のような一般管理費は，それがある資産を製造しその予定した場所に運びないし予定した状態に設置するためには用いられないため，経営の職能領域に帰属せず，したがって製造原価には算入されない。商法規定と同様に，IFRS に従えば，間接費の相当部分のみが製造原価に算入される。その相当性は，通常の状態のもとで多期間にわたり投入した生産設備の正常な操業度ではかられる。相対的に少ない生産量で相対的に高い間接費が算定されるために，製造原価が操業度を度外視して高められてはならない。IAS 第 2 号は，それに相当する原価構成要素の例示として，特に仕損に係る材料費および製造労務費に対する異常額を挙げている。

製造原価の金額に対して，間接費構成部分の**職能的帰属**は重要である。IFRS によれば，企業の職能領域に帰属され得る間接費のみが製造原価に算入される。それに対して，すでに原価計算において職能領域に帰属され得ないような原価は，製造原価には算入されない。IFRS と異なり，商法上は，第 255 条 2 項 3 文の選択権に従い，一般管理費と福利厚生費に相当する部分はそれが製造期間に帰属する限り，製造原価への算入が許容されている。HGB 決算書において，第 255 条 2 項 3 文の算入選択権のもとで生じるすべての費用が製造

図表 5-5　商法，税法，IFRS の製造原価の構成部分

製造原価の構成要素	商　　法	税　　法	IFRS
■ 直接材料費 ■ 製造直接費 ■ 特別製造直接費 ■ 間接材料費 ■ 製造間接費 ■ 減額記入額(注)	算入義務	算入義務	算入義務
■ 他人資本費用	算入選択権	算入選択権／義務	算入義務／禁止
■ 一般管理費 ■ 企業の福利厚生施設費 ■ 任意の福利厚生給付費 ■ 経営老齢年金費	算入選択権	算入選択権	算入禁止
■ 研究費 ■ 販売費	算入禁止	算入禁止	
■ 無効費用	算入禁止	算入禁止	

注）　IAS 第 2 号によれば，減額記入額は，原則として製造間接費の一部である。

原価に算入されるならば，HGB-製造原価の場合，製造期間に発生する一般管理費および福利厚生費に対する割り当て分が IFRS-製造原価を上回ることになる。

　IAS 第 23 号にいう他人資本費用を製造原価に含めるべきか否か，またどの程度含めるべきかに関しては，取得原価における**他人資本費用**の算入の場合と同一の基準に従う。それによれば，他人資本費用は識別された資産（例えば，長期に加工された棚卸資産）との関連で，他人資本費用が製造期間において生ずる限り，製造原価の部分として借方計上されなければならない。その他の他人資本費用は損益作用的に認識されなければならない。

　販売費は製造原価に組み入れてはならない。IFRS によれば，棚卸資産およびその他の自己創設資産はその生産関連的全部原価で評価される。

　図表 5-5 は商法，ドイツ税法並びに IFRS の規定に基づく製造原価の構成要素を対比的に示したものである。

5.3 IFRSに基づく資産の継続評価
5.3.1 概　　要

　固定資産および無形資産の継続評価については，IAS第16号ないし第38号が，資産が継続した取得／製造原価（amortised costs）で評価されなければならないか（**取得原価モデル**）もしくは資産が付すべき時価をもって新たに評価されなければならない（**再評価モデル**）と規定している。継続した取得／製造原価での評価の場合，損耗性の資産は計画的に減額記入され，したがって，減額記入計画に基づく継続した取得／製造原価で評価される。その際，場合によっては必要な計画外減額記入も考慮されなければならない。取得原価モデルに代替して，一定の資産については，継続期間において，その付すべき時価をもって評価される。いわゆる再評価（revaluation）は原則上，貸借対照表価値の損益中立的増加—それゆえ，本源的取得／製造原価を上回ることもある—を許容する。貸借対照表価値の増加は利益もしくは損失を考慮することなく，その他の総損益を通して損益中立的に自己資本のなかの再評価積立金に算入される。

　IAS第39号にいう一定の金融商品およびIAS第40号にいう金融投資とみなされる不動産もまた，付すべき時価が本源的取得／製造原価よりも高いかもしくは低いかに関わらず，その現実的な付すべき時価をもって評価が義務づけられ，かつ許容される。ただし，こうしたいわゆる**公正価値会計**によれば，—IAS第16号および第38号による損益中立的再評価とは対照的に—プラスもしくはマイナスの価値変動は本質的に，損益作用的，すなわち直接，利益または損失として認識される。この処理方法は，一定の金融商品およびIAS第40号にいう金融投資とみなされる不動産が各時点において付すべき時価で売却可能という仮定に基づいている。

5.3.2 付すべき時価での評価

　有形固定資産および**無形資産**については，IAS第16号ないし第38号が継続した取得／製造原価の代替として資産の再評価を規定している。いわゆる再評価モデルによれば，資産は入口時点での当初評価の後に再評価時点で貸借対照表基準日までに累積した計画的および場合によって生じる計画外減額記入を

控除した付すべき時価で評価される。貸借対照表基準日での再評価は簿価と比較してより高いか，もしくはより低い価値を導くが，その損益への作用に関しては一部が損益中立的であり，一部は損益作用的である。

　土地および建物の**付すべき時価**は通常，いわゆる比較評価法から導かれる見積られた市場価値によってもっぱら明らかとなる。それに対して，技術的資産および機械並びに経営装置および営業装置の場合，付すべき時価は，しばしば市場から直接導かれる。例えば，市場性のない資産が対象とならず，そうした市場価値ないし市場近似価値が存在しないときは再調達価値が補助価値として基礎に置かれる。無形資産については，それに内在する評価不確実性のために，再評価は市場価値に基づかなければならないという特殊性がある。個別ケースにおいて，無形資産に対して活発な市場が存在しないのなら，再評価モデルは適用されてはならない。

　再評価の頻度はそれぞれの資産の価値変動に依存する。その場合，貸借対照表基準日毎に付すべき時価を基本的に簿価から離反させることが必要となる。個別事例では，資産の一部は毎年の再評価を，また資産の別の部分には3年から5年に一度，再評価することで十分である。それに対する条件は，資産が価値減少するという仮定を導く根拠がその間に生じないことである。

　再評価される損耗性資産は，取得／製造原価で評価される資産と同様，減額記入される。その場合，引き続く期間に対する再評価ごとに，減額記入計画がそれ相応に検討されなければならない。

　金融資産は，その入口時点の後，それが次の階層に帰属する限り，継続期間において付すべき時価で評価されなければならない。

- 売買目的で保有（held for trading）
- 損益作用的に公正価値で評価（designated at fair value through profit or loss）
- 処分可能な金融資産の売却（available for sale）

　売買目的で保有する，ないし企業によって"損益作用的に公正価値で評価される"という範疇に属する金融商品は，付すべき時価で損益作用的に評価され

なければならない。これに対して，売却のために処分される金融商品における価格変動は，損益作用的に把握されるべき価値修正 (impairment losses) もしくは通貨換算からの損益が問題にならない限り，原則的にその他の総損益として認識されなければならない。

付すべき時価へのそうした継続評価が排除されるのは，借入金および売上債権 (loans and receivables)，満期まで保有されるべき金融投資 (held to maturity investments)，市場価格を形成せず，それに応じて，付すべき時価が信頼性をもって決定され得ない自己資本商品としてのすべての金融投資である。公正価値評価から除外されるすべての金融商品は，継続した取得／製造原価をもって貸借対照表に計上される。

金融投資として保有される不動産 (investment properties) に対する継続評価の場合，決算書作成者は，それを継続した取得／製造原価もしくは付すべき時価で評価する選択権を有する。付すべき時価での評価から生じる正もしくは負の成果貢献はその場合，即座に利益もしくは損失として認識されなければならない。

5.3.3　計画外の価値減少

商法規定と同様に，IFRS によってもまた，資産は原則として，その継続した取得／製造原価で評価されるが，その後，当該資産の**時価が（継続した）取得／製造原価を下回ったときにはより低い価値まで減額記入されなければならない**。価値引下げに際して，目的適合的な時価をどのように決定するのか，また，どのような前提が個々において価値引下げに妥当するのかは，HGB と IFRS の規準体系では異なって定められる。

IFRS によれば，固定資産，無形資産，営業価値またはのれんの場合，相応の資産の**獲得可能価値** (recoverable amount) がその簿価 (carrying amount) 以下に低下したときに価値減少が義務づけられる。その場合，IAS 第36号における獲得可能価値は，次に挙げる2つの価値のうちより高い価値として定義される。

■1つは，**処分費用を控除した付すべき時価** (fair value less costs of disposal)

である。これは，専門家，契約意思者の間の市場条件における取引において，資産の売却を通じて獲得される，処分費用を控除した後の金額である。
- ■ もう1つは比較価値としての**使用価値**（value in use）である。それは，資産の継続的使用および利用期間の終了時のその処分から期待される，見積られた将来のキャッシュ・インフローおよびキャッシュ・アウトフローの現在価値として定義される。

したがって，簿価と比較する価値は絶えず，**2つの価値のうちより高い価値**となる。このコンセプトは，合理的に行動する経営者は資産の売却かそれとも継続利用するのか，その選択に対してつねに有利な決定を下すという仮定に基づいている。

固定資産と無形資産に対して，IFRSに規範化された評価コンセプトは，設備財がどのような財務資金を生み出すことが見込まれるのかという点に焦点を当てる。設備の再取得原価は何も役割を果たさない。このコンセプトに基づけば，個々の資産はしばしば，企業のその他の資産に依存せずに生じる将来キャッシュ・フローをそれに帰属させられないため，評価が可能でなくなる。IFRSによれば，価値減少テストはこうした場合，ある個別の資産と関連するのではなく，**資金創出単位**（cash generating unit）とよばれる資産グループに関連づけられなければならない。資金創出単位は，IAS 第36号に従い，別の資産もしくは資産グループに極めて広範囲に依存しない資金フローを生み出す資産の最小の識別可能なグループとして定義される。場合により生ずる価値減少の必要額は，資金創出単位たる資産に配分されなければならない。

前期間において，資産の価値が減少したならば，それ以降の各期間に価値減少に対する根拠がその後も存在しているのかどうかを検討しなければならない。資産もしくは資金創出単位の獲得可能額が本源的な簿価を上回ったときには，**価値増加**が認識されなければならない。増額記入はその場合，価値減少とは逆に行われる。個々の資産に適応するとき価値上限となるのは，継続した取得／製造原価で評価された場合，継続した取得／製造原価と獲得可能額のうち

より低い価値である。再評価モデルの場合は，個々の正味評価額と獲得可能額のうちより低い価値となる。価値増加は原則として，損益作用的に認識されなければならない。再評価モデルで評価される資産の場合，継続した取得／製造原価を上回る増額記入はその他の総損益において認識され，再評価積立金が設定されなければならない。

5.4 負債の評価

IFRSによれば，負債は債務，引当金および貸方計算区分項目に分類される。**債務**を評価する場合，2つの種類の債務に区分されなければならない。1つ目はIAS第39号にいう金融商品である債務，2つ目が金融商品でないところの実物給付債務を基礎に置く債務並びに残余の未払金である。

金融商品としての債務は，その入口時点で取得原価をもって評価されなければならない。取得原価は獲得された反対給付の付すべき時価に相当する。付すべき時価は，通常，取引価格もしくはその他の市場価格から決定される。その価格が入手可能でないときには，付すべき時価は，獲得された反対給付と関連する将来の資金の流入および流出の総額から算定されなければならない。割引からの影響が重要である場合には，将来の資金の流入および流出は比較可能な金融商品の利子率で割引計算されなければならない。その限りで，重要なのは債務の現在価値である。

金融債務は原則上，実効利子法に従い継続した取得原価で評価されなければならない。継続した取得原価という場合，償却額を控除し，本源的取得原価と返済額の差額として必要な増額記入を加えた本源的取得原価を意味する。継続した取得原価での評価から除かれるのは，付すべき時価での評価が要求される，売買目的で保有する金融債務ないし"損益作用的に公正価値で評価される"という範疇のなかに企業が振り分けた金融債務である。

IAS第39号にいう金融商品でない債務は，実物給付債務と同様，それが獲得される反対給付の価値で示されるのか，もしくは義務を履行するのに十分な測定であったか否かについて，各貸借対照表基準日に検討されなければならない。

引当金の計上はIAS第37号において規定される。引当金は，その基礎にある義務を貸借対照表基準日に履行するため最善の見積りによって必要とされる金額で評価されなければならない。この金額は，経営者による類似の取引の際の経験値もしくは専門家の意見に基づき見積られる。多数の取引が義務の基礎となる限り（例えば，大量取引の保証事例），義務の期待値が見積られなければならない。総じて同程度の帯域幅が存在するときには，中間値が選択されるべきである。義務に対し個別の事象が基礎にあるのなら，原則的には，最も蓋然性のある価値が引当金として計上されなければならない。しかし，個別の事例においてもまた—最も蓋然性のある価値と異なり—，可能な別の価値が圧倒的に蓋然性のある価値よりも高かったり低かったりするときには，より高い価値もしくはより低い価値がIAS第37号にいう最善の見積りとなる。IAS第37号は最善の見積りに際して，評価に当たって存在するリスクと不確実性が考慮されなければならないと規定する。このことはもちろん，秘密積立金の過度の設定を認めるものではない。引当金は，割引効果が大きなときに限り，現在価値によって評価されなければならない。

　引当金の継続評価については，—引当金の当初評価の場合と同様—貸借対照表基準日時点に存在する義務を履行するために必要な支出を最善に見積らなければならない。見積りは貸借対照表基準日ごとに行われなければならない。その場合，最善の見積りとは，企業が義務を履行するために支払わなければならない金額，ないし第三者が義務の引受けを要求する額である。利子の影響が重要であるときには，引当金は現在価値で評価されなければならない。それに応じて，継続期間における引当金の評価額は割引によって修正されなければならない（unwinding of discount）。

第6章
損　益　計　算　書

1. 損益計算書の役割

　第242条2項に基づき，帳簿記入義務を有するすべての商人は決算に際し，貸借対照表に加えて，当営業年度の費用および収益に関する対照表，すなわち**損益計算書**を作成しなければならない。損益計算書は貸借対照表とともに年度決算書を構成する。2つの会計文書の位置づけは同等である。損益計算書は，年度決算書の必須の構成要素であり，その意義は幾多の経営経済学的論議，また商法年度決算書の歴史から見い出せる。1959年の株式法改革において初めて，株式会社に対して，表明能力のある損益計算書を通じて，年度決算書の外部の利用者に損益の源泉を示すことが義務づけられた。

　損益算定の用具として，損益計算書は論者によって異なる解釈をされている。法学の観点からみれば，Simon によると，決算書作成の優先課題は貸借対照表で商人の純財産を算定することであり，損益の算定は背後に押しやられる（**静的貸借対照表論**）。これに対し，経営経済学的観点からみれば，Schmalenbach によると，損益の算定が前面に出る。彼の見解では，貸借対照表は"企業の力の貯水池"を表す。貸借対照表は，後続の期間で損益作用的になり，費用または収益として損益計算書に計上される"未解決の項目"を収容する役割を有するにすぎない（**動的貸借対照表論**）。

　貸借対照表論は，様々な形で，その時々の法規に影響を及ぼしてきた。その

際，損益計算書に多様な意味が与えられた。1897年のHGBは，静的貸借対照表論が年度決算書に求めた要請に広く応えた。1897年HGBには損益計算に関わる固有の規定がまだ含まれていなかった。様々な会計法の改革——とりわけ1959年の"小"株式法改革と1985年の会計指令法（BiRiLiG）——を通じて，商法年度決算書は動態論的な性格を増し，損益計算書の意義が高められた。

　企業の損益は，複式簿記の原理に基づき，貸借対照表そして損益計算書上で算定される。貸借対照表は，一定の基準日に基づく時点計算書であり，まずもって資産および負債を記録する用具である。貸借対照表には，企業の資産および負債が表示され（第242条1項），自己資本が算定される。貸借対照表上，損益は営業年度の期首と期末の自己資本の比較により算定される。これに対し損益計算書において，損益は，営業年度の収益と費用の差額として算定される。すなわち，損益計算書は，一定の期間に関わる**期間計算書**である。

　貸借対照表と損益計算書が異なる損益算定方法を採るにも関わらず，両文書において算定される**期間損益**は等しくなる。なぜなら，収益と費用は，借方もしくは貸方の増加または減少に関連する，期間に配分された収入および支出だからである。例えば，機械の取得に支出が行われるが，それは貸借対照表に借方計上され，取得時点では損益中立的である。当該支出を減価償却の形で期間配分することにより，利用期間の経過とともに，損益計算書に費用が計上される。減価償却費に応じて，貸借対照表上では機械の簿価が下がり，自己資本が減るため，貸借対照表および損益計算書上の損益の額は等しくなる。

　会計上の損益算定とは別に，費用および収益が性質ごとに示され，一定の損益項目にまとめられることで，損益計算書を通じて，損益の中身が性質，金額，その源泉に応じて説明される。損益計算書は，利益もしくは損失という確定的数値を示すだけではなく，**収益状態**も示すため，損益要素の分析を可能にする。このような形で，損益計算書は会計報告責任目的の履行に寄与する。

　損益計算書と貸借対照表の"役割分担"は，資本会社と有限責任の人的商事会社の場合，第264条2項1文の**一般規範**から明らかである。それによれば，年度決算書は，財産・財務・収益状態の実質的諸関係に合致する写像を伝達し

なければならない。貸借対照表と，それに関連する附属説明書の記載が，財産および財務状態の表示に必要な情報を提供するのに対して，損益計算書と，それに関連する附属説明書の記載は，収益状態の表示に必要な情報を含む。

2. 損益計算書の作成原則

2.1 概　　要

1959年株式法改革後の多くの文献をもとに，LASSMANN は，損益計算書の作成に関わる次の**5つの経営経済学的原則**を導き出した。

■ 費用および収益項目の非相殺（総額計算原則）
■ 主要な費用および収益の性質区分（主要区分原則）
■ 製造，管理および販売領域における営業費用の発生表示（発生領域に基づく項目区分原則）
■ 費用および収益について，"発生原因"に基づく当期か当期外かの表示（期間帰属原則）
■ 費用および収益について，通常のものか臨時のものかの区分（損益区分原則）

2.2 総額計算原則

損益の総額計算では，すべての費用および収益項目は相殺されることなく，それぞれ全額で表示される。それに対し，損益の純額計算の場合，同じ性質の費用と収益が相殺（例えば，利息費用と利息収入が相殺）されるため，費用超過額もしくは収益超過額だけが表示される。損益の総額計算によってのみ，年度決算書の利用者に対して，HGB が求める収益状態に関する会計報告責任目的が果たされる。それに比べ純額計算の場合，その表明能力は乏しく，収益状態の表示は十分とはいえない。

HGB は，総額計算原則の立場である。第264条2項1文は，費用と収益の相殺を禁じている。また**相殺禁止**は，明瞭性および要覧性，そして完全性という一般原則から求められる。

2.3 主要区分原則

損益を主要なものとそれ以外に区分する問題は，費用および収益の性質区分と関連する。LASSMANN によれば，計算期間におけるすべての主要な費用および収益は，立法者が定めた性質区分に基づいて表示されなければならない。LASSMANN によると，企業活動に直接由来する費用および収益が主要なものとみなされる。

主要な収益には，売上高，利息，並びに広義には財務固定資産および資本参加による収益が該当する。副次的な収益は，計算上のもの（例えば，在高増加および借方計上された自己給付）もしくは価値修正（例えば，固定資産の増額記入）に基づくものである。

費用財（生産要素）ごとに分類できる**主要な費用**は，給付プロセスに最初に投入される外部からの財およびサービスの金額と理解されなければならない（例えば，材料費）。これに対し，副次的な費用とは，企業外部の財をもって企業のなかで生み出された財およびサービスの消費である（自己給付）。

主要区分原則は，第275条による商法上の損益計算書に対して一貫して要求されているわけでもなく，また勧告されているわけでもない。主要な収益（例えば，売上高）は，総原価法にも売上原価法にもみられる。主要な費用（例えば，材料費，人件費）そして副次的な費用（例えば，在高減少）は，売上原価法に基づく損益計算書でのみみられる。売上原価法において，営業費用が職能領域別に分類されるので，そこでは費用が主要な性質のものか副次的なものかを見分けることはできない。

2.4 発生領域に基づく項目区分原則

発生領域に基づく損益計算書の項目区分により，費用および収益は，例えば製造，販売，管理領域のような企業の特定の機能領域に割り当てられるため，その基になる経済行為の内容がわかり易くなる。

ただし，費用および収益のそれぞれの領域への割り当ては難しい。直接的な割り当てができないため，費用の割り当ては大部分，配分基準を用いてのみ可

能である。それに対し収益は，製造，販売，管理領域への割り当てができないので，それは不可能である。会計指令法（BiRiLiG）により，立法者は，アングロサクソン諸国で普及している売上原価法を第二の選択肢として採用すると同時に，製造，販売，管理の発生領域に基づく費用の表示を認めた。

2.5 期間帰属原則

期間帰属原則は，期中に発生したすべての損益要素の表示を求める。この点に関し当該計算期間において，期間に属する損益要素と，期間に属さない損益要素とが区別されなければならない。LASSMANN はこれを "**期間原則**" とよんだ。同時に彼は，期間原則が常に遵守されるとは限らない点を強調した。例えば，補償引当金を設定する場合には，補償請求が行われるかどうか，そして補償請求によりどれだけの費用が生じるのかが不確かである。

損益計算書においては，第252条1項5号に従い，収入および支出のうち，当期に帰属する部分が表示されなければならない。収入は，企業給付が実現された年度に収益とみなされる（**実現原則**）。こうした収入の期間配分は，支出の期間配分の基礎となる。つまり支出は，実現原則に基づき，支出に起因する収益が発生した期間の費用として計上される（事由に基づく限定原則）。

それに加えて，**期間に基づく限定原則**は，期間の経過に応じて割り当てられる収入と支出に対して適用される（例えば，減価償却）。

2.6 損益区分原則

損益計算書は，損益区分原則に従わなければならない。費用および収益は，**通常**の損益要素か，**臨時**のそれかがわかるように区分されなければならない。GUTENBERG は，企業の経済性の判断に関連して，損益が主として通常の販売過程によるものか，あるいは特別のものか，それとも営業外，さらに付け加えれば期間外のものかどうかの認識が特に重要であるとした。（外部の）決算書分析の場合には，損益区分を通じて，偶発的な影響を排除した収益力に関する指標を得ることが求められる。

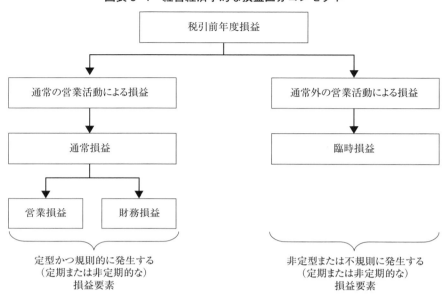

図表 6-1　経営経済学的な損益区分コンセプト

　経営経済学的な損益区分コンセプトでは，損益は2つの基準により分類される。1つ目は，損益が，規則性基準に基づき，通常のものと臨時のものとに分けられる。2つ目は，通常損益が，営業属性基準に基づき，営業上のものと財務上のものとに分けられる。通常損益には，規則的に発生し，当期に割り当てられるすべての損益が属する。臨時損益には，不規則並びに特別な損益，すなわち非定型，偶発的あるいは一回限りで生じる損益が該当する。

　図表6-1は，こうした損益区分のコンセプトを示している。

　商法上の損益区分コンセプトは，2015年7月23日に施行した会計指令転換法（BilRUG）により大きく変化した。この法改正以降，商法上の損益計算書において，臨時損益はもはや区別して表示されることはない。第275条の損益計算書の項目分類では，損益が，通常の営業活動によるものか，それ以外のものかといった区別はない。現行の項目分類様式では，損益が，営業損益，財務損益，租税損益に区分されるにすぎない。上述の経営経済学的コンセプトにより

臨時的なものとみなされる費用および収益は，損益計算書上，3つの損益区分のいずれかに属さなければならない。

　損益計算書において，臨時損益を別途に表示しない点は，一定程度，附属説明書での義務記載により補われる。すなわち，第 285 条 31 号に基づき，通常とは異なる規模および意味をもつ費用および収益は，それが副次的なものでない限り，附属説明書においてその性質と金額が説明されなければならない。これと同じことが，第 285 条 32 号に基づき，当期に属さない費用および収益にも当てはまる。

　BilRUG の施行以前，損益計算書上の損益は，通常損益と臨時損益に区分されていた。こうした区分のアイデアは，基本的に，上述の経営経済学的な損益区分コンセプトに合致するものである。もっとも，旧 HGB によれば，臨時損益は基本的に，経営経済学的なコンセプトよりも限定されていた。旧第 277 条 4 項 1 文に従えば，会社の通常の営業活動以外で生じる損益要素だけが通常外（"非通常"）と分類され，臨時損益に算入された。それは，企業の営業活動にとって定型でもなく，規則的に生じるものでもなかった。実務上は，組織再編のような特殊な企業事象によるものだけが，臨時損益に該当した。

3. 損益計算書の作成に関する商法規定

3.1 勘定式 対 報告式

　損益計算書は原則として，勘定式か，または報告式で作成することができる。**勘定式**の場合には，費用および収益が対照表示される。勘定の借方に費用，貸方に収益が計上される。報告式と比べて，勘定式は両損益要素が完全に区別されるため，収益と費用それぞれの合計が容易になる。収益の合計が費用のそれを上回るならば，差額として借方に利益が計上される。その逆の場合は，差額として貸方に損失が計上される。

　図表 6-2 は，利益が生じる場合の，勘定式による損益計算書の例である。
　報告式による損益計算書の作成の場合，連続して，すなわち差引きの形で

図表 6-2 勘定式による損益計算書の作成

借方（費用）	損益計算書　　　　貸方（収益）
生産費 管理費 販売費 在高減少 その他の費用 収益税費用 年度剰余額	売上高 その他の営業収益 在高増加 その他の収益

図表 6-3 報告式による損益計算書の作成

1. 売上高 　　＋ 在高増加 　　− 在高減少
2. 総給付 　　＋ その他の営業収益 　　− 営業費用
3. 営業損益 　　＋ 財務収益 　　− 財務費用 　　− 所得税および収益税
4. 税引後利益 　　− その他の租税
5. 年度剰余額／年度欠損額

（差額を出す形式で）費用と収益が並べられる。勘定式と比べて，報告式は中間合計ないし中間差額の算出が容易である。

　図表6-3は，報告式による損益計算書の例である。

　報告式による損益計算書の作成は，損益計算に関する表明能力をより高める。段階的に明瞭な形で，また中間合計ないし中間差額を設けるため，勘定式の場合と比べて損益の構成がわかり易い。例えば，損益要素に関する重要な経営経済的指標を算定するために中間損益が用いられる。

　資本会社と有限責任の人的商事会社は，報告式による損益計算書だけが認められる。その場合，第275条1項1文は，総原価法もしくは売上原価法に基づ

く損益計算書の作成を認めている。1985年のBiRiliGにより売上原価法が導入された理由は，売上原価法に基づくドイツ企業の損益計算書と，外国の（とりわけアングロサクソン諸国の）企業のそれとの比較可能性を向上させるという点であった。アングロサクソン諸国の会計では，売上原価法に基づく損益計算書の作成が一般的である。さらに，売上原価法を導入すれば，コンツェルンの国際的編成，およびEU域内の会計調和化に向けて，連結決算書の作成に関わる負担が軽減される。

3.2　生産損益計算書（総原価法）　対　販売損益計算書（売上原価法）

　損益計算書は，第275条に基づき，総原価法に基づく生産損益計算書としてか，または売上原価法に基づく販売損益計算書として作成することが認められる。**生産損益計算書**（総原価法）は，生産に帰属するすべての費用（"生産費"）が損益計算書の計算期間に認識され，売上高に対応表示される。これは，生産給付と販売給付が互いに一致する場合にのみ正しい期間損益を導くが，通常はそうならない。生産給付と販売給付が異なる場合，生産損益計算書の場合，生産給付および販売給付の量ないし金額の差異は，"在高変動"および"借方計上されたその他の自己給付"項目を通じて考慮される。

　生産が販売を上回る場合には，販売費は，借方計上された自己給付，並びに完成品および仕掛品の在高増加分を生産費から控除することで——"正しい"期間費用として——算定可能である。総原価法に基づく損益計算書では，在高増加分は費用から控除されるのではなく，計算上，売上高に加算される。この在高増加分は，通常の意味での収益ではなく，むしろ生産費に対する修正項目である。つまり在高増加分に対し，対応する収益の実現がないため，事由と期間に基づく限定原則，すなわち期間損益計算の意味では本来，計上の認められない費用が損益計算書に表示される。

　一年間の生産量が販売量を下回るときは，在高の減少である。完成品および仕掛品の在高減少分は，販売費とよばれる"正しい"期間費用を算定する場合，生産費に加算される。総原価法に基づく損益計算書では，簿記技術上，在

図表 6-4　生産損益計算書（総原価法）

	収益	（期中の売上高）
		＋借方計上されたその他の自己給付に対する費用
		＋完成品および仕掛品の在高増加
		－完成品および仕掛品の在高減少
－	費用	（期中の生産費）
＝	損益	

図表 6-5　販売損益計算書（売上原価法）

	収益	（期中の売上高）
－	費用	（売上費用）
		＝期中の生産費
		－期中に在庫から生産された完成品および仕掛品の生産費
		＋期中に在庫から除かれた完成品および仕掛品に関する前年度の生産費
		－借方計上されたその他の自己給付に対する費用
＝	損益	

高減少分は売上高から控除され，総給付が明らかになる。ただし，経営経済学的にみれば，完成品および仕掛品の在高減少分は費用の増加である。

総原価法に基づく生産損益計算書は，図表 6-4 の計算式が基本となる。

それに対し，最初から，売上の過程から生じる費用のみを売上高に対応させる場合，それは**販売損益計算書**となる。この場合，収益（＝売上高）に対して，事由および期間に基づく限定原則により正しく割り当てられた費用（販売費ないし売上費用）を通じて，費用項目が量的な面で適切に売上に対応する。生産済みで当期には未販売の給付の製造原価，並びに自己給付に関わる製造原価は期間費用とはならない。そのため，当該原価は販売損益計算書においてではなく，貸借対照表に借方計上され，適切な形で表示される。

第 275 条 3 項による**売上原価法**に基づく販売損益計算書は，図表 6-5 の計算式が基本となる。

完成品および仕掛品の在高が両方法で異なって評価される場合を除き，損益計算に関し，結果的には 2 つの技法は一致する。販売よりも生産が多い場合（在高増加），販売損益計算書は，生産損益計算書よりも在庫の増加分だけ少な

図表6-6 総原価法（第275条2項）による損益計算書

第275条2項に基づく総原価法	
1. 売上高 2. 完成品および仕掛品の在高増加または減少 3. 借方計上されたその他の自己給付	（総給付）
4. その他の営業収益 5. 材料費： 　a）原材料費，補助材料費，営業用消耗品費および買入部品費 　b）買入給付費 6. 労務費： 　a）賃金および給料 　b）社会保障負担金，老齢年金費，扶助費のうち，老齢年金に対するもの 7. 減額記入額： 　a）無形固定資産および有形固定資産，並びに借方計上された事業の開始および拡張のための費用に対するもの 　b）資本会社の通常の減額記入額を超える限り，流動資産に対するもの 8. その他の営業費用	（営業損益）
9. 資本参加による収益のうち，結合企業からのもの 10. 財務固定資産たるその他の有価証券および貸付による収益のうち，結合企業からのもの 11. その他の利息およびそれに類する収益のうち，結合企業からのもの 12. 流動資産たる金融資産および有価証券に対する減額記入額 13. 利息およびそれに類する費用のうち，結合企業からのもの	（財務損益）
14. 所得税および収益税	（租税損益）
15. 税引後損益	
16. その他の租税	
17. 年度剰余額／年度欠損額	年度損益

い費用を表示する。ただし，在庫の増加分は，完成品および仕掛品の在高増加の形で，並びに借方計上されたその他の自己給付の形でマイナスの費用要素として表れる。反対に，在庫減少期の場合，期中の生産費は，当期に販売された生産品の費用よりも少なくなる。生産損益計算書の場合，在庫減少の金額調整のため「在高減少」という費用項目，すなわちプラスの費用要素が認識されるのに対し，販売損益計算書においては，それは「売上を得るために提供された

図表6-7 売上原価法(第275条3項)による損益計算書

第275条3項に基づく売上原価法	
1. 売上高 2. 売上を得るために提供された給付の製造原価 3. 売上総損益 4. 販売費 5. 一般管理費 6. その他の営業収益 7. その他の営業費用	(営業損益)
8. 資本参加による収益のうち,結合企業からのもの 9. 財務固定資産たるその他の有価証券および貸付による収益のうち,結合企業からのもの 10. その他の利子およびそれに類する収益のうち,結合企業からのもの 11. 流動資産たる金融資産および有価証券に対する減額記入額 12. 利息およびそれに類する費用のうち,結合企業からのもの	(財務損益)
13. 所得税および収益税	
14. 税引後損益	(租税損益)
15. その他の租税	
16. 年度剰余額／年度欠損額	年度損益

給付の製造原価」(売上費用) 項目の増加となる。

立法者は,第275条において"生産損益計算書"および"販売損益計算書"概念の代わりに"総原価法"および"売上原価法"という名称を用いている。もっとも,総原価法については"生産費計算書",そして売上原価法については"販売費計算書"という名称の方が適切であると思われる。損益計算書では原価と給付ではなくて,費用と収益が計上されるにも関わらず,こうした法律上の概念は,原価計算上の会計手続きに依拠している。

図表6-6および図表6-7は,"総原価法"と"売上原価法"の**法律上の項目分類様式**,並びにそれに関連する損益区分を示したものである。括弧付の損益項目は,第275条による中間損益の表示義務がない旨を意味している。もっとも,これらの中間損益の表示は第265条5項により認められ,経営経済学的にみても重要である。

3.3 すべての商人による損益計算書の項目分類

　第242条2項および3項に基づき，年度決算書の構成要素である損益計算書は，帳簿記入義務ある商人により作成されなければならない。損益計算書の作成に関する第275条〜第278条の補完規定は，法律の構成上，資本会社と有限責任の人的商事会社に対してのみ適用される。以下では，すべての商人の損益計算書の項目分類に関し，どのような要求があるのかを説明する。この点に関し，基本的な法規定と並んで，とりわけ**明瞭性原則および要覧性原則**（第243条2項）が考慮されなければならない。

(1) 損益区分の完全性

　　明瞭性の要請により，通常の損益と臨時的な損益の完全な区分が求められる。資本会社と有限責任の人的商事会社は，第275条により，そのような表示義務をもはや有しないことから，企業の損益源泉を明確にすることが益々重要となる。明瞭性および要覧性の要請，そして費用および収益の対照表示を通じた損益源泉の明確化という経営経済学的な目的を鑑みれば，少なくとも次の損益要素の表示が求められる。

　　(a) 営業上の費用および収益
　　(b) 財務上の，そして資本参加による費用および収益
　　(c) 租税上の費用および収益

(2) 総原価法または売上原価法の選択

　　第275条が適用されない企業に対しても，損益計算書の作成に際し，総原価法または売上原価法の選択が認められる。なぜなら，1985年以前に通例であった総原価法は，唯一の正しい（GoBに合致する）手続きとはいえないからである。

(3) 費用の項目区分とその範囲

　　費用の性質による，または営業上の機能領域に基づく項目区分は，すべての商人に対して定められているわけではない。項目区分の選択は自由である。ただし，第275条による構成を参考にすること，または完全に採用することも認められる。例えば，銀行が融資判断の際に，そのような構成の損益

計算書の提出を求めているため，当該項目区分の完全な採用が推奨されるべきであり，また実務慣行になっている。
(4) 利益処分の表示

利益処分もまた，明瞭性原則および要覧性原則に基づき，すべての商人の年度決算書から判断することが求められる。もっとも，利益処分が貸借対照表，あるいは損益計算書のいずれで明らかになるのかは問題ではない。
(5) 勘定式 対 報告式

第275条に従い，資本会社と有限責任の人的商事会社に対して報告式が強制される一方，それ以外の商人に関し，それにみあう規定はない。したがって，当該商人の損益計算書に対しては，勘定式もしくは報告式の選択が認められる。とはいえ，すべての商人が報告式を採用する形での統一化が望ましいといえる。報告式での作成は，中間合計ないし中間差額の算出を容易にし，銀行による与信評価の様式に合致する。
(6) 項目分類の形式的継続性命令

第265条1項に成文化された表示および項目分類の継続性命令が，資本会社と有限責任の人的商事会社に対してのみ義務的であるとはいえ，すべての商人もまた，項目分類の形式的継続性命令を遵守しなければならない。形式的継続性は，LEFFSONによれば，GoBとみなされる明瞭性原則の要素の1つである。これに対しJONASの見解は，LEFFSONとは異なり，表示継続性をGoBとみなさないものである。しかし，JONASの見解には賛同できない。なぜなら，すべての商人は第238条1項2文に従い，相応の期間内に，専門的知識を有する第三者に企業の状況に関する概観を伝達できるように帳簿記入を行う必要があるからである。これは，連続する期間の損益計算書が同一の規準に基づいて作成され，また同一の事態が同じ名称で表される場合にのみ可能である。

要約すれば，第238条～第263条だけを遵守すべき企業が，第275条の損益計算書の項目分類を用いるか，またはそれに大部分依拠することは，明瞭性原則および要覧性原則（第243条2項）からみて重要である。

3.4 資本会社と有限責任の人的商事会社の項目分類
3.4.1 項目分類に関する一般規定

第275条により，資本会社と有限責任の人的商事会社は，金額を相殺することなく，報告式で，総原価法または売上原価法により損益計算書を作成しなければならない。第275条2項および3項の項目分類様式は，法律上の最低限の分類であり，その場合，項目の記載順序は義務的である。

明瞭性および**要覧性**，並びに**比較可能性**の要請から，第265条1項は，表示形式―特に連続する営業年度の損益計算書の項目分類―の維持を求めている。例外的な場合にのみ，それからの離脱が認められ，附属説明書でその理由が説明されなければならない。そのため，総原価法から売上原価法への変更，またその逆は，期間的な比較可能性を妨げる。

さらに個々の項目について，対応する（比較可能な）**前年度の金額**が記載されなければならない。前年度の金額との比較ができない，または金額の適合修正がある場合は，附属説明書にその旨を記載し，理由を説明しなければならない。記載義務は，個別項目の中身をさらに分類する"内訳"注記にまで及ぶ。最低限の項目分類を，第265条5項に基づき任意で拡張することは，同様に第265条2項の規定に基づく。こうした記載義務を通じて，外部の決算書利用者は，前年度の損益計算書と比較し易くなるに違いない。

例外的な場合，すなわち会社が特殊である場合，明瞭かつ要覧的な年度決算書の作成のために，アラビア数字が付された損益計算書項目の内容および順序に関し，**特別な項目分類**を用いなければならない（第265条6項）。これにより損益計算書は，会社の収益状態の実質的諸関係に合致する写像をより伝達できるようになる。第275条2項および3項の項目分類様式は，工業および商事企業を標準にしているため，特殊な業種の場合はその変更が求められる。その例は，エネルギー，輸送，建設，鉱業，石油，リース，サービス，並びに持株会社である。決算書作成企業の特殊性を損益計算書において考慮し，決算書上で企業独自の表示を行うことは可能である。持株会社では，通常，営業損益よりも財務損益が重要なため，例えば，損益計算書の組み替えが行われる。持株会

社の"売上高"項目は，大抵は僅かな金額でしか表示されない。なぜなら，通常の持株形態からの売上はほとんど生じないからである。

個別項目のさらなる**細目分類**は，第265条5項1文に基づき認められる。この場合にも，明瞭性および要覧性の要求を考慮しなければならない。法律上定められた項目分類様式を遵守した上で，項目を個々の損益要素に分類するか，もしくは特定の項目に含めて"内訳"注記で表示することができる。

さらに，第265条5項2文に基づき，その内容が他の義務的項目に収まらない場合，新たな項目を任意で追加することができる。法律上定められた項目分類の拡張に加えて，任意で新たな項目を追加することが認められる。例えば，化学企業の年度決算書では，研究開発費が区別して表示されることが多い。また，（全体給付，営業損益，財務損益のような）**中間合計**の形で，新たな項目の追加が認められる。「その他の営業費用」（総原価法による項目8，売上原価法による項目7）ないし「その他の営業収益」（総原価法による項目4，売上原価法による項目6）のような集合項目に含まれる重要な金額についても，新たな項目としての追加か，またはさらなる細目分類が可能である。法律上の項目分類様式に基づく表示が内容的にみて妥当ではなく，また名称変更による既存の項目への組み入れが適切でない場合，新たな項目の追加は任意ではなく，義務的なものとみるべきであろう。新たな項目の追加は，損益計算書が示すべき会社の収益状態の実質的諸関係に合致する写像（第264条2項）のために必要である。

企業がある特定の事業を行い，そのことで特殊な項目分類が求められるときは，当該事業に義務的な項目分類により年度決算書が作成されなければならない。当該法規定は，特に法規命令による特別様式が定められている企業に適用される。というのは，第275条は，業種に依存しない損益計算書の項目分類様式を定めているからである。特別様式は，信用機関，保険会社，住宅会社，病院，並びにエネルギーおよび交通事業に対して定められている。信用機関および保険会社は，損益区分コンセプトに関していえば，BilRUGによる改正の対象外である。当該会社は，損益計算書において，「臨時費用」並びに「臨時収益」項目を記載する義務がある。複数の事業を営む企業は，ある業種に対して

定められた項目分類を，他の業種に義務的な項目分類を加えることで補完しなければならない。附属説明書においては，複数の事業のうち，どの事業の項目分類を主要な様式として選択したかの記載，およびその理由が説明されなければならない。通常，明瞭性および要覧性の観点から，複数の事業のうち最も重要なものに対する項目分類様式が採用され，そして他の事業に関わる追加項目をもって補完される。

特別の様式が定められていない場合，第 265 条 7 項に基づき，企業は次の 2 つの場合について，アラビア数字が付された損益計算書項目を統合することができる。

■ 統合される金額の分類が，第 264 条 2 項にいう実質的諸関係に合致する写像の伝達にとり重要ではない
■ 統合により表示の明瞭性が改善される

したがって，損益計算書項目のむやみな統合は認められない。第 265 条 7 項 1 号により，金額が第 264 条 2 項の一般規範にとって重要でない場合の統合に限定される。すなわち，項目の統合は，特別な情報が附属説明書に記載されないことから，一般規範の意味での実質的諸関係に合致する写像の伝達のために認められない。さらに一般規範は，第 275 条 2 項 5 号による材料費の内訳項目の統合のように，類似の性質の費用および収益の統合が認められることを示している。在高の増加および減少と売上高の統合は，売上高が判明しないので，第 264 条 2 項の一般規範とは調和しないであろう。

年度決算書利用者にとり要覧性および表示の明瞭性が高まるのであれば，第 265 条 7 項 2 号に基づき，金額の大小に関わらず統合が認められる。これに関しては，総原価法を適用した場合の材料費，人件費および減額記入額の項目の統合，並びに財務損益の統合がある。ただし，統合された個別項目は附属説明書において，前年度の金額とともに区別して表示しなければならない。これに対し，費用および収益を 1 つの項目に統合することは，第 246 条 2 項 1 文の相殺禁止に抵触するため認められない。

金額を付さない項目は，第 265 条 8 項に従い，原則として損益計算書に表示

される必要はない。ただし当該項目について前年度に金額が付されていた場合、前年度金額の記載が必要なため、当該項目の表示義務が生じる。逆に、前年度の金額が大きくない場合には、第265条7項1号の適用に準じて、他の項目との統合が可能である。そのため、このケースでは、金額を付さない項目を記載しないことができる。第265条8項により、金額を付さない項目を記載しないことが認められるとしても、その判断にあたっては、年度決算書の明瞭性原則および要覧性原則を考慮しなければならない。

　法律上の項目の名称は、当該項目が項目分類様式に掲げられた項目に確実に該当し、立法者が意図した内容を変えない限り、**略称**に代えることができる。例えば、—前年度と同じく—有形固定資産に対する減額記入額だけの場合には、総原価法の項目7a)「無形固定資産および有形固定資産に対する減額記入額」を「有形固定資産に対する減額記入額」という略称にすることができる。

3.4.2　規模に基づく軽減措置

　損益計算書の作成にあたり、小規模および中規模会社は、総原価法を適用する場合、項目1～5、売上原価法を適用する場合、項目1～3と項目6を統合し、粗利益として表示することが認められる（第276条1文）。

　総原価法の場合、**粗利益**は図表6-8のようになる。

　売上原価法の場合、**粗利益**は図表6-9のようになる。

　図表6-8の5項目、そして図表6-9の4項目を一括して粗利益に表示する軽減規定は、損益の内訳を外部に広範に示すことへの小規模および中規模会社に対する配慮である。それは明瞭性原則、総額計算原則そして相殺禁止からの

図表6-8　総原価法の場合の粗利益の算定

	売上高（項目1）
±	完成品および仕掛品の増加（＋）または減少（－）（項目2）
＋	借方計上されたその他の自己給付（項目3）
＋	その他の営業収益（項目4）
－	材料費（項目5）
＝	粗利益

図表 6-9　売上原価法の場合の粗利益の算定

	売上高（項目1）
－	売上を得るために提供された給付の製造原価（項目2）
＝	売上総損益（項目3）
＋	その他の営業収益（項目6）
＝	粗利益

図表 6-10　総原価法と売上原価法の粗利益項目の内容上の相違

粗利益に含まれるもの（＋）と含まれないもの（－）			
総原価法（第275条2項）		売上原価法（第275条3項）	
－	労務費（項目6での表示）	＋	製造領域で生じる労務費
－	営業上の減額記入額（項目7での表示）	＋	製造領域で生じる減額記入額

法律的に意図した離反である。"粗利益"項目は，図表6-10が示すように，名称は同じでも，損益計算書作成手続きにいずれの方法を用いるかで内容が異なる。

　第276条に従い，小規模および中規模会社は売上高を示す必要がないが，それは収益状態の分析には大きな妨げとなる。

　小規模および中規模会社は年度決算書の作成にあたり，売上高の分類に関する附属説明書の記載を行わないことが認められる。さらに，小規模会社は，第288条1項に基づき，年度決算書を作成する際に売上原価法を適用する場合，附属説明書での材料費に関する記載を行わないことが認められる。また年度決算書の公示の際，小規模会社は第326条1文に従い，損益計算書を電子連邦官報の運営者に提出する義務がない。公示される附属説明書は，損益計算書に関する記載を含む必要がない（第326条2文）。

　もっとも，株式会社ないし株式合資会社の株主に対しては，株主総会の要求に基づき，簡略化されていない損益計算書が提示されなければならない（株式法第131条1項3文）。有限会社の代表者は同じく，表示に関する軽減規定を利用しない損益計算書を，社員の求めに応じて，閲覧可能にしなければならない

図表6-11　簡略化された損益計算書の項目分類様式（第275条5項）

1. 売上高
2. その他の収益
3. 材料費
4. 労務費
5. 減額記入額
6. その他の費用
7. 租税
8. 年度剰余額／年度欠損額

（有限会社法第51a条）。

　第267a条にいう最小規模資本会社は，第275条5項による簡略化された項目分類様式による損益計算書を作成することができる。ただしその場合，規模に基づく軽減措置はもはや利用できない。なお，第275条5項は，総原価法に対する簡略化された損益計算書の項目分類様式を定めている。図表6-11は，それを示したものである。

4.　IFRSに基づく総損益計算書

4.1　総損益計算書の作成

　総損益計算書（statement of [total] comprehensive income）は，当期のすべての費用および収益を含み，貸借対照表，自己資本変動表，キャッシュ・フロー計算書，そして附属説明書（notes）と並ぶIFRS決算書の構成要素である（IAS第1号10(b)）。総損益は，期中の自己資本提供者との取引に起因しない，すべての自己資本変動分を表す。

　総損益に含まれる費用および収益の項目は，企業の利益または損失への影響に鑑み，損益作用的な項目と，損益中立的な項目に区別される。その場合，IFRSが基礎に置く**損益概念**は，ドイツ商法上の損益概念とは異なる。商法上の損益計算書においては，基本的に，当期のすべての費用および収益が損益作用的に認識される。商法上，そのように認識される費用および収益のうち，

IFRS ではその幾つかが損益中立的に扱われる。ただし IFRS では，どの費用および収益を損益中立的に扱うかについて，統一的なルールが存在しない。それはむしろ，個別の IFRS で判断される。通常は，取引によるものではなく，価値修正による自己資本への影響分が損益中立的に認識される。

　HGB および IFRS に基づく**総損益計算書の表示**は，それぞれの損益概念に基づいている。HGB では，費用と収益が損益作用的なものと，損益中立的なものとに区別されないため，ただ１つの損益計算書が導かれる。これに対し，IFRS に基づく損益概念においては，損益作用的な費用および収益と，損益中立的な費用および収益，すなわち２種類の損益の構成が基本となる。したがって，IFRS では，２種類の損益要素を区別した２つの計算書を表示するか（二計算書アプローチ），それとも１つの総損益計算書にまとめるか（単一計算書アプローチ）の両方が可能である。

　二計算書アプローチの場合，総損益計算書は，２つの部分計算書の形で表示される。第一の部分計算書，すなわち損益計算書では，損益作用的な費用および収益の項目がまとめられる。その差額が利益（プラスの差額）もしくは損失（マイナスの差額）である。次に，第二の部分計算書で，損益中立的な費用および収益の項目―自己資本提供者との取引に起因しない，損益中立的なすべての自己資本変動分―が対照表示される。当該項目はその他の総損益（other comprehensive income）を構成する。HGB 会計では基本的に損益中立的な費用または収益項目が存在しないため，商法年度決算書におけるその他の利益と IFRS によるその他の総損益は同じものではない。二計算書アプローチの場合，利益または損失にその他の総損益を加えて総損益合計（total comprehensive income）が算出される。

　単一計算書アプローチの場合，総損益計算書の２つの部分―利益または損失の算定部分と，その他の総損益の算定部分―が区別して表示される。つまり，この場合は，１つの独立した損益計算書と，利益または損失から総損益への調整計算表が作成されなければならない。HGB にいう損益計算書とは異なり，IFRS による単一計算書での期間関連的な利益または損失の算定は，総損益計

算書の一部分である。

　IASBとFASBのコンバージェンス活動の一環として，2011年の6月に，改訂IAS第1号が公表された。総損益計算書の作成に際し，2計算書アプローチか，単一計算書アプローチのいずれを採用するかの選択肢は基本的に認められている。ただし，総損益計算書は，もはや総損益計算書（statement of comprehensive income）ではなく，改訂IAS第1号に従い，損益およびその他の総損益計算書（statement of profit or loss and other comprehensive income）と称される。こうした改称により，IASBは単一計算書アプローチを際立たせ，総損益合計が企業損益の指標であることを強調している。

4.2　IAS第1号による最低限の記載

　IFRSには，HGB第275条と比較し得る明確な項目分類様式がない。ただし，IAS第1号は，総損益計算書が最低限どのような項目を含むべきかを義務的に定めている。IAS第1号による**記載義務**は，第275条の要求には明らかに及ばない。ただしそれは，部分的に，他のIFRSに含まれる記載義務により補われる。

　IAS第1号によれば，総損益計算書は，少なくとも次の項目を含まなければならない。

- 売上高
- 財務費用
- 持分法に基づき会計処理される関連企業および共同企業に属する利益および損失割合
- 租税費用
- 次の項目の合計による特別額
  ─IFRS第5号にいう事業の中止による損益（税引後）
  ─事業の中止に伴う資産の売却原価控除後の付すべき時価での評価，または当該資産の売却により認識された損益（税引後）
- 利益または損失

- その他の総損益の構成要素で，性質に応じ，またその後に損益作用的になるかどうかで区分されるもの
- 持分法に基づき会計処理される関連企業および共同企業に属するその他の総損益の割合
- その他の総損益
- 総損益合計

IAS 第 1 号は，総原価法に基づく総損益計算書と売上原価法に基づくそれとの区分を勧告している。というのは，そうした区分が，附属説明書での記載よりも，決算書利用者に対して，意思決定に必要な情報を直接的かつ要覧的に伝達することができるからである。総損益計算書の項目のうち，その他の総損益に関連するものに関し，IAS 第 1 号には強制的な定めがない。もっとも，その他の総損益に含まれる金額の記載義務は，他の IFRS から生じる。

原則として，費用と収益は相殺されてはならない。費用と収益の**相殺禁止**の例外は，IAS 第 1 号に従い，他の IFRS における特別規定が相殺を要求もしくは許容している場合に認められる。

4.3 総損益計算書の損益区分

IFRS による総損益は次の項目から構成される。
- 営業活動による損益
- 次の項目を伴う財務損益
    - 持分法に基づき会計処理される関連企業および共同企業に属する利益または損失割合
    - その他の財務損益
- 営業損益および財務損益に関わる租税
- 事業の中止による次の項目
    - 事業の中止による損益（税引後）
    - 事業の中止に伴う資産の評価，または処分による損益
- その他の総損益

図表6-12 IFRSに基づく総損益の構成要素

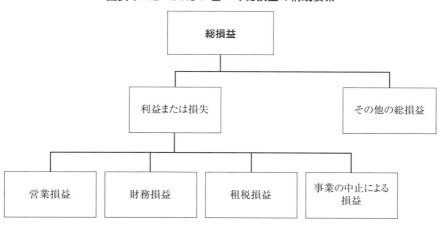

中間合計として，財務損益を区別して表示することは，IAS第1号では要求されない。ただし，理解可能性および明瞭性の観点から，中間合計として"財務損益"が挿入されるべきであろう。図表6-12は，IFRSによる総損益の構成を示したものである。

IAS第1号（1997年）と異なり，改訂IAS第1号（2003年）以降は，費用および収益を臨時項目として認識することは認められない。したがって，臨時的なもののすべてが，損益の構成要素のいずれかで認識される。

それとは異なり，IFRSは事業の中止，すなわち事業の閉鎖または売却に関連する費用および収益に対して，その他の総損益の構成要素と区別して表示することを義務づけている。IFRSのコンセプトに従えば，すべての営業損益が通常の営業活動のものとみなされる。

4.4 営業活動による損益の表示

営業活動による損益は，総原価法（nature of expense method）または売上原価法（cost of sales method）に基づいて分類されなければならない。IAS第1号は，総損益計算書が両方法で区別されることを勧告している。表示すべき最

低限の項目が示されている場合には，総原価法もしくは売上原価法に基づく営業上の成果貢献額のさらなる分類が附属説明書で示されなければならない。

項目分類様式の選択は，企業の歴史および業種固有の観点，並びに企業の性質に応じて行われるべきであろう。こうした企業の特性を考慮した上で，企業の収益状態を最適に示す項目分類様式を適用しなければならない。個々のIFRSの表現から，売上原価法の適用が基本になることがわかる。総原価法と比べて，売上原価法に基づく記載は，決算書利用者に対して傾向的にはより高い情報価値をもたらす。ただし，売上原価法に基づく費用の分類は，大きな裁量の余地を含み，恣意的になり得ることに留意しなければならない。

企業が売上原価法を適用するときは，IAS第1号に基づき，費用の性質について報告しなければならない。その具体例として，IAS第1号は，計画的減額記入額と従業員への給付を挙げている。加えて，商法における記載義務（第285条8号a））に倣い，決算書利用者が経営経済的指数を算定することができるように，材料費が記載されるべきであろう。

図表6-13は，IFRSによる総原価法および売上原価法に基づく利益または損失の分類を示したものである。

図表 6-13　IFRS に基づく総原価法と売上原価法による損益分類

利益の構成要素		該当の IFRS 表示規定
総原価法 (nature of expense method)	売上原価法 (cost of sales method)	
売上高		IAS 第 1 号 82 (a)
	－　売上原価	IAS 第 1 号 103
	＝　損益	IAS 第 1 号 103
＋　その他の収益		IAS 第 1 号 102/103
±　完成品および仕掛品の在高修正		IAS 第 1 号 102
＋　借方計上されたその他の自己給付		IAS 第 1 号 102 と併せた第 1 号 29
－　原材料費，補助材料費，営業用消耗品費		IAS 第 1 号 102
－　従業員への給付		IAS 第 1 号 102
－　計画的減額記入額		IAS 第 1 号 102
	－　販売費	IAS 第 1 号 103
	－　管理費	IAS 第 1 号 103
－　その他の費用	－　その他の費用＊	IAS 第 1 号 102/103
－　財務費用		IAS 第 1 号 82 (b)
＋　持分法に基づき会計処理される関連企業および共同企業に属する利益または損失割合		IAS 第 1 号 82 (c)
＝　税引前損益		IAS 第 1 号 102/103
－　租税費用		IAS 第 1 号 82 (d)
＋　事業の中止による損益（税引後）		IAS 第 1 号 82 (ea)
＝　税引後損益		IAS 第 1 号 102/103
＊「その他の費用」項目は，総原価法と売上原価法では一致しない		

第7章
附　属　説　明　書

1.　附属説明書の目的，法的基礎および構成

1.1　附属説明書の目的

　第264条1項1文に従い，資本会社と有限責任である人的商事会社の貸借対照表および損益計算書に，年度決算書の第三の構成要素として附属説明書が加わる。貸借対照表，損益計算書そして附属説明書は年度決算書の構成要素として同等であり，文書記録，資本維持および会計報告責任目的から成る商法年度決算書の目的体系をそれぞれの立場で支える。貸借対照表および損益計算書上の数値が，会計報告責任目的に加えて，資本維持目的の特徴を大きく表す一方，附属説明書で伝達される情報は，主に**会計報告責任目的**に役立つ。すなわち，附属説明書は，他の年度決算書構成要素から伝達される情報を詳しく解説，補完，修正し，また貸借対照表もしくは損益計算書上での記載の負担を一部軽減化する。つまり，貸借対照表と損益計算書に対する，附属説明書の解説機能，補完機能，修正機能そして負担軽減機能を通じて会計報告責任目的が果たされる。

　貸借対照表または損益計算書項目を説明ないし注釈する附属説明書情報は，解説的性質を有する。貸借対照表および損益計算書に直接関連しない附属説明書の追加的情報は，補完機能を果たす。修正機能は第264条2項2文によるものであり，それによれば，特別な事情により，貸借対照表および損益計算書に

おいて財産・財務・収益状態の実質的諸関係に合致する写像が示されない場合，附属説明書での追加的情報により修正されなければならない。貸借対照表および損益計算書を明瞭かつ要覧的にするために，両文書上ではなく，任意で，情報が附属説明書で提供されるとき，附属説明書は，貸借対照表および損益計算書の負担軽減機能を果たす。附属説明書情報の一部は，異なる機能を同時に果たすため，多様な情報が常に4つの機能に明確に分類されるわけではい。つまり，附属説明書情報は，貸借対照表および損益計算書の負担を軽減することにとどまらず，同時に，関連する貸借対照表項目もしくは損益計算書項目を説明する。

1.2　法的基礎の概要

　附属説明書は，法律上，特に第284条〜第288条に定められている。さらに，附属説明書に対する補完規定が，計上，評価，表示そして公示に関し，HGBの第2章および第3章の多くの箇所で確認できる。附属説明書の内容は，基本的な部分において，商法規定に基づく**義務記載**に規定される。義務記載は，基本的に，規制された事態が存在しない場合にのみ免除される。義務記載の例として，特別な事情により，年度決算書が実質的諸関係に合致する写像を伝達しない場合の追加的記載（第264条2項2文），前年度の金額と比較不能もしくは適合修正する場合の記載および解説（第265条2項2文および3文）が挙げられる。

　小規模および中規模の資本会社，または有限責任の人的商事会社に対しては，例えば，附属説明書に特定の情報を含める記載義務や，附属説明書の公示義務を免除するといった多くの軽減規定が存在する。第276条1文の規模に応じた軽減規定が，小規模および中規模資本会社に適用されることに加え，小規模資本会社に対しては，第274a条，第288条1項，第326条1項2文，そして中規模資本会社に対しては，第288条2項および第327条1文2号に基づき，さらなる軽減化が図られる。

　第267a条にいう**最小規模資本会社**は，貸借対照表上で次の記載が行われて

図表7-1 附属説明書における情報の具体化

情報の種類	情報の具体化
記載	追加的な表現を伴わない指摘。記載される事態の性質に応じて，金額または言語での記載が行われる。
表示	金額による事態の指摘
分類	個々の要素への分類を通じてその構成が明らかになる。分類は金額的に行われる。
解説	解説および解釈により，その内容および／または原因が明らかになる。解説は言語による。
説明	分類もしくは解説に関連する記述。記述される事態ごとに，金額および／または言語での説明が行われる。
理由	特定の行為もしくは不作為の原因，そしてその検証を可能にする見解および論拠の開示。理由は言語で説明される。

いる限り，附属説明書を作成しないことが認められる（第264条1項5文）。

■ 債務保証関係
■ 取締役会，監査役会，諮問委員会もしくは類似の機関の構成員に対する立替金および貸付金
■ 株式法に基づく自己株式の在高に関する記載

　年度決算書情報の一定部分は，貸借対照表ないし損益計算書か，それとも附属説明書のいずれかで提供される。選択的に，附属説明書で情報提供ができるものは，**附属説明書の選択的義務記載**とよばれる。このことから，当該記載がともかく年度決算書上で行われるべきこと，そして表示場所に関しては選択可能なことがわかる。選択的義務記載の例として，ある項目に表示された資産または負債に関し，収容されるべき他の項目の記載（第265条3項），並びに貸借対照表もしくは損益計算書上で統合された項目の別途表示（第265条7項2号）が挙げられる。一定の情報に関わる貸借対照表または損益計算書の負担軽減化により，年度決算書の明瞭性および要覧性が高まる。貸借対照表および損益計算書の数値に関し，その記載を必須のものに限定することで，年度決算書利用者が，企業の財産・財務・収益状態に関するイメージを描きやすくなる。その

後，年度決算書をより深く分析するために附属説明書での記載が利用される。

商法上の義務記載および選択的義務記載と並んで，附属説明書に関するさらなる規定が，(例えば，株式法もしくは有限会社法上の) 一定の法形態の企業に対する特別法に，またドイツ会計基準 (DRS) において存在する。ただし，後者の DRS は，まずは連結決算書に対して意味をもつ。

附属説明書に関する規定は，求められる情報の性質および内容に応じて，記載，表示，分類，解説，説明そして理由の明示に関するものに区別される。SELCHERT/KARSTEN は，それを図表7-1のように具体化している。

1.3 附属説明書の構成

附属説明書の形式は，GoB として年度決算書の構成要素の表示を定める**明瞭性原則および要覧性原則**に規定される。それによれば，附属説明書において明確な名称を用いる必要があり，また外部の年度決算書利用者に対して，それを明瞭かつ要覧的な形で表示しなければならない。まずもって，年度決算書のうち，どれが附属説明書であるかの明示が求められる。

附属説明書の情報構成に関し，例えば貸借対照表，損益計算書，評価方法およびその他の附属説明書記載に関する情報に対して，企業ごとに異なる具体的基準が用いられる。さらに，いわゆる注記 ("notes") の形態によるアングロサクソン的表示方法を通じて，個々の貸借対照表項目および損益計算書項目に関し，表示がより明瞭になりうる。ARMELOH による提案は，図表7-2として示される。ARMELOH の提案は，企業の営業報告書実務に依拠している。

附属説明書において，貸借対照表および損益計算書の個別項目がどのような順序で記載されるべきかについて，第284条1項1文に定めがある。すなわち，貸借対照表と損益計算書の項目分類様式の順序に応じて，附属説明書での記載が行われなければならない。

選択された附属説明書の構成は，形式的継続性原則 (第265条1項) に従い，次年度以降も維持されなければならない。特別な事情でのみ，定められた構成を変更することができる。附属説明書の構成が，連続する年度決算書間で異な

図表 7-2 個別決算書における附属説明書の個々の要素

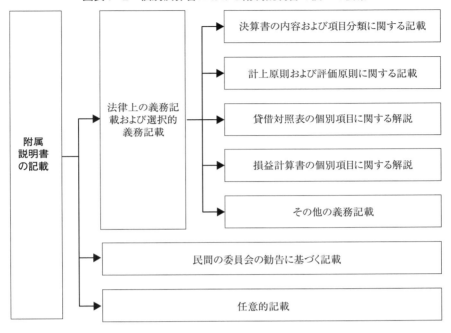

るときは，変更の旨を附属説明書において記載し，その理由を示さなければならない。

2. 決算書の内容および項目分類に関する記載

2.1 概　　要

　附属説明書はまず，貸借対照表および損益計算書の**内容と項目分類に関する一般的な記載**を含む。特別な事情により，年度決算書が財産・財務・収益状態の実質的諸関係に合致する写像を伝達しない場合には，第264条2項2文による一般規範にいう追加的記載が求められる。さらなる記載は，明瞭性原則および要覧性原則を年度決算書上で具体化させる法律上の諸規定に基づく。これに

図表 7-3　決算書の内容および項目分類に関する一般的記載

計上および評価原則			
規定		事態	注釈
HGB	第264条2項2文	特別な事情により，年度決算書が実質的諸関係に合致する写像を伝達しない場合の追加的記載	
	第265条1項2文	連続する営業年度の貸借対照表と損益計算書の表示形式および項目分類様式からの離脱に関する記載と理由	
	第265条2項2文	貸借対照表および損益計算書の個別項目に関し，前年度の金額と比較できない場合の記載と説明	
	第265条2項3文	貸借対照表および損益計算書上の，適合修正する前年度の金額の記載と説明	
	第265条4項2文	他の支社に対して定められた項目分類に基づく年度決算書の補完に関する記載と説明	小規模会社には非適用

は，前年度と異なる年度決算書上での表示形式を説明し，附属説明書でその理由を示す義務記載（第265条1項2文），さらに比較不能または適合修正する前年度の金額を記載し，それを解説する義務記載（第265条2項2文および3文）が挙げられる。

　年度決算書の内容および項目分類に関する一般的な記載は，図表7-3にまとめられる。

2.2　一般規範の履行のための追加的記載

　年度決算書は，GoBの遵守のもとで，第264条2項1文に従い**財産・財務・収益状態の実質的諸関係に合致する写像**を伝達しなければならない。年度決算書がこの要件を充たさない場合，第264条2項2文に基づき，求められる写像が伝達されるように，附属説明書での追加的記載が必要になる。もっとも，一般規範が附属説明書での記載を暗黙に要求しているので，当該規定は，第264条2項1文の一般規範との関連では明確化の意味をもつにすぎない。追

加的な附属説明書情報は，特別な事情により，財産・財務・収益状態に関する写像が誤って示される場合にのみ要求される。したがって，例えば取得原価主義に基づき，流通価格を下回る土地の計上価額が，附属説明書での追加的記載により修正されるべきではない。会計慣行ないしGoBを前提とするそのような歪みは，第264条2項2文のケースにはあてはまらない。

同条による追加的な記載義務に関する指標は，企業の年度決算書で示される経済状態と実際の経済状態とのかい離である。当該かい離は，企業の財産・財務・収益状態の実質的諸関係に合致する写像が過大もしくは過小に表示される場合に生じる。附属説明書のこうした記載がいつ具体的に求められるかに関し，一般に認められた説明はなく，具体例でしか知ることができない。附属説明書での追加的記載は，例えば次の場合に求められる。

- ■ 高インフレ諸国での売上による仮想利益の表示
- ■ 収益が拡大傾向にあったため，想定できなかった営業年度末の収益の落ち込み
- ■ 期間をまたぐ注文生産による損失表示，そして実現原則により認められない部分利益実現
- ■ 例えば，価格上昇の際に棚卸資産が後入先出法で評価され，かなりの在庫削減による場合の秘密積立金の巨額の取崩し
- ■ その他の営業費用および収益における臨時的かつ営業外の費用の巨額の累積。その結果，営業損益は企業の収益力の指標にならず，営業損益に関する追加的説明なしでは，収益状態が実質的諸関係に合致しない場合

これまでの実証研究では，**実務上**，中規模資本会社および大規模資本会社の場合，附属説明書において第264条2項2文に基づく追加的記載が公表された事例は確認されていない。現在もなお，当該記載は例外的であるといえよう。

2.3 形式的継続性を中断した場合の記載と理由説明

年度決算書は明瞭性原則および要覧性原則（第243条2項）により，**名称，分類そして表示形式の継続性**という意味での形式的継続性に基づいている。資

本会社の場合，一度選択された年度決算書の表示形式を維持する義務が，第265条1項1文に定められた。それにより，外部の年度決算書利用者は，連続する年度決算書の比較が容易になる。例外的な場合として，特別な事情により，以前に選択された表示形式からの離脱が認められる。特別な事情とは，例えば，次の場合である。

- ■ コンツェルン親会社が，新たなコンツェルン統一的な項目分類表示を指示する，または
- ■ 表示形式を業種固有のものに適合させる

資本会社は，第265条1項2文に基づき，**表示形式の変更**を附属説明書に記載し，その理由を示す必要がある。表示形式の継続性が中断したとしても，附属説明書での情報により，連続する年度決算書間の比較可能性が保たれる。そのため，表示形式からどのように，そしてなぜ離脱したのかについて，附属説明書における記載と理由の説明をもって明らかにされなければならない。

3. 貸借対照表計上原則および評価原則に関する記載

貸借対照表および損益計算書は，第264条2項1文の一般規範にいう会社の**実質的な経済状態**を表現する限りでのみ適切である。というのは，一方では，債権者保護的な GoB が考慮されなければならず，他方では，貸借対照表および損益計算書により伝達される定量的情報が，計上，評価および表示の選択権，さらに裁量の余地を通じて，企業独自の会計政策により歪められるからである。附属説明書において，年度決算書に用いられた計上方法および評価方法が詳しく説明されなければ，会計アナリストは，企業の経済状態の写像をイメージするという点で非常に制約的な立場に置かれる。したがって，附属説明書において，基礎となる計上原則および評価原則に関する報告を行うことは，とりわけ企業間比較および期間比較の観点からみて，貸借対照表および損益計算書の数値の判断とその解釈にとって重要である。

決算書の計上原則および評価原則に関する記載は，図表7-4にまとめられ

図表7-4　計上原則および評価原則に関する附属説明書の記載

計上原則および評価原則			
	規定	事態	注釈
HGB	第284条2項1号	貸借対照表と損益計算書の項目に用いられた計上方法および評価方法の記載	
	第284条2項2号	計上方法および評価方法からの離脱に関する記載とその理由，およびその財産・財務・収益状態への影響の記述	
	第284条2項4号	製造原価に算入された他人資本利子に関する記載	
	第285条20 a)号	第340e条3項1文に従い会計処理される金融商品の，時価確定のための評価手続きの適用にあたっての基本的前提	
	第285条23 b)号	第254条にいう評価単位により補償されるリスクにつき，どのような理由，範囲，期間に，逆方向の価値変動または収支の流れが相殺されると見込まれるかに関する記載，並びに算定方法の記載	表示選択権：附属説明書または状況報告書
	第285条23 c)号	評価単位に組み入れられた，高い蓋然性をもって予想される取引に関する説明	表示選択権：附属説明書または状況報告書

る。そこに掲げられている規定のなかでも，特に第284条2項1号は重要である。というのは，それは貸借対照表および損益計算書の全項目の記載義務に関わるからである。

　第284条2項1号は，貸借対照表項目および損益計算書項目に用いられた計上方法および評価方法を附属説明書において記載することを定めている。こうした附属説明書での記載により，年度決算書利用者は，取引事象が決算数値に変換される描写規準に関する情報を得る。少なくとも部分的に，当該数値の基礎となる経済的事態の推測が可能になる。描写規準が法文上明確であり，しかも選択権が存在しない限り，附属説明書に記載しないことができる。なぜな

ら，年度決算書利用者に対する追加的情報を附属説明書に含める必要がないからである。やや異なるのは，決算書作成者に判断の余地を認める計上規準および評価規準の場合である。年度決算書利用者が判断の余地の利用に関する情報を有する場合にのみ，経済的事態の推測が可能になる。法律で認められた計上選択権および評価選択権，並びに自由裁量の余地の場合に，決算書作成者の判断が認められる。そのため，第284条2項1号による附属説明書の記載の場合，計上選択権および評価選択権，並びに裁量の余地がどのように利用されたかを示す必要がある。

用いられた計上方法および評価方法に関する附属説明書の記載は，例えば，次の事態ないし項目に該当する。

- 期間をまたぐ工事：部分給付もしくは全部給付の履行時点における債権の計上
- 自己創設資産：製造原価に算入する部分の記載
- 損耗性固定資産：計画的減額記入の方法に関する記載
- 棚卸資産：評価簡便法の記載
- 年金引当金：利子率の算定方法および金額

4. 貸借対照表の個別項目に関する解説

決算書の内容および項目分類に関する附属説明書での一般的な記載，または計上原則および評価原則に関する記載に加えて，特定の貸借対照表項目に関する追加的説明および補足的情報が求められる。貸借対照表上の数値的記載に関する，こうした附属説明書での追加的情報は，貸借対照表との連携のもとで，財産状態および財務状態の実質的諸関係に合致する写像を伝達する。

図表7-5の事例は，WACKER化学株式会社の第285条2号に基づく債務の分類を示したものである。附属説明書の記載を通じて，年度決算書利用者が，債務の原因と返済期限に関する情報を得ることができるため，例えば，将来の資金流出の予測が容易になる。

図表7-5 WACKER化学株式会社の附属説明書からの抜粋

[21] 金融債務（百万ユーロ）						
	2015 全体	残余期間 1年未満	残余期間 5年以上	2014 全体	残余期間 1年未満	残余期間 5年以上
信用機関に対する債務	756,1	216,0	0,0	899,4	150,6	16,0
結合企業に対する債務	95,7	95,7	0,0	45,5	45,5	0,0
その他の金融債務	3,5	3,5	0,0	5,0	5,0	0,0
	855,3	315,2	0,0	949,9	201,1	16,0
[22] 納入および給付による債務，債務残高（百万ユーロ）						
	2015 全体	残余期間 1年未満	残余期間 5年以上	2014 全体	残余期間 1年未満	残余期間 5年以上
納入および給付による債務	148,0	148,0	0,0	153,1	153,1	0,0
結合企業に対する債務	27,3	27,3	0,0	13,3	13,3	0,0
租税による債務	9,5	9,5	0,0	9,9	9,9	0,0
社会保障に関わる債務	0,3	0,3	0,0	0,5	0,5	0,0
補償の確定による債務	0,2	0,2	0,0	0,2	0,2	0,0
清算済先物取引による債務	2,7	2,7	0,0	1,6	1,6	0,0
前受金	403,1	140,0	0,0	617,5	140,0	0,0
その他の債務	6,8	6,8	0,0	6,6	6,6	0,0
債務残高	450,0	186,9	0,0	649,6	172,1	0,0

5. 損益計算書の個別項目に関する解説

　貸借対照表の個別項目に関する解説と並んで，特定の損益計算書項目に関して，当該項目を解説，そして当該項目を補足する追加的情報が求められる。損益計算書上の数値的記載に関する，附属説明書における解説および補足は，損益計算書との連携のもとで，収益状態の実質的諸関係に合致する写像を伝達する。

　損益計算書の個別項目に関する商法上の附属説明書の記載は，例えば，材料

図表 7-6　材料費および労務費に関する Wacker 化学株式会社の報告

[5] 材料費		
（百万ユーロ）	2015	2014
原材料費，補助材料費，営業用消耗品費および買入部品費	-1.483,6	-1.451,0
買入給付費	-19,9	-20,2
	-1.503,5	-1,471,2
[6] 労務費	2015	2014
賃金，給料および老齢者パートタイム費	-666,6	-633,1
社会保障負担金および扶助費	-108,6	-102,6
老齢年金費	-50,2	-32,6
	-852,4	-768,3

費および労務費に関するものがあり，また売上高（第285条4号）の分類がセグメント報告により行われる。

　材料費および労務費に関する Wacker 化学株式会社の報告事例は，図表7-6のとおりである。

　近年，企業は，地理的に異なる地域か，異なる製品分野に進出する傾向が顕著である。こうした多角化の狙いは，例えば，成長機会に関連させて，他のセグメントの展開を活用して為替リスク等，企業を取り巻くリスクを限定することにある。個々のセグメントを年度決算書で一括してしまうことで，様々なセグメントの展開に関わるチャンスないしリスクと，それに伴う企業の経済状態を年度決算書利用者が適切に判断することが難しくなる。そのため，セグメントごとに分類した指標を公表することが一般に求められる。セグメント報告の目的は，セグメントごとに異なる展開のチャンスとリスクの透明化を図るところにある。

　ドイツの会計法上，第285条4号をもって初めて，**セグメント報告**の基本形式が導入された。それによれば，大規模資本会社は，セグメント間で重要な相

違が生じる場合，活動領域および地理的に区分された市場ごとに，売上高を分類しなければならない。小規模および中規模資本会社は，第288条に基づき，セグメント報告を免除される。大規模資本会社もまた2つの理由をもって，セグメント報告の禁止か，または報告を免除される可能性がある。第一に，ドイツまたは他国の利害に鑑み，第268条1項のいわゆる一般的保護条項に基づきセグメント報告が禁止されることである。当該禁止は，とりわけ企業が，国家安全政策もしくは軍事上の利害に関わる法的取引を国家と行う場合が考えられる。第二に，第286条2項に基づき，大規模資本会社が重大な不利益を被ることが考えられる場合に，セグメント報告の作成が免除されることである。第286条2項に従い，そして非恣意性原則に鑑み，理性的な商人の判断に基づき不利益を被るかどうかが判断されなければならない。かかる免除については，競合企業が当該情報から利益を得ることが要件である。その場合，競合企業が利益を得るかどうかについて推測は許されない。

　第286条1項もしくは2項の保護条項が適用されない場合，セグメント間の相違が著しいことを前提に，大規模資本会社はセグメント報告の義務を負う。もっとも当該義務は，活動領域，そして地理的に区分された市場で著しい相違がある場合に限定されない。むしろ会計報告責任目的により，企業が活動領域についてのみ，または市場についてのみ著しく多角化している場合であっても，特定の分野，もしくは地域的なセグメント報告が求められる。

　セグメントの区分に関しては，第285条4号の文言，並びに当該規定の成立史からわずかなヒントを見い出すことができる。「販売組織を考慮した上で」という指示は，セグメントの区分の一助となる。もっとも，セグメントは，販売組織の考慮ということに必ずしも限定されない。むしろ，上述のセグメント報告の目標を考慮しなければならない。すなわち，展開に関わるチャンスおよびリスクが同種か，または異質かに応じてセグメントを行わなければならない。

　活動領域に基づくセグメントに関しては，製品，製品グループもしくは分野間の区分が考えられる。その場合，分割のレベルは，成長見込，景気依存性，競争の激しさ，革新のテンポ，市場規制等を大きく区別する形で選択されなけ

ればならない。プロフィット・センター，不採算部門等の区分がある企業組織の場合には，それがセグメントの基礎となる。反対に，例えば，開発，生産および販売に応じて分類される機能的な企業組織は，セグメントを行う理由として適切ではない。

　地理的に規定される市場に基づくセグメントは，国，国家連合，大陸間による地理的な区分と理解される。地理的に区分する意義は，企業活動が抱える国特有のチャンスとリスクを透明化する点にある。したがって，市場全体を，少なくとも国内市場と国外市場に分けることは目的に適っている。外国に積極的に進出している企業はさらに，外国での売上を，国，国家連合，類似の経済的，社会的そして政治的条件が似ている大陸ごとに分類しなければならない。

　第285条4号に基づく，年度決算書における**ドイツのセグメント報告の対象**は，売上高が唯一のものである。第277条は，売上高の定義を必ずしも明確に示していないものの，第285条の成立史から，立法者が売上高の区分を望んでいたことは明らかである。売上高には外部売上，すなわち外部の第三者との取引による売上だけが表示されるので，これらが単に区分されるにすぎない。それに対して，法律上，セグメント横断的な売上を含むセグメントごとの売上を記載することは定められていない。もちろん，コンツェルン内の取引を企業が広範に行っている場合には，個々のセグメントの外部売上だけを記載することは，セグメントの規模および意義に関する適切な基準とはならない。したがって，こうしたケースでは，外部売上と並んでセグメントごとの内部売上が記載されるべきであろう。内部売上の追加的記載は，とりわけ，企業が売上と並んで，資産と利益，投資そして従業員ごとに情報を区分している場合に求められる。さもなければ，かかるセグメントの記載は，区別される外部売上との重要な関連性をもたない。

　WACKER化学株式会社の報告事例は，第285条4号による，活動領域並びに地理的に区分された市場ごとの売上高の分類に関するものであり，図表7-7で示される。

　セグメント報告の基本形式は，連結会計においてもみられる。第297条1項

図表7-7　Wacker化学株式会社の年度決算書からの抜粋

[3] 売上高（百万ユーロ）

部門	2015	2014
WACKER SILICONES	1.444,5	1.327,4
WACKER POLYMERS	739,5	673,5
WACKER POLYSILICON	1.071,3	1.049,2
WACKER BIOSOLUTIONS	136,5	124,8
その他 *)	195,4	168,4
	3.587,2	3.343,3

*)「その他」の部門には，結合企業および資本参加関係のある企業に対する給付の相殺による収益，並びに塩工業による収益が表示されている

地域（取引先の所在地）		
ドイツ	764,0	746,3
ヨーロッパの他の地域	1.056,0	1.011,2
アメリカ	390,3	323,1
アジア	1.201,7	1.113,5
その他の地域	175,2	149,2
	3.587,2	3.343,3

2文に基づき，連結決算書は，詳細なセグメント報告で補完されなければならない。セグメント報告の作成に関する具体的な定めがないため，セグメント報告に関する基準（DRS第3号）が可決された。DRS第3号は，セグメント報告に関し，次の記載を求めている。

- ■ 外部そして内部の売上
- ■ セグメント損益
- ■ セグメントごとの減額記入額
- ■ 収支に関連しないその他の項目
- ■ 関連企業およびその他の企業への資本参加による損益

- セグメント別の長期保有資産への投資
- セグメント別の負債

　資本市場指向企業は，多くの場合，コンツェルンに属しており，IFRS連結決算書に詳細なセグメント報告を含める必要がある。そのため，年度決算書での詳細なセグメント報告はあまり意味がない。なお，第264条1項2文において，年度決算書をセグメント報告で補完することが勧告されている。

6. 民間の委員会の勧告に基づく記載

　附属説明書には，民間の委員会の勧告に基づく記載も表示される。これに関し，従来は，ドイツ・コーポレート・ガバナンス・コード（DCGK）も，そしてDRSに基づく記載も表示されていた。現在，年度決算書に対して，企業は特定のDRSだけを考慮しなければならない。重要なのは，DRSCのHGB専門委員会により策定されたDRSが，勧告もしくは（成文化された）GoBの解釈に過ぎない，ということである。HGB専門委員会で可決された後，**DRS**は連邦法務・消費者保護省（BMJV）に直接，送付される。BMJVの決定をもってはじめて，提出されたDRSが正式に公告され，当該基準は事実上の拘束力をもつ。

　2つ目の重要な勧告は，**DCGK**である。DCGKは，「ドイツの取引所上場会社（企業経営者）の指揮および監督に関する重要な規定を意味し，良識かつ責任感に富んだ企業経営者に対する国際的および国内的に認められた基準を含んでいる」（DCGK前文）。取引所上場企業による追加的記載を通じて，国際的な，そして国内の投資家の信頼を高めなければならない。DCGKは拘束的なものではなくて，基本的には勧告ないし提案にすぎない。勧告と提案の違いは，勧告に従わない場合，その報告義務があるのに対し，提案に従わない場合はその義務がないという点にある。現行のDCGKにおいては，いわゆるコーポレート・ガバナンス報告書が作成され，当該報告書とともに企業経営者による説明が公表されるべきとの勧告がある。企業経営者による説明は，会計法現

代化法（BilMoG）の第289a条により状況報告書の新たな部分として導入され，株式法第161条に基づく説明と統合された。その結果，当該記載は，もはや附属説明書では直接確認できない。附属説明書では，DCGK（株式法第161条）に相当する説明が実際に公表され，公に入手可能になった旨が記載されるにすぎない。

7. 任意的記載

　上述の附属説明書に関する，法形態固有そして法形態に依存しない規定は，最低限の内容を定めるにすぎない。財産・財務・収益状態の実質的諸関係に合致する写像が損われる場合，附属説明書において任意で，さらなる情報提供が行われる。

　いかなる情報がこうした要請を満たし，附属説明書において任意に提供可能かは**不確定**である。小規模および中規模資本会社の場合，法規に基づき，その規模に応じて情報提供の免除の可能性がある。また，財産・財務・収益状態に関する追加的計算書を任意に記載することが適切である。その場合，同じく追加的計算書の任意的記載ができる状況報告書との調整が求められる。実務上，大規模資本会社，とりわけ取引所上場株式会社の場合，営業報告書において追加的情報の任意的記載を行う傾向が高まっている。例えば，価値指向報告（value reporting）の分野である。DAX，MDAX，SDAXそしてTecDAX指標への登録企業の営業報告書を対象に，1996年以来，専門誌『経営者（manager magazin）』において毎年，利用者の側からみて最適な営業報告書が発表される。営業報告書の視覚的そして言語表現と並んで，ミュンスター大学の会計監査講座（IRW）ないしチーム・ベェトゲ（Team Baetge）による営業報告書に対する経営経済学的評価，そして特に，任意の追加的記載の性質および内容が重要な意味をもつ。附属説明書上での報告の意義は，チーム・ベェトゲによる実証研究によっても明らかにされた。すなわち，HGB営業報告書の分析を通じて，附属説明書での報告の質が，財務アナリストによる一株当たり

図表 7-8　任意的記載の例

任意的記載
■ 第285条に掲げられていない貸借対照表項目ないし損益計算書項目の解説
■ 副次的計算書の記載
－　キャッシュ・フロー計算書
－　詳細なセグメント報告
－　運動貸借対照表
－　社会貸借対照表
－　付加価値計算書
－　資本維持・実体維持計算書
－　メザニン証券増減表
■ 一株当たり利益の記載
■ ドイツ資本会社の年度決算書の国際的比較可能性を高めるための記載
－　資産の再調達原価
－　未実現利益
－　外国の会計規定に基づく年度損益

利益の予測に大きな影響を与えることが実証された。IFRSの附属説明書は，この点で，あまり意味がなかった。

任意的記載のさらなる事例は，図表7-8に示される。

キャッシュ・フロー計算書と自己資本変動表，並びに売上の区分にとどまらないセグメント報告は，附属説明書の任意的記載として重要な意味をもつ。とりわけ，中規模および大規模会社の年度決算書にキャッシュ・フロー計算書が含まれることは標準である。連結会計の場合，第297条1項1文に従い連結決算書にキャッシュ・フロー計算書を含めなければならない。さらに，連結決算書は，第297条1項2文に従いセグメント報告を含めることができる。連結決算書を作成しない資本市場指向企業は，第264条1項2文に基づき，キャッシュ・フロー計算書と自己資本変動表を公表する義務を負う。資本市場指向企業については，セグメント報告も勧告される。

8. IFRS に基づく附属説明書

　IAS 第 1 号に従えば，附属説明書（notes）は，IFRS 決算書の同等な**義務的構成要素**の 1 つである。そのため，商法会計とは異なり，IFRS 適用企業のすべてが法形態および規模に関係なく，附属説明書を作成しなければならない。また，ドイツ商法とは異なり，IFRS に基づく附属説明書は修正機能を有しない。その理由は，用いられた計上方法および評価方法の記載，また附属説明書における追加的説明では，不適切な会計方法を正すことができないことにある。例外は，企業経営者が，実質的諸関係に合致する写像を伝達するために，IFRS からの離脱を必要と判断するような稀な場合である。

　IFRS 附属説明書の構成は，IAS 第 1 号に定められている。附属説明書においては，決算書の理解にとって適切な作成方法と固有の会計方法，すなわち決算書の作成の際に用いられた評価方法，またそれ以外に用いられた会計方法が報告されなければならない。さらに，IFRS が記載を要求しているものの，他の決算書で記載されていないものについて，附属説明書での記載が行われなければならない。加えて，他の決算書の理解にとって重要であるが，いまだ未提示の情報をあらためて提供しなければならない。IAS 第 1 号に従い，附属説明書における記載は体系的に示される必要がある。報告の要覧性を高めるため，附属説明書での個々の記載は，それに関係する貸借対照表，総損益計算書，キャッシュ・フロー計算書上の項目の横断的指示を通じて，明確に行われなければならない。IAS 第 1 号によれば，附属説明書での記載として，次のものが示される。

（a）年度決算書が IFRS に準拠している旨の経営者による説明
（b）用いられた会計方法の記載
（c）年度決算書の他の構成要素で表示された項目に関する，適切な記載順序に基づく詳細な情報
（d）偶発債務および未履行契約に関する詳細な情報，並びに非財務的記載
　さらに，会計処理方法の適用に際し，経営者がどのように判断し，その判断

がどの決算書項目に重大な影響を及ぼしたのかが記載されなければならない。同様に，将来に関わる最も重要な仮定と，その他の判断の確実性について記述しなければならない。これとの関連で，その対象となる資産の性質および簿価を示さなければならない。

　附属説明書の内容および構成に関する IAS 第 1 号の規定に加えて，附属説明書における記載義務は，個別の会計基準で詳細に定められている。ドイツ商法と比較すれば，個々の IFRS が要求する附属説明書の記載内容は，基本的に HGB のものよりも詳細である。

　IFRS 第 7 号による**リスク管理**領域のコンセプトおよび手続きの修正に伴い，2005 年に，金融商品の記載義務に関する 1 つの独立した基準が公表された。当該基準の目的は，決算書利用者に対して，企業の経済状態に関わる金融商品の重要性，金融商品に関連するリスクおよびその管理に関する情報を提供することである。

　IFRS では，**セグメント報告**もまた附属説明書の構成部分である。IFRS 第 8 号は 2006 年 11 月に可決され，2007 年 11 月 21 日に EU 法に承認された。当該基準は IAS 第 14 号に代替するものであり，2008 年 12 月 31 日の後に始まる営業年度から適用されている。IFRS 第 8 号の公表により IASB は，"リスクおよび経済価値アプローチ"から"マネジメント・アプローチ"への転換を図った。すなわち，チャンスおよびリスクを指向したセグメントから，内部報告目的のための情報が用いられる，分権化した事業単位のセグメントへの転換である。IASB の意図は，"マネジメント・アプローチ"を採用することで，決算書利用者に対しては意思決定の有用性を高め，かつ企業の決算書作成コストを低減させるところにある。

　事業セグメントの概念に関しては，IFRS 第 8 号に説明がある。それによれば，次の要件を充たす組織単位である。

（a）その営業活動から売上と費用が生じ
（b）最高経営意思決定機関により当該事業の損益が定期的に検討され，業績判断並びに資源配分に用いられ，かつ

(c) 会計関連情報を別個に入手できる

報告義務のあるセグメントのデータは，内部報告会計に用いられた計上方法および評価方法に合わせる形で算定される。内部の意思決定プロセスにおいてより多くの業績数値が用いられる限り，セグメント報告においては，IFRS決算書に最大限一致させた損益の数値が記載されなければならない。セグメント報告に当たっては，次のものを記載しなければならない。

- セグメントの基準，そして利益を生み出す製品ないしサービスに関する一般的説明
- セグメントのデータ，すなわち報告義務のあるすべてのセグメントの損益，資産および負債
- IFRS決算書とセグメント報告の数値との調整計算
- その他の記載で，地理的に区分された売上高，長期保有資産あるいは重要な顧客に関するもの

第8章
状況報告書

1. 状況報告書の法的基礎および目的

　資本会社と有限責任の人的商事会社は，第264条1項1文に従い，年度決算書を**状況報告書**で補完しなければならない。状況報告書は，年度決算書と並ぶ独立した会計文書である。そこでは，企業の営業経過および状況が主に言語形態で広範に記述され，解説される。小規模会社は，第264条1項4文に従い，状況報告書の作成を免除される。

　状況報告書の内容については，第289条～第289f条に定めがある。第289条は，状況報告書が充たすべき要件を定めている。他方，第289a条～第289f条には報告項目が定められており，それは，企業の法形態そして資本市場指向か否かに左右される，年度決算書の義務的な構成部分である。

　第289条以下の諸規定の表現は抽象的であり，状況報告書に関する具体的な要件はほとんど含まれていない。したがって，報告の実践には，次のDRSCの基準が重要であり，そこに状況報告書の内容に関わる具体的な定めがある。

■ 2012年12月4日のDRS第20号（連結状況報告書）は，第315条に従い連結状況報告書の作成義務を有する，または任意で作成するすべての親企業に対して，状況報告書の作成を定めている。

■ 2011年1月27日（初回の公告：2008年6月5日）のDRS第17号（2010年改訂）は，取締役報酬開示法により拡充された第315a条2項を具体化

するものである。

　DRS 第 20 号および第 17 号は，法的にみれば，まずは連結状況報告書の作成に関する規定である。連結状況報告書に対する拘束力は第 342 条 2 項に基づいており，それによれば，DRS は連結会計に対する GoB とみなされる。もっとも，DRS 第 20 号および第 17 号は，連結会計に対してのみ意味をもつわけではない。むしろ，DRS 第 20 号および第 17 号において，個別決算書に関わる状況報告書に対しても当該基準の適用が勧告されている。状況報告書に関する規定（第 289 条）と連結状況報告書に関する規定（第 315 条）の表現は，文言的にみればほぼ同じであり，また両報告書の目的は一致している。そのため，DRS 第 20 号および第 17 号は，第 289 条の抽象的な表現を具体化するという重要な役割を果たす。つまり，DRS 第 20 号および第 17 号は，個別決算書作成企業にとっても意味がある。

　状況報告書は独立した会計文書であるものの，年度決算書の構成要素ではない。年度決算書と状況報告書は，形式上区別されるとはいえ，内容上は相互に独立していない。なぜなら，**状況報告書の役割**は，一方では，年度決算書情報の詳細化であり，他方では，年度決算書を時間と事柄の面で補完する点にあるからである。状況報告書の詳細化機能は，年度決算書に描かれる企業の（全体）状況に関わる財産・財務・収益状態の要約に表れる。補完機能は，一方で，予測と，いわゆる後発事象情報（決算日と決算書作成日との間の事象に関する情報）を状況報告書に含めることで時間的な面，他方で，例えば人的なそして販売状況も含む企業の全体状況に関わる報告といった事柄の面に表れる。

　年度決算書と状況報告書の結びつきは，双方に適用される**一般規範**を比較すれば明らかである。状況報告書は第 289 条 1 項に基づき，資本会社の（営業損益を含む）営業経過の実質的諸関係に合致する写像および状況を伝達しなければならない。年度決算書に関する一般規範（第 264 条 2 項）は，企業の財産・財務・収益状態の実質的諸関係に合致する写像の伝達を求めている。両一般規範の表現はほぼ一致しているため，年度決算書の一般規範にみられる会計報告責任目的が状況報告書に対しても当てはまることがわかる。状況報告書は，過

去事象に関する報告にとどまらず，リスクとチャンスを含む企業の予想される展開に関わる予測部分を含むことから，**状況報告書の目的**を情報伝達とみなすことが適切である。

状況報告書は，多様な価値の，過去および将来関連的並びに定性および定量的データに基づき，**資本市場指向の報告という目標**を支え，年度決算書からは直接読み取れない，あるいは不明確な形でしか読み取れない情報を状況報告書利用者に伝達する。とりわけ，状況報告書を GoB から切り離すことは，こうした目標にとって有効である。というのは，会計規準の厳格な制約から離れて，企業経営者が企業の経済状態の報告をし易くなる，もしくはそうした報告こそが必要だからである。その場合，第289条以下の規定は，状況報告書に関する**最低限の内容**を定めている点に留意しなければならない。第289条の規制範囲は，DRS 第20号により部分的に著しく拡大されたが，もっぱらそれは勧告にすぎない。DRS が勧告する，法律上の最低限の要求を超える情報を通じて，状況報告書利用者の増大する情報ニーズを考慮することが可能になる。

状況報告書は，第264条1項に基づき，中規模および大規模資本会社並びに有限責任の人的商事会社の法定代表者により，営業年度の最初の3ヶ月以内に作成され，貸借対照表，損益計算書および附属説明書とともに単一の印刷物，すなわち営業報告書に収容されなければならない。

2. 正規の状況報告書作成の諸原則

HGB 第289条は，状況報告書に関する法的基礎として，多くの不確定法概念を含んでいる。不確定法概念は様々な解釈を認めるため，状況報告書作成者の形成余地を広げる。したがって，第289条を解釈するための，一般に認められる基準を導き出す必要があり，それが状況報告書に含まれる情報に対する客観的尺度となる。これが**正規の状況報告書作成の諸原則（GoL）**であり，すべての情報伝達に適用される条件（基幹諸原則）を土台にして，状況報告書に対する特別な要求を定めるものである。BAETGE/FISCHER/PASKERT による GoL シ

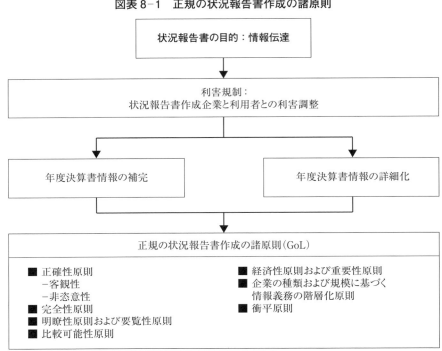

図表 8-1　正規の状況報告書作成の諸原則

ステムは，図表 8-1 に示される。

　状況報告書の作成に際しては，文献で提唱され，一部は DRS 第 20 号に採用された以下の GoL が考慮されなければならない。

- **正確性原則**は，間主観的に検証可能，すなわち客観的かつ恣意性のない，状況報告書での事実に即した記述を求める。問題は，状況報告書での将来指向の記載に正確性原則を適用させる場合である。なぜなら，将来指向の記載は企業経営者の予測に基づくものであり，それは未決の事態を基礎に置くからである。状況報告書の記載が予測に基づくことから，正確性原則は，恣意性のない報告を求める。これは，予測が説得的かつ矛盾なく行われ，その基礎となる前提並びに予測の範囲が明示されるべき

ことを意味する。正確性原則を補完するものとして，信頼性原則がDRS第20条17-19に定められている。

■ **完全性原則**（DRS第20号12-16）に基づき，企業の経済状態が包括的に報告され，入手可能なあらゆる情報が利用されなければならない。どの事態を報告すべきか，またそうでないかは，状況報告書利用者に対して保証すべき情報ニーズを勘案して判断しなければならない。完全性命令は，状況報告書においてすべての取引をもれなく報告することを要求するのではなく，むしろ，利用者が報告書作成企業に対する意思決定を行う際，それに不可欠な記載が状況報告書で行われることを求める。その場合，例えば，企業の規模，業種，構成そして経済状態といった報告企業の特性が重要になる。

■ **明瞭性原則および要覧性原則**（DRS第20号20-30）は，状況報告書において，簡潔で理解可能，そして要覧的な情報の呈示を要請する。状況報告書は体系的に構成される必要があり，その構成は法律上，第289条で要求される状況報告書の諸要素に基づく必要があろう。状況報告書での個々の記述と法律で求められる義務的な報告部分との関連性がわかる形で，状況報告書が作成されなければならない。明瞭性原則は「外交的ナイーブな表現のもとで問題およびリスクが暗示されないよう」明確な文言による説明を求める。

■ **比較可能性原則**によれば，連続する営業年度において，状況報告書に含まれる情報，用いられる専門用語，そして表示形式の選択基準が同じでなければならない。重大な理由により，状況報告書の内容の連続性が途絶えるときは，それを説明し，根拠を示さなければならない。

■ **経済性原則および重要性原則**は，基本的に，状況報告書による情報伝達が経済的なものであることを求める。しかし，状況報告書作成の費用および便益の数量化は困難なため，重要性原則が経済性原則に置き換わる。それにより利用者に不利益が生じないよう，状況報告書はすべての記載を含めなければならない。重要性原則は，連結状況報告書作成のための

独立した原則として，DRS 第 20 号に採用された（DRS 第 20 号 32-33）。

■ **業種および企業規模に基づく情報義務の階層化原則**に従えば，小規模・多角化の乏しい企業の状況報告書に対しては，大規模・非常に多角化している企業の状況報告書よりも要求は少ない。当該原則により，小規模・多角化の乏しい企業は，状況報告書で詳細な情報を提供する必要がなくなる。こうした情報義務の階層化は，報告主体である小規模・多角化の乏しい企業の利害の保護を目指すものである。さもなければ，当の企業は，詳細な記載によって，大規模・非常に多角化している企業と比較して，保持すべき内部の事情および構造を必要以上に示さざるを得ないからである。当該原則は，DRS 第 20 号 34-35 に定められている。

■ **衡平原則**によれば，リスクとチャンスは等しく扱い，記述しなければならない。それにより，経済状態の過小もしくは過大な表示が回避される。こうした形で，新しい経営者が活動初年度の経済状態を可能な限りマイナスに示し，後続年度に経済状態を過度に良好に示す，いわゆるビッグバス会計（Big Bath Accounting）を阻止できる。経営者は，意図的な上昇傾向を成果として誇示しがちである。衡平原則でもって，そのような行動を阻止することが求められる。こうした衡平な報告は，DRS 第 20 号において，信頼性原則および衡平原則に明示されている（DRS 第 20 号 18）。

GoL は，第 289 条および第 315 条では明確に成文化されていない。DRS 第 20 号に定められた完全性原則，信頼性原則，衡平原則，明瞭性原則および要覧性原則，重要性原則そして情報義務の階層化原則に加えて，HGB 専門委員会が，DRS 第 20 号においてコンツェルン経営者による伝達原則を定めている。

コンツェルン経営者による伝達原則（DRS 第 20 号 31）に従い，経営者は自身で報告項目を個別に選択し，状況報告書に示される事態に対する評価および判断を記載しなければならない。こうした考え方は，コーポレート・ガバナンスに利用される情報が外部報告会計に用いられる，いわゆるマネジメント・アプローチに当てはまる。ただし，経営者が事態の解説にとどまらず，事態を選別してプラスの側面のみを強調しすぎるのであれば，コンツェルン経営者によ

る伝達原則には問題がある。それでは，上述の衡平原則に抵触することになろう。コンツェルン経営者による伝達原則は，個々の事態の追加的な解説に関係するものであって，情報の主観的な選別に関わらせるべきものではない。

3. 状況報告書の内容

3.1 状況報告書の構成要素の概要

状況報告書は，異なる観点のもとで，**部分報告**ともよばれる様々な要素から構成される。これらは3つのグループに分類できる。すなわち，基本状況報告，状況報告書で義務的に行うさらなる部分報告，そして報告義務を有する企業の法形態および資本市場指向に関連して要求される部分報告である。

第289条1項に基づく基本状況報告には次のものが属する。

- ■ **経済報告**：ここでは，会社の営業経過および状況が，実質的諸関係に合致する写像を伝達できるように表示される。経済報告には，ドイツの立法者が営業経過の一部として解釈する営業損益に関わる報告も含まれる。経済報告は，年度決算書との関連で追加的に説明されるべき，いわゆる財務的業績指標の分析をもって補完される。大規模資本会社は，非財務的業績指標が会社の状況もしくは営業経過の理解にとって重要である限り，当該指標の説明を行う必要がある。法の条文では，環境および従業員の利害に関わる事項の説明が明示されている（第289条3項）。
- ■ **予測報告**においては，重大なチャンスとリスクを伴う会社の予想される展開が報告される。

第289条2項による，状況報告書で義務的に行うさらなる**部分報告**には次のものがある。

- ■ 財務リスクに関する報告（財務リスク報告）
- ■ 研究開発分野（研究開発報告）
- ■ 現存の支社の記載（支社報告）

法形態あるいは資本市場指向か否かに関連して，一定の企業は，第289条4

項および第289a条～第289f条に従い，次の部分報告により状況報告書を拡張しなければならない。

- 会計手続きに関連する内部統制およびリスク管理システムの重要な特徴に関する報告
- 一定の株式会社および資本会社の買収状況に関わる追加的な情報。例えば，引受済資本金の構成，多様な株式の種類，議決権の制限および特別権に関わる記載（買収状況報告）。
- 取引所上場株式会社の報酬システムの基本的特徴に関する説明（報酬報告）
- 第267条3項1文の要件を充たし，年平均500人以上を雇用する資本市場指向会社による，環境・従業員・社会的利害，並びに人権への配慮，汚職と贈収賄防止の取組みに関する記載（非財務的説明）
- 取引所上場株式会社の企業経営者による説明（企業経営者による説明）
- 株式法に基づく追加的な法形態固有の記載（補完的報告）

第289条以下の規定は，状況報告書に関する最低限の内容を定めているにすぎない。さらなる任意的記載も認められ，それは追加報告とよばれる。図表8-2は，状況報告書の構成要素を示したものである。

資本会社の取締役ないし業務執行者は，第289条1項5文に従い，文書により，会社の営業損益を含む営業経過および状況が，財産・財務・収益状態の実質的諸関係に合致する写像を伝達していることを宣誓の上，保証しなければならない。当該義務には，重大なチャンスおよびリスクを示した記載も含まれる。かかる保証は，第264条2項3文に基づき，年度決算書に対しても要求される。経営者によるこうした説明は，文献上，いわゆる"**会計上の宣誓**"と称される。会計上の宣誓は，国内の発行体である資本会社の法定代表者によって示されなければならない。会計上の宣誓の記載がない場合，経営者は厳しい処罰を覚悟しなければならない。会計上の宣誓に関する記載が不適切な場合は，3年以下の自由刑，もしくは罰金刑により制裁を受ける（第331条3a号）。会計上の宣誓を記載しない場合は，有価証券取引法第39条2項2n号による秩序違反とみなされ，20万ユーロ以下の過料となる。会計上の宣誓の導入以前

第8章 状況報告書 215

図表8-2 状況報告書の構成要素

```
                                              ┌─ 資本会社の営業損益を含む営業経過と
                          ┌ 第二八九条一項     │  状況の記述                        ┐
                          │ による状況報告書  │                                     ├ 経済報告
                          │ の基本部分        └─ 財務的（および非財務的）業績指標の │
                          │ （および三項）       組み入れによる営業経過と状況の分析 ┘
              ┌ 義務記載 ─┤
              │           │                   ┌─ 重大なチャンスとリスクを伴う
              │           │                   │  予想される展開                      予測報告
              │           │
              │           │ 第二八九条二項   ┌─ 金融経済的リスクと財務リスクに
              │           │ によるさらなる   │  関わるリスク管理                     財務リスク報告
              │           └ 部分報告         ├─ 研究開発                              研究開発報告
              │                              └─ 資本会社の現在の支社                   支社報告
              │
              │                              ┌─ 第289条4項による会計手続きに関連する内部   内部統制およびリスク管理
              │                              │  統制およびリスク管理システムの重要な特徴   システムに関する報告
状況報告書の ─┤
記載          │                              ├─ 第289a条1項による株主構成、株主の権利・
              │           法形態または資本   │  義務並びに買収の障害に関する記載          買収状況報告
              │           市場の利用に関連   │
              ├ する部分報告 ─────────────── ├─ 第289a条2項による報酬システムの基本的
              │                              │  特徴、そして場合により取締役個人の報酬    報酬報告
              │                              │
              │                              ├─ 第289c条1項および2項による営業形態の記述
              │                              │  そして従業員、環境、社会的利害、人権の
              │                              │  配慮、汚職と贈収賄防止に関する記載        非財務的説明
              │                              │
              │                              ├─ 第289f条による取引所上場株式会社の
              │                              │  経営者による説明                          企業経営者による説明
              │                              │
              │                              └─ 株式法に基づく法形態固有の記載            補完的報告
              │
              └─────────────────────────────── 任意的記載                                  追加報告
```

でも，実質的諸関係の描写が不正確もしくは虚偽であることに対して処罰は可能であった。新しい点は，会計上の宣誓が不適切な場合の自由刑，並びに会計上の宣誓の未記載に対する高額の過料である。

3.2　HGB第289条1項による状況報告書の構成要素
3.2.1　会社の営業経過および状況の記述

　第289条1項による会社の営業経過および状況に関する情報は，**経済報告**のなかで提供されなければならない。また，**営業経過**と状況の記載義務には因果関係があるため，区別することはできない。営業経過に関する過去関連的な記載は，過営業年度に関連するものであり，決算日における**会社の状況**並びに経済状態に関する時点関連的な記載の基礎となる。したがって，会社の営業経過と状況に関する報告を一緒に行うことは適切である。経済報告については，**営業損益**に関する報告も求められる。こうした新定義は，EUの現代化指令に基づいている。ただしドイツの立法者は，同指令の転換にあたり，会社の営業経過と営業損益を同等のものとみなさなかった。ドイツの立法者はむしろ，営業損益を営業経過の構成要素と解釈した。このことは"営業損益を含む"という表現から明らかである。営業損益の解説は，損益計算書上での収益状態の表示を状況報告書で繰り返すという意味ではない。むしろ，会計政策的措置と，会計政策的に有効な事象形成（金融工学）について記述され，それらが営業損益に与える影響について説明されなければならない。

　営業経過に関する説明により，企業の展開に関する概要と，その要因となる過年度の事象が状況報告書利用者に示される。その場合，経営者は，業務の展開を望ましいと考えているのか，そうでないのかを明確にしなければならない。会社の状況に関する報告から，企業が利用できる資金ないし資源の現状が明らかになる必要がある。それにより，会社の目標が後続年度にどのような形で実現され得るのかが，状況報告書利用者に対して示される。

　経済報告には，経済的環境と企業固有の状況が含められ，そのため，期中の展開と，さらに決算日時点の状況がともに示されなければならない。それは以

下に示すものである。

■ マクロ経済的および業種固有の状況

会社の営業経過および状況に関する情報は，報告書の利用者がマクロ経済的環境と業界の状況を知ることで正確に理解可能となる。その場合，会社の営業経過と，業種固有ないしマクロ経済的な展開状況との関係を知ることができるものでなければならない。（景気動向，景気対策，社会政策的事象および為替変動の記載のような）重要な経済データに加えて（業種の構造・状況，業種内の企業ポジションのような）業種固有の基本データも記載されなければならない。

■ 受注状況，販売および売上高

受注状況，販売および売上高の推移を，経済報告において説明しなければならない。その場合，売上高に関する記載が附属説明書で行われていないのであれば，それを活動領域別および地理的に区分して表示されなければならない。売上高の推移を評価するため，価格および数量変化の基本的要因が示されなければならない。

■ 生産

生産に関する説明は，製造品（量的記載，前年度との対比），製造方針および選別政策（市場機会，市場ポジション，生産政策的指標）そして生産効率（稼働能力，合理化策，製造費用の推移）に関連づけることが求められる。

■ 調達

調達に関しては，最も重要な調達市場構造（価格，量，取引相手，ボトルネック）の推移と，原材料・燃料並びに商品の準備状況が記載されなければならない。

■ 投資

投資に関する言及から，過営業年度の投資活動の重点項目が判明しなければならない。その場合，重要な投資計画の分析も含めて，投資対象とその目的への言及が求められる。投資には物的投資も，また（資本参加およびその他の形態による）財務投資も含まれる。

■ **資本調達**

　資本調達に関する記述の際，重要な財務手段ないし財務計画（例えば，株式発行，受益証券または借入，信用方針の変更）並びに企業の財務戦略および信用政策を説明しなければならない。

■ **人的および社会的な事項**

　人的および社会的な領域の説明は，経済報告において，従業員構成，人件費構成，福利厚生，教育および研修，健康および職場環境の保全に関わらせることが求められる。大規模資本会社は，第289条3項に従い，非財務的業績指標を状況報告書に含めなければならない。そこで，従業員の利害について言及される。

■ **環境保護**

　環境保護策に関する報告の場合，環境保護策に加えて，環境保護活動並びにそれへの投資に関わる費用，そして環境リスクの種類および規模を記載しなければならない。第289条3項は，従業員の利害と並んで，明確に環境保護の領域を指示している。

■ **当営業年度におけるその他の重要な事象**

　その他の重要な事象が当営業年度に生じる限り，実質的諸関係に合致する写像の伝達のために，当該事象を経済報告のなかで記載しなければならない。これには，例えば，法的環境の大きな変化，提携契約の締結および解消，重大な事故，並びに組織再編もしくは合理化策などが含まれる。

3.2.2　会社の営業経過および状況の分析

状況報告書においては，会社の営業経過および状況を示すだけではなく，それを分析しなければならない（第289条1項2文）。その場合，営業損益も明確に表示しなければならない。ただし，営業損益の分析は求められない。第289条1項2文に従い，分析は，

■ 調和がとれ

■ 包括的で

■ 営業活動の内容，並びに

第 8 章　状況報告書　　219

■営業活動の複雑性

に応じたものでなければならない。

　状況報告書の分析機能は重要な意味をもつ。立法者は次のように表現している。「一般に，関連する数値および事態の表示に決算書が用いられるのに対し，状況報告書は，むしろその分析および説明に役立つものである。」分析という概念は，HGB 第 289 条ではなく，むしろ DRS 第 20 号により具体化されている。それによれば，分析とは「原因および影響に関わるものの明示」を含むものである。例えば，企業の財産・財務・収益状態の伝統的な会計的分析，すなわち，収益性分析，利益要因分析，流動性および財務指数並びに資産構成分析，資本構成分析，また貸借対照表の構造に関する水平分析が提案される。その場合，特に収益状態への会計政策および事象形成（金融工学）の影響が分析されなければならない。

　営業経過および状況の分析に際しては，いわゆる業績指標にも言及されなければならない。業績指標は，DRS 第 20 号によれば，企業活動を評価するのに有益な定性および定量的数値である。法は，第 289 条 1 項 3 文において，「営業活動に最も重要な**財務的業績指標**が分析に含められ，年度決算書と関連づけた分析が行われるべき」ことを要請している。第 289 条 3 項は，大規模資本会社に対してのみ，この報告義務を**非財務的業績指標**にまで拡大している。これには，環境保護および従業員の利害に関連するものが挙げられる。立法者はこの 2 つの報告内容を典型例として強調している。ただし，営業経過および／または状況の理解にとって重要な場合に限り，非財務的業績指標の報告が必要となる。立法者は，会計法改革法（BilReG）の政府法案において，財務的業績指標として，損益の推移・構成，流動性並びに資本構成といった数値を挙げている。そのため，会計政策的措置の解説も求められる。他方，非財務的業績指標は，人的資源，顧客からの評価，会社の社会的評価により具体化される。

3.2.3　チャンスとリスクを伴う予想される展開に関する報告

　第 289 条 1 項 4 文に基づき，「状況報告書において，チャンスとリスクを伴う予想される展開を評価し，それを説明しなければならない。その基礎となる

前提が記載されなければならない」。これは，**予測報告**とも称される，チャンスとリスクに関する報告を伴う1つの報告要素である。それはBilReG以前，リスク報告とよばれる固有の，状況報告書の一部とされていた。予測報告を通じて，状況報告書は将来事象を含み，時間的な面での補完機能を果たす。企業はこうした報告において，どのような営業経過が将来的に予想され，かつそれが第289条1項1文に基づく営業経過の報告と直接関連することを説明しなければならない。したがって，予測報告では，経済報告と同一の事態が報告される。ただし，経済報告とは異なり，予測報告の場合は将来関連的な報告が対象となる。状況報告書利用者は，報告書作成企業に対する意思決定にあたり，過去関連的な記載だけではなく，予測部分も考慮し得る。もっとも個別のケースでは，予測報告の場合，重要性原則が経済報告の場合よりも強く影響する。なぜなら，通常は予測の方が，過去関連的なデータの入手よりも手間がかかるからである。

　予測の信頼性は，予測の正確性と確実性に左右される。通常，予測は，表現が一般的か，またはあまり厳密でないほどより確実性を増す。言語による純粋な**定性的予測**は，たしかに相対的にみれば確実であるものの，それは正確さと表明能力に乏しい。これに対し，**定量的予測**は，帯域幅が大きすぎない限り，より表明能力を有し，利用者にとってより良い判断材料を提供する。客観性原則ないし間主観的な検証可能性原則に従い，予測の事後的な検証ができるという点で，定量的予測による報告が支持される。つまり，定性的予測よりも定量的予測が優先されなければならない。また，DRS第20号に基づく純粋な定性的予測は十分ではない。確実性と正確性の妥協として認められるのが，**相対値予測**である。相対値予測はもちろん，**確定値予測**ほどの正確性はないが，基本的に確定値予測より確実性が高い。また，期待値のばらつきが認められる。もっとも，確実性の観点が一方的に強調され，過度な帯域幅により正確性が疎かになるとすれば，相対値予測は，もはや意思決定支援としての役割を果たすことができないという問題がある。したがって，予測に際しては，原則として確実性の下限（例えば95％）と同時に，正確性の下限（例えば98％）が遵守され

るべきであろう。

　さらに，予測の確実性は，予測に関わる期間にも左右される。予測の範囲が大きければ大きいほど，将来に関わる表明はより不確実となる。文献上は，状況報告書での予測は 2 年に及ぶべきという見解が強まっている。DRS 第 20 号は，決算日後から最低 1 年という**予測期間**を定めている。予測期間が 1 年を超える場合には，DRS 第 20 号が要求する記載は最初の予測年度に対して行われなければならない。後続の年度に対する記載は，DRS 第 20 号の要求にはあてはまらない。2 年を超える予測期間に対しては，予測があまりにも不確実になるとの批判がある。完全性原則に従い，予測期間がつねに明示されなければならない。

　DRS 第 15 号と比較して，DRS 第 20 号により，決算日から起算して予測期間が 2 年から 1 年へと短縮された。もちろん，短縮された予測期間の後に予見可能な特別の影響に関しては報告義務がある。同時に，**予測の正確性**がより一層求められる。DRS 第 15 号が，プラスもしくはマイナスの傾向を予測で示すことを求めていたのに対して，DRS 第 20 号では，重要な財務・非財務的業績指標とその実際額との変動予想に関する説明を含めなければならず，また，当該変動の方向と程度が明らかにされなければならない。つまり DRSC は，予測の正確性を高める方向で予測期間の短縮を決定した。ただし，予想される展開に関して，マクロ経済的観点から高い不確実性が存在する場合，予測の正確性にこだわる必要はない。企業の予測能力が著しく損なわれる特別な状況下では，相対的な予測，もしくは様々なシナリオに基づく主要な業績指標の推移を示すことで十分である。DRS 第 20 号では，業務の展開に関する予測と実際を事後的に比較する新たな報告義務が導入された。

　確実性と並んで，利用者に対する**予測の説得性**も重要である。もちろん，将来に関する表明の基礎となる前提を把握していなければ，予測の説得性を判断することはできない。客観性原則に従い，予測の前提を状況報告書で明示しなければならない。予測の前提が正確に記載されればされるほど，予測の利用者は，予測の確実性と正確性，並びに予測の説得性について自身で判断できるよ

うになる。そして前もって，予測額と実際額との差異の原因を調べることができる。予測の前提（予想される展開を判断する場合の前提と不確実性）の明示は，DRS第20号が明確に要求している。同様に法律上，第289条1項4号において，予測の基礎となる前提の記載が求められている。

　第289条1項4文によれば，予想される展開は，一般的な形で評価され，分析されることにとどまらない。とりわけ，予想される展開にとって**重大なチャンスとリスク**について言及されなければならない。

　リスク報告の義務づけには，次のような目標がある。すなわち，監査役会が，企業の状況をより適切に報告すること，国際的な投資家の情報ニーズを考慮すること，そして期待ギャップの一層の解消を図ることである。ただし，HGBにも，また立法資料にも具体的な文言がないため，決算書作成者に解釈の余地が開かれる。この解釈の余地は，実務上，DRS第20号の規定を通じて狭められる。

　"リスク"の概念について，経営経済学では明確な定義が存在しない。しかし，状況報告書に関する文献上は，**リスクの概念**を予想値とのマイナスのかい離とみなすことが通説である。DRS第20号は，リスクを「企業にとって，予測ないし目標とのマイナスのかい離をもたらす将来の展開または事象」と定義している。その場合，将来の展開にとってマイナスかどうかは，決算日時点の経済状態と比較することで判断しなければならない。

　したがって，将来リスクの報告では，将来の展開に対する懸念が示されなければならない。企業が抱えるリスクは多様なため，すべてのリスクを報告することはできない。そのため，経済性原則に従い，重大なリスクについてのみ言及が求められる。とりわけ，存続を脅かすリスクと，それが財産・財務・収益状態に大きな影響を及ぼすことに関する報告が義務づけられる。存続を脅かすリスクについては，継続企業の仮定（第252条1項2号）を脅かすかどうかを検討しなければならない。存続を脅かすリスクが生じるならば，そのように記載しなければならない。かかるリスクは，数理統計による会計上の支払能力テストを通じて検証可能である。これにより，企業の継続性を脅かすリスクもま

た，倒産確率をもって記載しなければならない。存続を脅かすリスクが生じない場合でも，企業の経済状態に大きなマイナスの影響を及ぼすリスクがあるかどうかを考慮しなければならない。

　リスクを報告する際には，順序立てて並べるか，同種のリスクごとにまとめなければならない。同種のリスクごとにまとめるにあたって，企業は，内部のリスク管理システムに用いた方法に基づくことができる。DRS 第 20 号 146 は，次のようなリスクのカテゴリーを示している。

- ■ 地政学的なリスク
- ■ 業種固有のリスク
- ■ 営業活動上のリスク
- ■ 財務上のリスク
- ■ その他のリスク

　将来リスクを報告する場合，状況報告書の利用者が，当該リスクの発生確率や企業の経済状態への影響をイメージできるようにしなければならない。DRS 第 20 号 149 に従い，個々のリスクについて記述しなければならない。可能な限り，それがもたらす帰結についても解説しなければならない。可能な限り正確で，表明能力のある情報を利用者に提供するためには，リスクとその影響が―記述と解説だけではなく―数量化されなければならない。そのためには，まず重要な個別リスクの発生確率が算定され，その記載が求められる。そして，当該情報が表明能力をもつのは，リスクの発生規模が財務的数値で数量化された場合である。DRS 第 20 号 152 によれば，**リスクの数量化**が信頼され，かつ定評のある方法によって行われ，それが経済的でかつ意思決定に有用な情報を提供することが要件である。リスクを数量化する場合には，用いられたモデルとその仮定が説明されなければならない。

　リスクの表示に際しては，原則として，リスクの表示を減らす方策を考慮する必要があり，そのため，残存リスクについてのみ報告しなければならない。例えば，保険契約もしくは先物取引によりリスクが大幅に補償される場合には，当該リスクに関する報告の必要はない。そうした方策でリスクを確実に補

償できない場合には，補償措置前後のリスクも，当該措置自体も説明しなければならない。リスクが減額記入または引当金を通じて年度決算書上ですでに考慮され，当該リスクが，リスクの全体状況からみてそれほど重要でない場合には，報告義務はない。リスクの評価は，個別のリスクごとに適切な予測期間に基づくことが求められる。

　DRS 第 20 号 135 によれば，**リスク管理**に関する適切な範囲の記述により，状況報告書利用者はリスクをより判断しやすくなる。リスク管理システムの説明にあたり，企業は次の項目に言及しなければならない。

- ■ リスクの認識（例えば，チェックリスト，質問票または検査）
- ■ リスクの測定（例えば，倒産確率とリスク分散のような定量的数値に基づくもの）
- ■ 評価（例えば，リスクの区分を伴うもの，または，一定のリスク指数を伴うもので，その指数からかい離することにより対応策の導入が図られるもの）
- ■ 監視および統制（例えば，リスク状況の監視策および緩和策）
- ■ 組織（例えば，現行の組織体制へのリスク管理システムの導入，責任部署の明確化，リスク管理システムに対する内部監査の導入）
- ■ 文書の種類および内容

　HGB に基づく将来指向の状況報告書の対象は，明確に**チャンスの観点**にも及ぶ。したがって，将来指向の状況報告書では，リスクのみならず，チャンスにも言及しなければならない。その場合，立法者は，報告義務の対象を重大なチャンスとリスクに限定した。チャンスとリスクは対概念である。すなわち"リスク"は，DRS 第 20 号 11 において「企業にとって予想もしくは目標とのマイナスのかい離をもたらす，将来起こり得る展開または事象」，そして"チャンス"は「企業にとって予想もしくは目標とのプラスのかい離をもたらす，将来起こり得る展開または事象」と定義される。"チャンス報告"は，第289条 1 項において"義務"とされているため，将来指向の状況報告書の拡張を意味する。すなわち，状況報告書においては，予想される展開に関わるチャンス報告が義務づけられる。

DRS 第 20 号も，決算書作成企業に**チャンス報告**を求めている。この場合，DRS 第 20 号のリスク報告に関する規定が，意味どおり適用されなければならない。その場合，チャンスとリスクは，等しく報告されなければならない。

　チャンス管理システムに関する記載は，HGB によっても，また DRS によっても求められていない。とはいえ，チャンス管理システム，すなわちチャンスの体系的な認識，測定，評価，監視および統制，組織並びに文書化に言及することが適切であるといえよう。

3.3　非財務的説明

　社会的およびエコロジーの観点に基づく情報の重要性の高まり，そしてそのような非財務情報の報告に関する，EU 域内の比較可能な枠組みの創設に向けて，EU 議会および理事会は，いわゆる CSR 指令（2014/95/EU）を 2014 年 10 月 22 日に可決した。CSR 指令により非財務情報の開示に関する新規定が設けられ，新会計指令（2013/34/EU）が拡充された。CSR 指令は，2016 年 12 月 6 日までの国内法化が義務づけられた。新規準は，2016 年 12 月 31 日の後に始まる営業年度から適用されている。

　CSR 指令の目標は，「EU 全域の一定規模の企業および企業集団により開示された情報の目的適合性，一貫性そして比較可能性を高めることである」。非財務情報の開示は，投資家および消費者からの信頼性を高め，「持続可能なグローバル経済への移行を保証するための重要な要素」とみなされる。したがって，環境的，社会的そして従業員の利害に関わる事項並びに人権への考慮，汚職・贈収賄防止の取組みに関する将来的な情報が，いわゆる非財務的説明という形で開示されなければならない。当該説明は，コンセプトとその帰結，また一連の事項に関わるリスクについての記述を含み，状況報告書に収容されなければならない。

　CSR 指令は，ドイツにおいては，2017 年 3 月 9 日に CSR 指令転換法を通じて国内法化された。非財務的説明の要件は，第 289b 条〜第 289e 条に成文化された。年平均 500 人以上を雇用する大規模な資本市場指向企業が，こうした

新たな報告義務を負う（第289b条1項）。原則として，当該企業の状況報告書において記載が行われなければならない。ただしその場合，当該記載を，既存の状況報告書のなかに含めるか，それとも新たな独立項目として行うかは企業の判断に委ねられている。また，状況報告書における非財務的説明に代えて，状況報告書とともに独立した非財務報告書を公表するか，あるいは後続期間にインターネット上で公表するかの選択が企業に認められている（第289b条1項および2項）。非財務的説明の開示が会社にとって重大な不利益となる場合，特例として，非財務的説明の内容を限定することができる（第289e条1項）。

　非財務的説明の内容に関しては，第289c条に定めがある。それによれば，営業形態が簡潔に記述されなければならず（第289c条1項），また，環境的，社会的そして従業員の利害に関わる事項並びに人権への考慮，汚職・贈収賄防止の取組みに関する記載が行われなければならない（第289c条2項）。資本会社の営業経過，営業損益，状況，そして第289c条2項に掲げられた事項に対する営業活動の影響を理解するのに必要な限り，重要性原則に従い，個々の事項に関する報告義務の範囲が判断される（第289c条3項）。ただし，個々の事項について，仮にそれが重要でないにしても，最低限その存在を知らせる形での報告が求められる。個々の事項を記述する順序は，企業が判断できる。ただし非財務的説明は，すべての事項を「完全に網羅し，要覧的に構成した上で記述しなければならない」。個々の事項に関し，第289c条2項は一連の記載項目を掲げている。もっとも，それはあくまで指針にすぎず，"最低限の義務的内容"と理解されるべきではない。

　第289c条2項に掲げられた事項に関しては，第289c条3項に従い，次の記載が行われなければならない。

- ■ 正当な注意義務・努力（Due-Diligence）の過程を含む，コンセプトの実現，並びにその帰結を説明しなければならない（第289c条3項1号および2号）。第289c条2項に掲げられた事項のうちの1つ，もしくは複数に対するコンセプトが未実現の場合，第289c条4項に従い，それぞれの事項に関わる記載の代わりに，コンセプトが未実現である旨の説明が明示さ

れ，かつその理由が示されなければならない。例えば，正当な注意義務・努力の過程に関する記載に関して，コンセプトの一部が欠けているにすぎないときは，当該説明の必要はない。
- ■ 会社の営業活動，取引関係，生産および提供されるサービスから生じ，第289c条2項に掲げられた非財務的事項に対して極めて深刻な影響を及ぼす，あるいは及ぼす可能性のある重大なリスクが記述されなければならない。さらに，かかるリスクに対し，会社がどのように対応しているかについて記述しなければならない（第289c条3項3号および4号）。営業活動の存続を脅かす，ないし営業活動に支障をきたすようなリスクを認識しなければならない。取引関係，生産および提供されるサービスに関わる重大なリスクの記載に該当するのは，とりわけ納期の遅延や価格上昇に関連するリスクである。
- ■ 会社の営業活動にとって重要な非財務的業績指標を記載しなければならない（第289c条3項5号）。非財務情報の報告に関する既存の枠組みの他に，EU委員会により開発された非拘束的な指針が考慮されるべきであろう。さらにDRS第20号には，非財務的業績指標に関する説明がある。
- ■ 理解を深めるために必要な限り，非財務的説明において，年度決算書に表示された個々の金額への言及と，その解説を行わなければならない（第289c条3項5号）。

非財務的説明を行う際，第289d条に基づき，企業は国内，EU，そして国際的な指針に依拠しなければならない。法案の理由書によれば，それに該当するのは，多国籍企業に対するOECDの指針，GRI G4ガイドライン，ドイツ持続可能性コード，環境マネジメント・システム（EMAS），国連グローバル・コンパクト，ビジネスと人権に関する指導原則，国際標準化機構のISO 26000である。企業がどれか1つの指針に従う判断をした場合，当該指針に言及した記載が行われなければならない。他の場合には，"遵守か，さもなければ説明（Comply-or-Explain）"アプローチに基づいて，指針に依拠しなかった理由を説明しなければならない（第289d条2文）。もっとも，提案されているこうした

一連の指針は，一部は非常に異なる手法を採用しているため，一貫性がありかつ比較可能な報告という目標がどの程度まで達成され得るのかは疑わしい。

4. IFRSに基づく状況報告書

IFRSは，**状況報告書の作成を義務づけていない**。企業が会計方法を遡及的に適用，もしくは決算書項目を遡及的に修正あるいは再分類した場合，IFRSによる完全な決算書は，IAS第1号10に従い，決算日時点の貸借対照表，当期の総損益計算書，当期の自己資本変動表，当期のキャッシュ・フロー計算書，主たる会計方法およびその他の解説を含む附属説明書，過年度のものとの比較情報，並びに比較対象期間の初期の貸借対照表から構成される。

旧IAS第1号8は，年度決算書外で，企業の状況に関する経営者による報告（financial review by management）の公表を企業に勧告していた。こうした勧告は，2003年のIASBによる改善プロジェクトにより確実に後退した。次の項目は，その報告対象である。

(a) 企業の現在および将来の収益力に関する主要因および影響，そして配当政策を含む企業の投資政策
(b) 企業の財務的源泉と，自己資本に対する他人資本の割合
(c) IFRSに基づき貸借対照表に表示されなかった企業の資源

IASBは，IAS第1号13において，当該報告対象が"財務諸表外"のものであり，それゆえ，IFRSの規制範囲には属さないことを強調している。「財務諸表外で公表された報告書および書類は，IFRSの対象外である。」環境報告書または付加価値計算書のような追加的な記載は，決算書を補完するものとはいえ，決算書の構成要素とはみなされない。

IASBは，ワーキング・グループで"状況報告書"というテーマに取り組んだ。2009年6月に基準の草案が公表された。当該草案はIFRSとしてではなく，2010年12月にいわゆる「**経営者による説明の実務ステイトメント（PSMC）**」という名称の意見書として公表された。したがって，同ステイトメント

は，状況報告書の作成を義務づけるものではない。意見書によれば，経営者による説明は，年度決算書利用者に対する，企業経営者による任意の補足情報であり，IFRS決算書の一部とはみなされない。

意見書では，次の報告内容が示されている。
- 経営者による説明では，営業活動（例えば，製品，サービス，セグメント，営業モデル）と企業を取り巻く環境（例えば，経済的および法的な影響要因）を記述しなければならない。
- 主たる目標および戦略を解説しなければならない。その場合，財務的目標並びに非財務的目標，長期的な目標設定，目標の達成に要する期間にも言及しなければならない。
- 経営者は，重要な鍵となる資源，リスクおよび取引関係に言及しなければならない。さらに，目標を達成する意味について説明しなければならない。その場合，財務的および非財務的業績指標を示す必要がある。リスク管理システムも説明しなければならない。
- 経営者による説明では，営業損益および将来の展望を報告しなければならない。その場合，稼得利益が将来どのような意味をもつのかを考慮しなければならない（持続可能性）。
- 企業の管理に有効な数値および指標を記載しなければならない。

DRS第20号とは異なり，意見書の要求内容は義務的なものではない。むしろ，企業のどの部分が重要で，どのように説明するのかは経営者の判断に委ねられる（いわゆる，**マネジメント・アプローチ**）。マネジメント・アプローチの目的は，柔軟な報告形態を保証することである。ただし，マネジメント・アプローチの問題は，経営者が自分勝手に振舞うことで，重要な情報のすべてが記載されないおそれがあるという点である。

ドイツのIFRS適用企業の大部分が，HGB第315条に基づく状況報告書の作成義務を有するため，意見書は，当の企業にとってほとんど意味がない。ただし，追加的な規定により，状況報告書の作成を免除されるIFRS適用企業の場合は意見書が重要となる。当の企業にとって意見書は，公表されたIFRS決

算書に関する説明の基礎となる。もっとも，経営者による説明は，意見書の要求がすべて充たされている場合にのみ，IFRS に準拠したものみなされる。

日独英用語対照表

日本語訳	ドイツ語（原語）	英語（IFRSでの表記）
意思決定に有用な情報	entscheidungsnützliche Information	decision usefulness information
売上原価法	Umsatzkostenverfahren	cost of sales method
売上高	Umsatzerlöse	revenue
会計報告責任	Rechenschaft	accountability
獲得可能価値	erzielbarer Betrag	recoverable amount
確認力	Bestätigungskraft	confirmatory value
価値修正	Wertberichtigung	impairment loss
価値透明化（後発事象）	Wertaufhellung	events after the reporting period
借方計上されたその他の自己給付	andere aktivierte Eigenleistung	work performed by the enterprise and capitalised
監査	Prüfung	audit, auditing
間主観的検証可能性	intersubjektive Nachprüfbarkeit	inter-subjective verifiability
完全性	Vollständigkeit	completeness
管理費用	Verwaltungsaufwendung	administrative expense
期間配分原則	Periodisierungsprinzip	accrual basis
規準・規定／規制	Regel/Regelung	rule/regulation
規範化／規定化	Normierung	normalization
義務	Verpflichtung	obligation
キャッシュ・フロー計算書	Kapitalflussrechnung	cash flow statement
給付／サービス	Leistung	service
共同企業	Gemeinschaftsunternehmen	joint venture
金融資産	finanzieller Vermögenswert	financial asset
金融商品	Finanzinstrument	financial instrument
繰延税金資産	aktive latente Steuern	deferred tax asset
繰延税金負債	passive latente Steuern	deferred tax liability
経済的観察法	wirtschaftliche Betrachtungsweise	substance over form
計上	Ansatzung, Ansatz	recognition
計上価額	Wertansatz	valuation
継続企業	Unternehmensfortführung	going concern
継続性原則	Stetigkeitsgrundsatz	consistency basis
決算書	Abschluss	financial statement
減額記入	Abschreibung	depreciation, amortization
現在価値	Barwert	present value
検証可能性	Nachprüfbarkeit	verifiability
公示	Offenlegung	disclosure
固定資産	Anlagevermögen, Sachanlage	property, plant and equipment
個別評価	Einzelbewertung	individual estimate/measurement
財産・財務状態	Vermögens- und Finanzlage	financial position
再評価	Neubewertung	revaluation
債務	Verbindlichkeit	debt/obligation
財務損益	Finanzergebnis	financial performance

財務費用	Finanzierungsaufwendung	finance cost
残存価値	Restwert	residual value
時価	Tageswert, Zeitwert	current cost
資金創出単位	Zahlungsmittelgenerierende Einheit	cash-generating unit
自己資本	Eigenkapital	equity
自己資本変動表	Eigenkapitalveränderungsrechnung	statement of changes in equity
資産	Vermögensgegenstand, Vermögenswert	asset
事象	Ereignis	event
市場価格	Marktpreis	market price
実質的諸関係に合致する写像	ein den tatsächlichen Verhältnissen entsprechendes Bild	true and fair view, fair presentation
資本維持	Kapitalerhaltung	capital maintenance
資本会社	Kapitalgesellschaft	joint stock company
資本市場指向会社	kapitalmarktorientierte Gesellschaft	capital market-oriented company
収益	Ertrag	income, gain
従業員への給付（費用）	Zuwendung an Arbeitnehmer	employee benefits cost
重要性	Wesentlichkeit	materiality
取得原価	Anschaffungskosten	cost
使用価値	Nutzungswert	value in use
将来キャッシュ・イン／アウトフロー	prognostizierte Einzahlung und Auszahlung	future cash in/out flow
慎重原則	Vorsichtsprinzip	prudent basis
信頼にたる表示	glaubwürdige Darstellung	faithful representation
正確性	Richtigkeit	free from error
税（金）／租税	Steuer	tax
製造原価	Herstellungskosten	cost
セグメント報告	Segmentberichterstattung	segment reporting
選択権	Wahlrecht	option
総原価法	Gesamtkostenverfahren	nature of expense method
総損益計算書	Gesamtergebnisrechnung	statement of [total] comprehensive income
双務未履行契約	zweiseitig unerfüllter Vertrag	executory contract
租税費用	Steueraufwand	income tax expense
その他の総損益	sonstiges Ergebnis	other comprehensive income
その他の費用	sonstige Aufwendung	other expense
損益	Erfolg	profit or loss
損益計算書	Gewinn- und Verlustrechnung	profit and loss statement, income statement
損失	Verlust	loss
貸借対照表	Bilanz	balance sheet
棚卸資産	Vorrat	inventory
他人資本費用	Fremdkapitalkosten	borrowing cost
中立性	Neutralität	neutrality
長期請負工事	langfristige Fertigung	long-term construction contract

調整計算（表）	Überleitungsrechnung	reconciliation
帳簿記入／簿記	Buchführung	bookkeeping
適時性	Zeitnähe	timeliness
取引（事象）	Geschäftsvorfall	transaction
認識	Erfassung	recognition
売買目的で保有	zu Handelszwecken gehalten	held for trading
比較可能性	Vergleichbarkeit	comparability
引当金	Rückstellung	provision
一株当たり利益	Ergebnis je Aktie	earnings per share
費用	Aufwendung	expense
評価	Bewertung	measurement
評価単位	Bewertungseinheit	hedge accounting/item/instrument
付加価値計算書	Wertschöpfungsrechnung	value added statement
負債	Schuld	liability
付すべき時価	beizulegender Zeitwert	fair value
附属説明書	Anhang	notes
文書記録	Dokumentation	documentation
ヘッジ取引	Sicherungsgeschäft	hedging instrument
法律	Gesetz, Recht	law, act
未決取引	schwebendes Geschäft	cotingent transaction
無形資産	immaterieller Vermögensgegenstand/Vermögenswert	intangible asset
目的適合性	Relevanz	relevance
持分法	Equity-Methode	equity method
有限責任の人的商事会社	haftungsbeschränkte Personenhandelsgesellschaft	limited commercial partnership
予測力	Vorhersagekraft	predictive value
利益	Gewinn	profit
理解可能性	Verständlichkeit	understandability
利害調整	Interessenregelung	interest regulation/balance
流動資産	Umlaufvermögen	current asset
利用期間	Nutzungsdauer	useful life
利用者	Adressat	user
連結決算書	Konzernabschluss	consolidated financial statement

監訳者あとがき―本書の要点―

　本書は，ドイツ屈指の会計学者であるベトゲ教授（ミュンスター大学）と，二人の門下生・キルシュ教授（ミュンスター大学）並びにティーレ教授（ヴッパータール大学）による共著書"Bilanzen"（出版社：IDW-Verlag，増補改訂第14版，2017年刊）の翻訳研究である。ミュンスター学派の象徴ともいえる原著は，1991年の初版刊行から最新の第14版まで，25年以上にわたって版を重ね，大学の講義テキスト並びに経済監査士（我が国の公認会計士）試験の参考図書としてドイツで広く浸透している，年間1500冊の売上を誇る会計分野のベストセラーである。また，原著（第4版）は2000年に，ロシア語に翻訳されるなど，ドイツ語圏にとどまらず国際的な評価も得ている。

　1931年に，ドイツ初の監査領域の講座として設けられた，ミュンスター大学の会計監査講座（IRW）は，特に，レフソン教授およびベトゲ教授の学術的な努力と成果によって大きな発展を遂げた。とりわけレフソン教授は，商法典（HGB）会計の核心部である正規の簿記の諸原則（GoB）概念の解釈論を構築・展開した，著書『正規の簿記の諸原則』（初版：1964年刊，第7版：1987年刊）において"演繹的方法"を唱えた学者としてつとに有名である。GoBという法律上の概念の解釈に正面から取り組む学説を展開する，いわゆるミュンスター学派の礎は，同教授によって築かれたとみなければならない。

　ベトゲ教授は，1979年にレフソン教授からIRWを引き継いで以来，ミュンスター学派の代表者として，今日までおよそ40年の長きにわたりドイツの会計学界を牽引してきた。わけても原著"Bilanzen"において，GoBの"法解釈学的方法"を提唱し，レフソン教授の学説をより深化・発展させた学術的業績は特筆に値する。また，学界と実務界の融合を目指した，およそ900名の会員を有するドイツ最大規模のミュンスター会計フォーラム（Münsteraner

Gesprächskreis Rechnungslegung und Prüfung：MGK）の主宰やドイツ会計基準委員会（DRSC）の評議委員を歴任するなど，学界の重鎮としての地位を築いてきた。さらに国際的にも，IASB の起草委員会のメンバーとして，また IFRS のドイツ語公式版への翻訳協力やコンメンタールの共著者として，ドイツにおける IFRS の啓蒙活動にも深く関与してきた。そしてミュンスター大学の定年（65 歳）退官後も，同大学の特任教授として，80 歳になる 2017 年まで研究組織：チーム・ベェトゲ（Team Baetge）を率いた，生涯現役ともいうべきアクティブな学者である。

　2005 年に，ベェトゲ教授から IRW を引き継いだキルシュ教授は，現在，10 数名にのぼる学術助手を率いて精力的な研究活動を展開している。教授は，多くの学術書・論文の公表のみならず，ドイツ会計基準委員会（DRSC）の IFRS 専門委員会，そして HGB 専門委員会に学界を代表するメンバーとして参画し，さらには会計プロフェッションとの協働を積極的に進めるなど，ミュンスター学派の正統な継承者に相応しい気鋭の研究者である。また，2006 年からヴッパータール大学に籍を置くティーレ教授も，キルシュ教授らミュンスター学派と協働して多方面で活躍しており，特に原著の近年の改訂作業では，教授を中心にしたヴッパータール大学の研究チームが中心的な役割を担っている。

　2017 年 5 月刊行の第 14 版では，EU 域内の会計のさらなる調和化の動きを受けた「会計指令転換法」（2015 年）や，特に状況報告書での非財務情報の開示の拡充を目指した「企業の社会的責任（CSR）指令転換法」（2016 年）等による HGB の最新の改正部分が多く盛り込まれたことで，前版（第 13 版，2014 年刊）を大幅に改訂した内容となっている。

　さて，本書における各章の要点をまとめれば，以下のようである。
　第 1 章は，まず簿記・年度決算書の基本構造を俯瞰的に解き明かすことで，第 2 章以下の展開を基礎づける総論部分としての位置に立っている。ここでは，HGB 会計が 1990 年代以降，一連の EU 会計指令・命令を受けてドイツ的特性を堅持しつつ図られた，国際的対応と現代化の様相が説かれている。ドイ

ツ的会計レジームの核心部を成す HGB 第三編では，すべての商人，法形態および規模・業種固有の，簿記と年度決算書の作成，監査・開示に関する会計規定の基本構造が示されているが，特に 2009 年の BilMoG での IFRS 会計への"適度な接近"を通じて，承認（エンドースメント）手続きと履行・監視（エンフォースメント）システムとともに，情報機能シフトの，HGB 会計に表われた，いわゆる"連単分離"の二元的対応の構図が浮き彫りにされている（第 1 章）。

そして HGB 年度決算書が，企業目的の達成を所与として作成・開示されるとしたとき，まず年度決算書目的をいかに発見するかが重要となる。ただし，年度決算書目的は，法規定の上で明示的に表れていないため，一般規範と HGB の個別規定の解釈を通じてこれを発見しなければならない。こうして，法規定の語義や意味関係，法の形成史，立法資料や立法者の見解を拠りどころに，企業を取り巻く多様なステーク・ホルダーの"利害調整"に向けた，文書記録・会計報告責任・資本維持を基本範型とする，HGB 年度決算書目的の発見への道が辿られる（第 2 章）。

商法上の簿記・年度決算書は，GoB を作成上の一般規範とするが，特に資本会社は GoB を遵守した上で，財産・財務・収益状態に関する"実質的諸関係に合致する写像（ein den tatsächlichen Verhältnissen entsprechendes Bild）"の伝達を通じて，会計報告責任と資本維持（債権者保護）に資する情報を提供しなければならない。しかし，GoB は，それ自体発見と解釈を要する"海綿状"の不確定法概念である。ここで GoB の具体化と獲得の現代的方法とされたのが法解釈学的方法である。この方法によって，年度決算書の主要目的たる多様なステーク・ホルダーの利害調整に向けた，文書記録，会計報告責任（基幹・体系・計上・限定）および資本維持の基本原則から成る，いわゆる"エッフェル塔原則"体系（図表 3-3）が形成される。この GoB システムによって，商法年度決算書は"法制度"に相応しい，体系的で論理的に矛盾のない会計文書としての表明能力が担保されることになる。

一方，IFRS 決算書の目的は，投資者等利用者の「経済的意思決定に有用な情報」の提供，すなわち財産・財務・収益状態の"公正な表示（fair presentation)"にある。この場合，IFRS 会計は，その概念的基礎を「目的適合性」と「信頼にたる表示」を基本的原則（特性）とし，これを支える「比較可能性」や「検証可能性」，「適時性」，「理解可能性」などの補強的原則と，コスト制約を副次的条件とする，重層的な原則体系に置いている。特にここで注目すべきは，これら一連の会計諸原則を，GoB 原則体系の範型に倣って，「IASB 会計原則体系」（図表3-4）として構造化し，図示した点である（第3章）。

第4章および第5章では，貸借対照表における資産並びに負債の計上能力，評価の問題について説かれる。この場合，資産と負債の貸借対照表における計上，評価はともに二段階テストを通じて確定される。

計上問題に関しては，第一段階において GoB に基づく資産，負債の計上原則（定義基準）に基づき，当該事象がその要件を満たしているか否かによって抽象的な貸借対照表計上能力の有無が判断される。この場合，資産の計上原則は静態論的アプローチに基づく「独立した利用可能性」基準から導出される。他方，動態論的アプローチでは，それに基づく借方計上能力が商法会計の目的からみて債務補償能力を十分に考慮しないとされる。同様に，負債の計上原則についても，「義務」，「経済的負担」，「数量化可能」を基準とした貸方計上原則が導かれ，GoB に基づく負債の抽象的計上能力が確定される。第二段階は，商法規定による資産並びに負債の具体的な計上能力のテストである。商法上の借方および貸方の計上規定は，第一段階の GoB に基づく抽象的計上能力を補完ないし具体化し，さらには，GoB による計上原則の要件を充たさない非-資産並びに非-負債の計上も義務づけ，許容されることになる（第4章）。

評価問題に関しては，第一段階における資産および負債の当初評価を基準尺度として，商法が規定する取得／製造原価（資産）並びに確実ないし蓋然的な「履行額」（負債）の価値額が前提に置かれる。第二段階は，継続評価の段階において，資産および負債の計画的もしくは計画外の状況に対して取得／製造原価，履行額の価値修正（減額記入，増額記入）の可否（義務，選択権，禁止）が商法規定に照らして決定されることになる。この場合，その決定基盤となるのは，やはり HGB 第252条に基づく個別評価原則，慎重原則，実現原則等，成

文化された GoB (一般評価原則) との関連性である。また,例えば,価値減少が見込まれる固定資産あるいは流動資産に対する減額記入の場合も,取得原価主義を前提に,不均等原則,慎重原則などの成文化された GoB に従い「付すべき時価」の適用 (低価主義) が可能とされる。

　こうしたドイツの計上能力および評価論を IFRS と比較すると,IFRS の資産・負債概念の方がより広義であり,ドイツでは資産・負債性のない借方・貸方計算区分項目,繰延税金資産・負債,派生的営業価値またはのれん等も,IFRS では資産・負債とみなされる。またドイツでは原則的に,取得／製造原価主義を採り,「付すべき時価」(いわゆる公正価値)の適用は限定的であるが,IFRS の場合,混合測定アプローチによって,多様な形で「付すべき時価」が採用され,資産・負債の価値変動は基本的に直接,利益もしくは損失として認識される。総じて,IFRS の規準体系は概念フレームワークの一般的会計諸原則を前提としつつ,それと矛盾(離反)した個別規準における計上および評価規準を含んで構成されている。それに対して,ドイツの場合,資本維持,債権者保護の商法会計目的を前提に,商法上の一般規範たる GoB,成文化された GoB (一般原則) 並びに計上・評価に関する個別規準が一体となって完結した体系を構築しているのが特徴である (第5章)。

　第6章から第8章では,法的意味をもつドイツの会計文書について説かれる。まず,損益計算書は,貸借対照表とともに年度決算書を構成するものであり,2つの会計文書は同等のものと位置づけられる。HGB 第264条2項1文によれば,年度決算書は,財産・財務・収益状態の実質的諸関係に合致する写像を伝達しなければならない。この場合,貸借対照表が財産・財務状態の表示に必要な情報を提供するのに対して,損益計算書は,収益状態の表示に関する情報を含む必要がある。こうした役割分担に基づき,損益計算書は,利益もしくは損失という確定的な数値の表示にとどまらず,収益状態を示すことで損益要素の分析を可能にし,会計報告責任目的の履行に寄与する。また,IFRS と対比すれば,IFRS の損益概念とドイツ商法上のそれとは明らかに異なる。HGB による損益計算書では,原則として,当期の費用および収益のすべてが

損益作用的に認識されるが，IFRSでは幾つかの項目が損益中立的に処理される。したがって，HGBによる損益計算書は，損益作用的・中立的な区分のない費用と収益が表示される1つの計算書を意味するのに対して，IFRSでは，費用および収益を損益作用的なものと損益中立的なものとに区分して表示する，総損益計算書（包括利益計算書）の作成が求められる（第6章）。

次に，附属説明書についてである。ドイツにおいて，附属説明書は，年度決算書の第三の構成要素として，貸借対照表並びに損益計算書と同等のものと位置づけられる。貸借対照表および損益計算書が会計報告責任目的に加えて，資本維持目的を追求する一方，附属説明書で伝達される情報は，主として会計報告責任目的に寄与する。すなわち，附属説明書は，貸借対照表および損益計算書が伝達する情報を詳しく解説，補完あるいは修正し，また両会計文書の記載の負担を一部軽減化する。こうした形で附属説明書は，文書記録，資本維持および会計報告責任目的から成る商法年度決算書の目的体系を支える重要な役割を果たす。また，HGBとIFRSとの重要な相違は，附属説明書の作成義務に関わる点にある。すなわち，HGBに基づく附属説明書は，法形態，規模に応じて作成免除の可能性を有するのに対し，IAS第1号に従えば，IFRS適用企業のすべてが法形態および規模に関係なく，附属説明書／注記（notes）での記載を求められる（第7章）。

そして状況報告書は，年度決算書を構成するものではなく，年度決算書と並ぶ独立した会計文書とみなされる。状況報告書に関する規定は，HGB第289条〜第289f条にみられるが，そこでの表現は非常に抽象的で，多くの不確定法概念を含む。そのため第289条を解釈するための，一般に認められる諸原則が求められ，これを，正規の状況報告書作成の諸原則（GoL）とよぶ。ただし，GoLはHGBでは明確に成文化されておらず，具体的な内容はDRSCが定めている。その例は，DRS第20号における完全性原則，信頼性原則，衡平原則，明瞭性原則および要覧性原則，重要性原則そして情報義務の階層化原則である（図表8-1）。また，状況報告書は，過去事象に関する報告にとどまらず，リスクとチャンスを含む企業の予想される展開に関する将来関連情報，さらに

は非財務情報を含むことから，状況報告書は年度決算書の情報機能を補強する役割を担う。なお，状況報告書はIFRSでは作成が義務づけられておらず，その意味でドイツ特有の会計文書ということができる（第8章）。

　以上が本書で訳出を試みた原著"Bilanzen"各章の要点である。原著の特徴は，その構成・内容においてまず，HGB会計に関する当代の先駆的な学説・理論書であるとともに，ドイツ会計の制度とその実践的意味を体系的に説き明かすテキストとして編まれた，会計教育面での，汎用性の高い学術インフラとしての意味をもつ点にある。しかも，EU会計指令・命令の国内法化を通して成し遂げられた，HGB会計の国際的対応としての，IFRS会計への"適度な（緩やかな）接近"の様相とその制度的変容が随所に表れていることである。

　原著では，文書記録・会計報告責任・資本維持を三位一体とする，HGB会計の年度決算書目的論を中心に据えて，不確定法概念たるGoBの具体化と獲得が，"法解釈学的方法"を駆使して説かれている。こうした理論構築の集成ともいうべき体系が，"エッフェル塔原則"とよばれるGoBシステムである（本書第3章参照）。HGB年度決算書を基盤的に支えるこのGoBシステム論が，原著前半の総論部分の基点をなし，そこから後半の各論部分に至るまで網の目のように通底する。そして，原著の全体がHGB会計規定の解説・解釈論として構築，展開されている。ここに原著の真骨頂がある。

　我々の翻訳研究は，ベェトゲ教授らによる原著"Bilanzen"の内容が，現在のドイツ商法会計制度とこれを基軸的に支えるGoB体系を仔細に説明する，最有力の学説であるとの認識から出発している。すなわち，本書の狙いは，商法上のGoBの最有力の解釈論たる，ミュンスター学派の学説を媒介にし，GoBシステムがドイツのHGB会計を機能させるための"駆動力"となっている姿を描き出す点にある。ドイツの会計理論・学説は，HGBの条文並びにGoBの解釈学として会計制度を支える重要な役割を担っており，とりわけベェトゲ教授らによるミュンスター学派のGoB論が，現在のドイツを代表する会計理論，つまりドイツの制度に最も近いところに位置する最有力の学説とみ

て間違いないというのが我々の共通の理解である。これが，現段階での我々の翻訳研究の到達点である。

本書で明らかなように，HGB会計は，"法制度"としての属性を有するところに大きな特質がある。すなわち，HGBの諸規定・GoBに準拠して作成される会計文書（年度決算書としての貸借対照表・損益計算書・附属説明書，そして状況報告書）は，それ自体"法的文書"であり，そのため，会計文書に関わる法律上の諸規定を"解釈"することが学説の使命とされる。ここに，学説の"制度理論"としての価値と役割がある。

「会計指令法」(1985年) による大改正以来，個別のGoBの多くがHGBに成文化されたため，ドイツの会計学説は，HGB会計規定の解釈学としての性格をより強めてきた。様々なステーク・ホルダーの利害調整を図るには，HGBの解釈に関わる方法論を熟知することが必要であり，その意味で，原著"Bilanzen"の主眼は，法制度としての会計文書を，GoBシステムとHGB会計規定の展開に関わらせて説示するところにある（原著初版，序文参照）。ここに，レフソン教授からベェトゲ教授らへと引き継がれ，深化・発展を遂げてきたミュンスター学派の伝統があり，学説史的にもドイツ的な会計理論研究のあり方を象徴するモニュメントとみなすことができよう。

ところで，国際財務報告基準（IFRS）をめぐる近年の会計の国際的動向において，ドイツの場合，IFRSへの対応は，資本市場指向企業の"連結決算書"に収れんしていく傾向がみられる。他方，個別企業の配当・課税所得計算の基礎となる"個別決算書（単体財務諸表）"には国内規準としてのHGBの適用が保持されており，それを前提に，ドイツは近年の制度改革を通じて，個別決算書に関する会計規定を，特に非資本市場指向企業のための"IFRSと等価な代替的モデル"に転化してきた。その限りで，個別決算書もIFRSへの対応を意識した変革，もしくはドイツ流のコンバージェンスの過程にあるといえる。

こうした，いわゆる"連単分離"の国際的対応を前提にしたドイツのHGB，特に最近の個別決算書をめぐる会計改革は，IFRSに向けた各国の制度設計の範型となり得るが，最近のドイツ（個別決算書）会計規定の体系と，その解釈

論たる会計学説に真正面から取り組んだ研究は，これまで我が国には存在しない。我々はすでに，『ドイツ連結会計論』(佐藤博明監訳，森山書店，2002年刊) として，原著"Bilanzen"の姉妹書にあたる"Konzernbilanzen"(第5版，出版社：IDW-Verlag, 2000年刊)の翻訳研究を通して，ドイツにおける連結決算書改革のあり方を明らかにした。その続編ともいえる本書は，"連単分離"の観点からのドイツの会計国際化，特に個別決算書レベルの改革の姿を描き出すものであり，その意味で，特にIFRSへの対応に向けた我が国の制度設計の場面で大きな示唆を与えるものと思われる。しかも，原著は，HGBの個別規定に対応するIFRSの要点を対比的に説明する内容も備えており，会計の国際化に向き合うドイツ会計の最新の姿を映し出す，まさに適時の良書といえる。ここに，本書刊行の意義がある。

　我々は当初，前版(第13版)で翻訳作業を進め，第14版を入手した後，ただちに改訂部分を重点的に精査・精読し，速やかな邦訳書の完成を目指した。それにより，第14版の刊行から1年あまりの期間で，本書の刊行に至った。ただし原著は，全体で864ページに及ぶ大著である。そのため，ベェトゲ教授らと版元のIDW-Verlag社の同意を得て，完全訳ではなく，原著の構成上の基本点を押さえた上で，本書の要諦と思われる部分を取り出し，忠実に紹介する抄訳の形をとった。さらに，原著者たちの了解を得て，引用・参考文献の掲載も割愛した。なお，本書で訳出を試みた，原著の該当箇所を示せば次のとおりである。

本書：　　　　　　　　　　　　　　　　　　　　　　　原著：
第1章「年度決算書の基礎」　　　　　　　　　　　　　第Ⅰ章
第2章「外部報告会計の目的」　　　　　　　　　　　　第Ⅱ章（93〜104頁）
第3章「正規の簿記の諸原則（GoB）」　　　　　　　　第Ⅱ章（104〜156頁）
第4章「貸借対照表における資産・負債の計上規準」　　第Ⅲ章
第5章「貸借対照表における資産・負債の評価規準」　　第Ⅳ章

第6章「損益計算書」	第XII章
第7章「附属説明書」	第XIV章
第8章「状況報告書」	第XV章

　抄訳の形とはいえ，原著"Bilanzen"のような大著と向き合い，誤まりなきを期して十分に読み込み消化していく作業は，地道かつ困難を極めるものであった。こうした取り組みを可能にしたのは，これまでの長年にわたる共同研究を通じて培われた我々三人の絆と，ドイツの会計制度と理論，とりわけベトゲ教授らの学説研究に寄せる強い思いからのささやかな自負である。我々は定例の企業会計制度研究会において20年以上にわたり，研究上の問題意識を共有してきた，かけがえのないコレーゲ（研究仲間）であり，これまで『ドイツ会計現代化論』（佐藤博明／ヨルク・ベトゲ編著，森山書店，2014年刊）等，多くの共同研究の成果を公にしてきた。

　特に佐藤博明先生には，ベトゲ教授との研究交流に道を開いて頂き，それが私の2度にわたるミュンスター滞在につながっている。先生のこれまでのGoB研究の優れた実績をみれば，本書での，ベトゲGoB論（第3章）の翻訳担当に最も相応しい研究者であることはいうまでもない。そして，もう一人の訳者である佐藤誠二先生には，広い視野と学識，深い洞察をもって，共同研究ではいつも的確な指摘と正しい道筋をつけて頂いている。先生は職場も同じで，つねにドイツ会計研究の相談ができる頼もしい存在である。私が本書の監訳者になったのは，ひとえにお二人の先生からのご配慮によるものであるが，それは同時に，浅学の私に一層の精進を促す，叱咤激励とも受け止めている。これからの，研究のさらなる高みに向けた精進を，あらためて両先生にお誓いしたい。もちろん，本書における翻訳上のありうべき責任はすべて監訳者に帰する。

　私にとって，ミュンスターは研究上の"第二の故郷（Heimat）"ともいえるかもしれない。1999年から2000年そして2014年から2016年と，ミュンスター大学での在外研究の機会に恵まれた。幸運というほかはない。その間，ベ

トゲ教授から受けた学術上の恩恵は計り知れないが，それ以上にミュンスター滞在中，私と私の家族を公私両面にわたって温かく，そして優しく包み込んで頂いた。また同世代のキルシュ，ティーレ両教授とは研究以外のプライベートな部分でも多くの時間を共有し親交を深めてきた。本書冒頭の「邦訳書への序文」の手配や幾多の翻訳上の質問等，今回もドイツ側の窓口として我々の要望に懇切丁寧に応えてくれた。彼らとの交流が何よりの財産であることを実感している。

　2016年3月，私たち家族がミュンスターから帰国の途につく直前，ベェトゲ教授夫妻をはじめ，IRWのコレーゲたちと食事をした。その際，ベェトゲ教授から「これが私の手元にある最後の初版本だ」と，熱いメッセージの記された原著 "Bilanzen"（初版，1991年刊）を賜った。私にとって，これほどの贈り物はない。ベェトゲ教授ならではの配慮と，ミュンスターの想い出が詰まった"宝物"である。本書により，ベェトゲ教授らから賜った学恩に少しでも報いることができたとすれば幸いである。

　本書の刊行にあたり，いま，確実に言えることは，我々が取り組んでいるドイツ会計研究は，決して"無味乾燥"なものではないということである。これまでの一連の成果は，ベェトゲ，キルシュ，ティーレ教授をはじめ，人間的魅力に富んだドイツのコレーゲたちとの心温まる交流と，強い絆から生まれた果実といえる。これからも，彼らと"永遠に色あせない"研究をともに続けていくことをここに誓いたい。

　最後に，我々の研究をいつも温かく見守り，貴重な示唆と助言でもって支え，今日の厳しい出版事情のなか，本書の公刊を快くお引き受け頂いた，森山書店の菅田直文社長に心からの感謝を申し上げる。

2018年5月　緑深まるミュンスターに思いを馳せて

訳者を代表して　稲見　亨

監訳者略歴

稲見　亨（いなみ　とおる）

1966年　兵庫県に生まれる
1994年　立命館大学大学院経営学研究科博士後期課程修了，博士（経営学）
2002年　西南学院大学商学部専任講師，助教授を経て，同教授
2007年　同志社大学商学部教授（現在に至る）
（1999年〜2000年，2014年〜2016年　ミュンスター大学客員研究員）

ドイツ会計論

2018年9月13日　初版第1刷発行
2023年11月10日　初版第3刷発行

監訳者　ⓒ稲　見　　　亨
発行者　菅　田　直　文
発行所　有限会社　森山書店　東京都千代田区神田司町2-17
　　　　　　　　　　　　　　上田司町ビル（〒101-0048）
　　　　TEL 03-3293-7061　FAX 03-3293-7063　振替口座 00180-9-32919

落丁・乱丁本はお取りかえします　　印刷／製本・シナノ書籍印刷

本書の内容の一部あるいは全部を無断で複写複製することは，著作権および出版社の権利の侵害となりますので，その場合は予め小社あて許諾を求めてください。

ISBN 978-4-8394-2172-4